国家的抉择

明治维新20讲

马国川／著

中国大百科全书出版社

图书在版编目（CIP）数据

国家的抉择：明治维新20讲 / 马国川著 . -- 北京：中国大百科全书出版社，2025. 10. -- ISBN 978-7-5202-1970-9

Ⅰ. K313.41

中国国家版本馆 CIP 数据核字第 202527LP57 号

国家的抉择：明治维新20讲

著　　者　马国川

出 版 人　高世屹
策 划 人　赵　易
责任编辑　赵春霞
特约编辑　王　超
责任校对　宋　杨
责任印制　魏　婷
出版发行　中国大百科全书出版社
地　　址　北京市西城区阜成门北大街17号
邮政编码　100037
电　　话　010-88390767
网　　址　http://www.ecph.com.cn
印　　刷　河北鑫玉鸿程印刷有限公司
开　　本　710毫米 ×1000毫米　1/16
印　　张　23.5
字　　数　270千字
版　　次　2025年10月第1版
印　　次　2025年11月第2次印刷
书　　号　ISBN 978-7-5202-1970-9
定　　价　78.00元

目　录
Contents

推荐序一

不久前，马国川先生发来了《国家的抉择：明治维新 20 讲》的文稿，洋洋洒洒几十个文档。我认真拜读了一些，获益良多，以为极有价值。国川兄是我多年老友，他的许多作品都引起了知识界的震动。例如，他的大学校长、经济学家、学者等系列访谈，记录了大变革时代知识人的思考。近些年他对日本近代史的研究，“日本三部曲”（《国家的启蒙》《国家的歧路》《国家的重生》）虽然写的是日本，思考的却是中国，给读者留下了无穷的回味。这一部《国家的抉择：明治维新 20 讲》延续了其先前的研究，更明白流畅，很值得一读。

这部书的编辑赵易老师是我多年的合作者，我的好几本书都是因为她的努力而出版的，所以我绝对有责任为国川兄这部新书写几句。

明治维新是一个对中国人来说并不陌生的主题，可以说从一开始，中国各界就对这场运动有不同的观感。很多年前，我写过一篇《清末官绅对明治维新的认知》长文，收在韩国历史学界召集的会议论文集中，读者甚少，因而我也愿意借此机会谈一点儿个人粗浅的看法，以呼应国川兄的讨论。

不论在中日关系的问题上持何种态度，历史学界大致都会承认中日两国是搬不走的邻居。在可以讲清、可以证明的过往 2000 年间，日本以地利之便，与中国有着极为密切的交往，也从中国文化中学到了很多东西，甚至可以说，在向古代中国学习的邦国中，日本是为数不多的“优等生”。

我们在读明清史的时候，能真切地感觉到面对西方，日本依然大致跟随中国，亦步亦趋，朱舜水这时在日本深刻地影响了一大批贵族。当清朝只选择广州作为海上对西方开展贸易的唯一关口时，日本也只选择长崎对西方开展贸易。这里有没有日本对中国的模仿？彼时中日来往密切，日本的选择应该会受到中国的影响。

中日异途大致发生在工业革命之后。西方列强通过工业革命，极大地提升了生产力，欧洲市场迅速饱和。西方国家亟须更大的市场和原材料基地，而“后发国家”也需要工业革命带来的技术红利，借机发展自己的市场与技术。唯独中国是一个例外。中国在“四民社会”体制下，“国”为“家”的放大，占人口绝大多数的农、工两大阶级近乎自生自灭，他们所占有的财富比值太少，甚至可以忽略不计。而士、商两个阶级占人口比例太少，靠着他们的消费根本不足以满足西方“先发国家”对市场的需求。中英贸易失衡在工业革命之后日益扩大，1787 年，英国政府不得不派出卡思卡特使团前往中国谈判以解决问题。

可惜的是，中英之间第一次交往极为不顺。卡思卡特竟然在前往中国的途中不幸病逝。更遗憾的是，1789 年法国大革命爆发，整个欧洲陷入恐慌动乱，英国政府无法迅即派出第二个出使中国的使团，继续完成卡思卡特未竟之志。直至 1793 年，也就是乾隆五十八年，英国政府第二个出使中国的使团抵达中国，这就是马戛尔尼使团访华。

马戛尔尼使团以向乾隆皇帝祝寿的名义来到中国，对于谈判预案、对中国的诉求，以及可能发生的情况，英国人都有细致的准备。但是他们万万没有想到，前半程的友好谈判、接触并没有促成中英达成协议，反而因在密集的接触中，中国人获知了发生在巴黎的那些惨剧而被吓退了。马戛尔尼使团功亏一篑，无功而返。中英贸易的失衡继续扩大。

又过了 23 年，即 1816 年，英国人第三次派团前往中国，使命依旧，还是希望中国开放市场，平衡中英贸易。这一次更干脆，首席使臣阿美士德、副使小斯当东在通州训练了几天三跪九叩，最后也没有能够见到嘉庆帝。眼看中英贸易失衡持续严重，于是英国在对中国出口的商品中出现了正当贸易所不应该有的物品——鸦片。不到 20 年，中国从贸易顺差大国变为逆差国。最终，中英两国爆发了“鸦片战争”，西人称之为“通商战争”，清政府被迫签订了《南京条约》。

自乾隆朝开始的中英接触，日本人全程看在眼里，并将中国的失败作为经验教训。1853 年，美国黑船舰队抵达日本，要求日本打开国门，通商贸易。日本鉴于中国的教训，没有拒绝，而是希望美国人给他们一些时间来审议。

第二年春天，美国人又来了。双方进行了认真谈判，并于 1854 年 3 月 31 日最终达成《日美亲善条约》，日本答应打开国门，放弃 200 多年的锁国体制。日本人大致认为打开国门为世界大势，无法抗拒，只能顺应。而且通商终究是双向的，日本让出了部分国内市场，也换来了更为广阔的国际市场。这是中日两国近代史在起点上的不同。

日本打开国门后，拉近了与世界的距离，何况日本的封建体制本来就不像中国那样铁板一块，与外界不通消息。封建体制让日本一些藩国有机会与外部保持适度的互动，了解世界上的基本动态。日本在 18 世纪晚期至 19 世纪中期，“东张西望”，观察了中国的浑噩、仓皇、无奈，也看到了西方的生机、希望与路径。日本在明治维新开始前后并没有像中国那样将西方经验分解为体用、本末，而是注意社会进步的整体性，宁愿慢些，也要按部就班、循序渐进、扎实推进。不到 20 年，中日两国就走上了不同的道路。

中国的洋务运动是要用最短的时间补上之前所缺的课，只是这些课在中国精英看来都是有形的器物，而不包括那些无形的文化与制度。中国的弯道超车应该说在那几十年获得了巨大成功，扭转了乾隆末年以来的下行曲线。至于洋务 30 年的新器物，如轮船、军舰、海军、电报等，更是取得了巨大进步。假如之后没有爆发中日甲午战争，中国按照这一模式再发展二三十年，最后中日鹿死谁手，还不一定。只是中国无根基的急剧发展让精英们无视基础建设，他们甚至在经济获得一定增长之后依然没有想到如何去矫正畸形发展中的问题。

是不是中国人都没有意识到呢？显然不能这样说。我们今天回看洋务运动时期的思想家，比如冯桂芬、马建忠，特别是郑观应，他们当时就已清楚地看到中国的问题和日本明治维新的意义。甲午战争结束后，不止一个人说过，假如当时大家仔细阅读郑观应的《盛世危言》，这场战争原本可以不打，至于割地赔款也就无从谈起。

那么，日本明治维新的意义何在呢？国川兄的这本书有详细的描述，按我的理解，最值得注意的是明治政府对世界大势有比较清楚的研判，日本那时出去考察的使团远多于同时期的中国，实地考察的体验与书本知识肯定不一样。明治政府没有将重心只放在经济增长上，而是兼顾社会整合、现代教育，以及与近代价值观的重构。

说到社会整合，这是中日彼时都面对的问题。两国都需要建构统一的国内市场，于是日本废藩置县，重构国家体制；中国则需要重建 17 世纪以来顾炎武、黄宗羲等知识人关注的中央与地方的关系，这是秦朝以来 2000 多年间中国的政治难题，也是必须面对的重要问题。但洋务新政对此完全无感，直至“庚子之变”后的清末新政，中国才踏上了地方自治之途。

至于现代教育，日本明治维新参照西方建构了全新的教育体制，大力推行全民教育，引进西方课程，设立三级学校体制，最大限度地提高整个国民的教育水准和普遍识字率；中国在洋务新政开始后，依然延续传统中国官学下移、学在民间的精英教育体制，几十年时间只培养了极少数的同文馆外交人才，还有为数更少的幼童留学生，以及严复等官费进修生。这方面的差距才是决定中日甲午战争胜负的根本。

说到价值观重建，中日之间的认知差距也不可以道里计。尽管李鸿章很早就意识到中国所面临的西方冲击为中国 3000 年未有之变局，但是“曾左李张”（曾国藩、左宗棠、李鸿章、张之洞）这些“中兴大臣”根本意识不到中国人的价值观需要重建，中国必须从农业文明中走出，重建现代工业文明体系中的价值观。换言之，日本明治维新的口号“脱亚入欧”，不是简单地要在东方建立一个西方近代国家，而是要将日本人传统的价值观转变为西方式的近代价值观。价值观不分东西，但分古今。古典价值观精华固然重要，但必须进行转换，要植入近代体系，要合乎工业社会的需求，合乎“陌生人社会”的契约精神。而中国那些大员，特别是张之洞，念念不忘“中学为体，西学为用”，时时防范西方价值观对中国的冲击。后来的历史表明，中国人在价值观上的防守有其正确的一面，确实先知似的意识到了早期资本主义的弊端，但又防守过度、谨慎过度，让中国人直至甲午战争失败后，才勉强接受西方的价值观。严复在甲午战争后的愤怒，主要是就此而言。

明治维新毕其功于一役，通过几十年的努力，创建了一个崭新的近代日本。至于后来其他的变化，还可以继续检讨，只是我愿趁着国川兄这部新著的出版讲一下我对日本明治维新与清朝自强新政的粗浅看法。诚恳期待国川兄大著大卖，期待中日两国重拾 2000 年的友好传统，为亚洲和平、世界和平贡献力量。

是为序。

马勇

2025 年 6 月 6 日

推荐序二

马国川先生嘱我为他的新著《国家的抉择：明治维新20讲》（后文统一简称《明治维新20讲》）作序，我甚为欣喜。因为这意味着我有幸成为他的新著的第一位读者。读完未及掩卷，我就不由得想起了宋太宗赵光义挂在嘴边的一句话："开卷有益。"之所以这么评价，主要是因为我研究日本史30年有余，虽因学力不逮而少有建树，但对日本史哪些问题是至关重要的还是了解的。马国川先生的新作，一开始就涉及了两个对日本史的发展至关重要而被长期关注和争论的问题：一、为何日本在西势东渐之际，不仅免于沦为殖民地或半殖民地，而且迅速崛起？二、如何评价明治维新的性质和作用？马国川先生开宗明义地指出，二者有内在关联，开篇即显示出他的写作功力：开门见山。

史学研究强调"言必有据"。为了证明我前述所言并无过誉之嫌，谨照录本书第1讲开宗明义的表述：

> 在清王朝不断走向衰亡的过程中，日本却在东亚崛起，最后成为与列强并列的强国，与当时的清王朝形成非常鲜明的对比。那么，在面对同样的外来冲击的背景下，

日本为什么能够走上与清王朝完全不同的道路，崛起为一个成功的国家？根本原因就是明治维新。

关于明治维新的论述和研究，并不是一个全新的领域。20 世纪 20 年代末至 30 年代初，日本学术界发生过一场被称为“日本资本主义论争”的大论战。这场由日本马克思主义经济学和历史学者参与的论战，形成了泾渭分明的两大阵营：一是以“日本资本主义发达史讲座”为阵地的“讲座派”；二是以《劳农》杂志为阵地的“劳农派”。二者论战的焦点就是如何评价明治维新的性质和作用。“讲座派”认为，经过明治维新，作为日本封建制残余的传统产业部门日趋解体，因此日本必须首先建设贯彻市场价值规律的、以竞争性的市场机制为基础的资本主义体制，进行一场“资产阶级民主主义革命”，然后进行“社会主义革命”；“劳农派”则认为，明治维新是一场资产阶级革命，包括农村在内，日本社会已经成为市场价值规律得到贯彻的资本主义社会，小农之间也已按照商品经济规律展开竞争，因此改革日本社会应当直接开展“社会主义革命”。

马国川先生的这部《明治维新 20 讲》以不同的视角，扫视当时日本社会的方方面面，似乎是那场论战的延续，对我们认识当时日本社会所经历的变化，了解其走过的历程，无疑非常有益。而且相比阅读晦涩艰深、充溢“学术气息”的论著，融理论、知识、趣味于一体的著作，更能吸引广大读者。我相信，马国川先生的这部新著和他此前的“日本三部曲”，即《国家的启蒙》《国家的歧路》《国家的重生》一样，必然会赢得读者的掌声。

“在清王朝不断走向衰亡的过程中，日本却在东亚崛起”这一问题，最先在 20 世纪 30 年代提出，代表人物是日本马克思主义史学奠基者羽仁五郎和服部之总。1932年，羽仁五郎在其论文《幕末的思想动向》和《幕末的社会经济状态、阶级关系及阶级斗争》中提出，日本之所以没有沦为殖民地，主要原因是英国当时陷入了中国反侵略战争的泥淖，难以对日本采取强硬态度。他以英国驻清朝领事阿礼国在回忆录《大君之都》中的一句话作为论据："吾人在中国已有痛苦的经历。"羽仁五郎同时指出，仅仅依靠外部条件是不够的，还必须打破使日本处于分裂、孤立状态的局面，压抑新的生产关系形成的封建体制，而不断促使这种必要条件形成的，是农民的反抗斗争。但对当时农民的这一历史作用，我们国内论著关注不多，全面论述更少。本书第16讲较好地弥补了这方面的不足。由是观之，作为通俗读物，《明治维新20讲》不乏学术价值。服部之总则在同年发表的《维新史方法的诸问题》一文中提出，日本幕末的经济，已经达到了"严格意义上的工业时代"，而当时中国经济的发展，则尚未进入这一时代。经济发展的差异，是日本维护了独立，而中国沦为半殖民地国家的基本原因。本书第7讲、第8讲则有助于我们对服部之总的观点进行更深入的思索，并找到殖产兴业之所以取得成功的答案。

羽仁五郎和服部之总的观点虽有不同，但存在一个交集，即在不否定外部因素的同时，更强调通过对内部因素的解析，寻找解决问题的钥匙。本书在研究的视角和方法上，与两位日本著名史学家似异曲同工。本书第1讲的标题就是"历史的峡口：从锁国到开国"，即首先指出了引发明治维新的外部因素，此后各讲则分别从不同侧面分析了明治维新的相关政策和举措。涵盖的范围相当广泛，特别是第17讲"明治女性：解放与束缚"，所涉内容为很多论述明治维新的著作所阙如，颇值得称道。按照我的浅见，评判一本史学著作的价值，主要就是判断该著作分析揭示相关历史问题的深度和以“窥斑见豹”的方式涵盖社会问题的广度。更值得称道的是，按照古希腊哲学家普鲁塔克的说法，以轻松活泼的方式做别人必须严肃认真才能做的事情，需要智慧。《明治维新 20 讲》的可读性表明，马国川先生具备这种智慧。

《文心雕龙》有言：“缀文者情动而辞发，观文者披文以入情。”我从《明治维新 20 讲》的字里行间，能够明显感觉到马国川先生敲打键盘时的情感起伏，并被这种情感所打动。相信其他读者也会有这种感觉。而这正是读书应该获得且无可替代的享受。

冯玮

2025 年 6 月 8 日

前　言
日本做对了什么，做错了什么？

2019年年底，我在北京见到了著名东亚问题专家、哈佛大学教授傅高义先生。

当时，89岁的傅高义先生完成了新书《中国与日本：1500年的交流史》，来和北京的出版社沟通出版简体中文版事宜。我记得那天他谈兴很浓，津津有味地和我聊起中日两国的交往史。他认为，在中日交往史中，中日关系的主流是互相学习、互相交流。在唐代，日本通过全方位学习中国文明的基本要素，奠定了日本文化的基本组成部分。到了清朝末年，中日关系发生了历史性转折，中国开始转向学习日本。

对于这些历史，我自己也略有所窥。但是傅高义以比较客观的第三方视角来看待和分析，仍然给我留下了深刻的印象。那次是我最后一次见到这位认真严谨的学者，也是他最后一次到访中国。一年后，他在新冠疫情期间因手术后并发症不幸去世。

近年来，我在阅读东亚历史时，常常想起傅高义先生所讲的中日关系的历史转折。为什么在19世纪后半叶会发生从“以中为师”到“以日为师”的转折？这一问题的关键就在于日本的明治维新。由此产生的问题是，在明治维新的过程中，日本做对了什么？

自 17 世纪以来的 200 多年里，中日两国都处于闭关锁国的状态，各自沉浸在自己的太平梦里。虽然偶有外界扰动，但都无法打破它们的迷梦。直到 19 世纪中叶，两国才在西洋文明的冲击下惊醒。面对“千年未有之大变局”，当时两国的人们都茫然无措。现在从后知之明的角度来看，其实当时两个国家面临的抉择，都是如何进行现代化转型。在这一意义上，中国的洋务运动和日本的明治维新，就是两个国家不同的“现代化方案”。和洋务运动相比，明治维新显然是更为成功的。于是才有甲午战争后中国年轻人纷纷东渡，学习日本的现代化经验。也是从那个时候起，中国的有识之士开始思考，明治维新为什么能够成功？纵观历史，日本做对了许多事情。在我看来，其中最重要的就是两点：

第一，明治维新确定了改革方向，制定了完整的改革方案。在戊辰战争还没有结束的时候，明治天皇就率领臣子举行隆重的仪式，颁布《五条誓文》。《五条誓文》内容非常简单，但是对日本面对的挑战作出了直接的回应，特别是“广兴会议，万机决于公论”“破旧来之陋习”“求知识于世界”等规定，非常坚决地明确了日本应该走的现代化道路的方向。有一句谚语：“不要只顾着梯子，要记得你要爬向哪里。”只有方向正确，努力才有意义。也正是在《五条誓文》的精神指引下，日本在推翻幕府后立即开展了一系列改革行动。从建立中央集权的废藩置县到废除武士制度的秩禄处分，都是对日本传统体制的彻底变革。

在改革旧体制之后，日本应该如何建立新体制？这是日本精英们一直在思考的问题。于是，在百废待兴之际，明治政府的决策层就集体出动，到欧美各国考察学习。这种决绝的精神，完全可以和躬身到欧洲学习的彼得大帝相媲美。不管是出访人员职位之高，还是出访时间之长，岩仓使团都创造了纪录。日本的决策精英亲眼看世界后，思想受到巨大冲击，回国后制定了三大国策（殖产兴业、文明开化、富国强兵），规划了清晰的改革方案，从而为日本的现代化提供了可行路径。现代化是一个复杂而精巧的巨大系统，不可能边设计边施工。和明治维新比起来，大清国的洋务运动显然缺乏整体设计，有走一步、看一步的机会主义嫌疑。

第二，明治维新制定了宪法，建立起现代国家的基本框架。明治维新时期，日本最大的国家目标是建立立宪政治，进入世界文明国家行列。早在岩仓使团访问美国期间，“维新三杰”之一的木户孝允就花费很多时间调查研究立宪问题，认为立宪政体和代议制政府有实际功效。在明治维新元勋们的推动下，1875 年，明治天皇颁布《立宪政体诏书》，宣布要渐进式地建立立宪政体。为了制定宪法，专门成立元老院国宪调查局，负责研究各国宪法。在国内政局动荡的情况下，不但翻译了各国宪法，而且先后完成三份国宪草案。与此同时，在野的政治家掀起自由民权运动，呼吁尽快制定宪法、开设国会。

1881 年“明治十四年政变”后，天皇颁布敕谕，承诺 10 年后开设国会。作为明治维新第二代领导人，伊藤博文亲自到欧洲考察和研究宪法，用时一年半。这一举动的历史意义不亚于岩仓使团出访。伊藤博文回国后，亲自兼任制度调查局局长，制定华族制、内阁制等新制度，组织起草宪法。为领导宪法的审议和修改，他还辞去首相职务，改任枢密院议长。经过长达 7 年的准备，《明治宪法》终于在 1889 年颁布，翌年正式实施。宪法不仅确认了此前的改革成果，而且规划了现代化国家的基本架构。从 19 世纪末来看，日本与中国已经是完全不同的两种类型的国家。如果说中国仍然是一个传统国家，那么日本显然已经迈进现代化国家的行列。

尽管明治维新的历史进程也有许多艰难曲折，但是由于日本的现代化进程方向明确、路径清晰，所以那个时代日本社会里洋溢着乐观向上的精神，正如司马辽太郎在《坂上之云》里所描述的那样："乐观主义者们以那个时代人所特有的气质，凝视着远方奋勇直前。尤（犹）如在上坡路尽头的蓝天上，有一朵闪耀的白云。他们只全心注视着那朵白云，奋力攀缘而上。"[①] 与此形成鲜明对比的是，晚清时的中国似乎一直在走下坡路，整个国家弥漫的是失败、沮丧和迷惘（不过，我对于今天仍然把晚清史说成是一部失败史、完全否定现代化成绩的做法不以为然）。

那么，能不能说明治维新是完全成功的呢？不能。在我看来，明治维新并不是一部历史凯歌，而是一个成败参半的现代化故事。日本既有做对的地方，也有做错的地方。在明治维新中，日本做错了什么？

第一，日本的现代化启蒙没有完成。明治初期，福泽谕吉等启蒙思想家极力推动"文明开化"，日本政府也积极呼应，形成史无前例的思想启蒙运动。它解放了日本人千年以来禁锢封闭的思想，通过大规模引进欧美书籍和人才，个体独立、个人权利等新思想成为年轻人的追求，"天赋人权""君主立宪"等政治思想也成为民众的观念。和文明开化同步的，还有一场宏大的自由民权运动。各种不满现状的政治力量要求开设民选议会、实行君主立宪、减轻地税、废除不平等条约。这既是一场政治及社会运动，也是一场启蒙

① 转引自〔日〕和田春树：《日俄战争：起源与开战》上册，易爱华、张剑译，北京：生活·读书·新知三联书店，2018 年，第 2 页。

运动（当然，其中也有国权与民权的冲突[①]，此处不赘述），这在民间私拟宪法热潮中表现最为明显。

遗憾的是，启蒙没有能够持续深入下去。维新中期以后，启蒙思想家在政治的压力下纷纷转向，甚至发生逆转。有的启蒙思想家从倡导天赋人权转向宣扬社会达尔文主义，主张必须牺牲个人利益为国家服务，甚至公然为日本向外侵略扩张制造理论根据。自由民权运动也命运多舛，最后在政府的镇压下彻底瓦解。虽然《明治宪法》制定并颁布，但是它没有能够实现自由民权运动的真意。启蒙的中断导致现代化的扭曲，明治维新的价值坐标从自由主义转向国家主义。

第二，把富国强兵作为国家目标。在明治维新的三大国策里，殖产兴业、文明开化是手段，最终目标是富国强兵。从欧洲的德国到东亚的日本，19 世纪后期的追赶型国家普遍把富国强兵作为至高目标，似乎唯有这样，才能“与万国并峙”。于是，国家把最多的资源都投入富国强兵。虽然日本确实以惊人的速度实现了这一目标，但是为达到目的需要付出多大代价，都不在其考虑范围之内，似乎只要实现“与万国并峙”，就天下大吉。一个有自尊心的民族国家追求“强国”无可厚非，但是现代化还有一个核心价值观，即“人民主权”（人民是国家的真正主人）。明治维新仅仅追求“强国”，“富国强兵”的另一面就是“国强民弱”，农民普遍贫穷、贫富差距拉大、个人权利被侵犯等各种社会矛盾凸显。

更危险的是，一旦实现富国强兵，强大的国家该向何处去？

---

① 〔日〕松本三之介：《国权与民权的变奏——日本明治精神结构》，李冬君译，北京：东方出版社，2005 年。

实际上，只要把富国强兵作为现代化的最高目标，那么其内在逻辑就是向外展示和使用武力。由于启蒙没有完成，日本国民普遍成为民族主义的俘虏。他们沉浸在可怕的大国崛起的迷梦中，不知道与世界和平共处，而是梦想从侵略中获得利益，因此支持政府对外发动战争。从 1894 年到 1904 年的 10 年里，日本就对外发动了两场战争（甲午战争、日俄战争），而且由于获胜而更加骄纵，不可一世，帝国的扩张欲望不断膨胀。从政府到民众都缺乏现代文明的德行，只关心掠夺他国的财富，根本无视对别国的伤害。军国主义和民族主义的结合，最终不可避免地使国家陷入灭顶之灾。在这一意义上，明治晚期已经埋下了 1945 年日本帝国灭亡的孽根。

总之，没有人能够否认明治维新的巨大成就，可是富强之中也有隐忧。在跻身世界强国之列的荣光背后，也有盛世下的波澜。繁华与阴影并存，才是明治维新的真实面相。这本书的宗旨，就是要向读者朋友介绍一个真实而复杂的明治维新，介绍日本走向现代化、建设现代化国家的艰难历程。

自从英国率先开启现代化进程以来，世界各国都在同一条历史跑道上竞走。周有光先生指出，审视自己国家在这条跑道上已经达到什么程度，汲取其他国家的经验教训，是每一个知识人的历史责任。作为邻国，日本对中国现代化道路的影响极大。长期以来，明治维新吸引了中国人的关注，但是对其肯定居多，对其负面影响的了解似显不足。因此，我希望读者朋友了解全面、真实的明治维新，除了要看到日本做对了什么，也要看到日本做错了什么。对于一个追赶型国家来说，认识到“日本做错了什么”可能更重要。毕竟，只有排除了错误的道路，才有可能在正确的现代化道路上行稳致远。

第1讲

历史的峡口：从锁国到开国

一个国家的发展道路是漫长的，
关键的地方却只有几处，
特别是在国家转型的时候。

在清王朝不断走向衰亡的过程中，日本却在东亚崛起，最后成为与列强并列的强国，与当时的清王朝形成非常鲜明的对比。那么，在面对同样的外来冲击的背景下，日本为什么能够走上与清王朝完全不同的道路，崛起为一个成功的国家？根本原因就是明治维新。

众所周知，明治维新是从1868年开始的。不过在此之前，日本也经历了一个曲折的酝酿过程。这段充满故事的历史的起点，就是1853年。

一、不速之客

1853年7月8日早晨，一支陌生的舰队驶进了江户湾（也就是现在的东京湾）。舰队共有4艘军舰，其中2艘是帆船，2艘是蒸汽动力军舰。当时日本没有远洋船，都是近海木船，而这2艘蒸汽动力军舰都是千吨级，体积是日本船的 20 倍以上。因此在日本人眼中，这些军舰特别庞大、特别雄伟。这些军舰舰体为黑色，所以日本人把它们叫作“黑船”。更让日本人惊骇的是，这些黑船竟然能够前后左右自由航行，航速极快，犹如飞鸟。

这支震惊日本的舰队，就是美国东印度舰队。日本历史上把美国东印度舰队的到来称作“黑船来航”。面对这些巨型军舰，当时的日本人只有震惊，并不知道它们将为日本历史揭开一个崭新的篇章。

率领美国舰队来到日本的，是东印度舰队司令马休·佩里准将。佩里出生在一个高贵的海军世家，他的父亲和哥哥都建立了功业，他自己也因大力推行蒸汽船而被称为美国海军的“蒸汽船之父”。1852 年 3 月，佩里准将接到美国总统的命令，就任东印度舰队司令，并率舰队前往日本。1852 年 11 月，东印度舰队从美国东海岸启航。舰队首先向东横渡大西洋，然后绕过非洲南端的好望角，进入印度洋，经由新加坡、中国香港、琉球（今天的冲绳），然后从琉球北上。在经过长达八个多月的航行后，舰队终于在 1853 年 7 月抵达了日本江户湾。

或许有人会问，美国为什么一定要派人到日本来，而且是派东印度舰队司令率领舰队前来？因为当时日本和中国一样，实行的是锁国体制。1633—1639 年，日本连续颁布了五次“锁国令”，主要内容：第一次和第二次都是禁止“奉书船”（持有幕府老中出海证书的船）以外的日本船只出海，准许在海外侨居不满 5 年的日本人归国，对贸易实行统制；第三次是禁止一切日本船只出海，严禁一切侨居海外的日本人归国，严禁天主教；第四次则是在第三次的基础上增加了将葡萄牙人与日本女子所生子女驱逐出日本等项；第五次主要是禁止葡萄牙船只到日本，只准中国和荷兰的商船到长崎贸易。所以，19 世纪中期之前，日本是一个闭关锁国的封闭国家。美国总统给佩里的指令，就是要求他打开日本的国门，和日本缔结通商条约。

那么，为什么当时美国如此看重日本呢？可能许多人都不会想到，这和当时海洋里的鲸鱼有关系。在 19 世纪，鲸鱼是一种非常重要的自然资源。例如，从鲸脂中提取的鲸油，被广泛用于制革工业，它也是制造润滑剂、肥皂、蜡烛等产品的重要原料，还是欧美城市照明的主要燃料。因此，捕鲸是一个具有可观收益的行业，无数人冒着生命危险去捕鲸。美国的捕鲸业尤其发达，一份经济分析报告显示，捕鲸业是当时美国的第五大产业，被称为重要的"国家财富来源"。19 世纪的美国小说家赫尔曼·梅尔维尔的名著《白鲸》，讲述的就是惊心动魄的捕鲸故事。

到了 19 世纪中叶，北大西洋水域的鲸鱼资源锐减，南太平洋的鲸鱼数量也迅速萎缩。捕鲸船追踪着鲸鱼，来到北太平洋。捕鲸者发现，日本附近的海域鲸鱼特别多，于是前往那里作业，其中绝大多数是美国的捕鲸船。远洋而来的船只需要淡水、食物、燃料等补给，发生海难时也需要救助。由于日本不允许外国的捕鲸船靠近本土，捕鲸者们就难以获得补给和救助。早在 1846 年 7 月，美国政府曾派詹姆斯·比德尔准将率领两艘军舰抵达日本，要求实行通商，但是遭到断然拒绝。詹姆斯·比德尔无功而返。

所以，7 年后美国再次派出东印度舰队，决心强行逼迫日本开国。不过，美国国务院在佩里出港时下令，除了必要的自卫，绝对不应诉诸武力；同时又授权，如果长官或将校任何一人受辱，断不可宽恕，赋予佩里广泛的自由裁量权。

舰队抵达日本海域的那天午夜，突然一颗巨大的流星划过天空，光芒照亮了整个舰队。佩里向上帝祷告，要将日本这个半开化的异国引向文明国家，并希望这一尝试能够不经过流血而成功。19世纪的国际法将世界各国分为三种：文明国家、半开化国家、未开化国家。当时的日本、清朝都被归为半开化国家。佩里决心打开日本这一古老国家的大门，并认为能够完成这个光荣任务的人非他莫属。

佩里舰队最初抵达的地方叫浦贺，是江户湾口的门户。现在，浦贺所在的横须贺市是一个非常重要的军事港口，驻扎着美国海军第七舰队司令部和日本海上自卫队司令部。当年，浦贺设置有检查船只的低级官员，他们发现这些外国船只后，就赶来询问。因为双方语言不通，是通过日方的荷兰语翻译进行对话的。美方说，这是美利坚合众国的船，从美国首都华盛顿而来，持有总统给日本最高统治者的国书，要求日方派出高级官员接受。日方官员声称，高官接待不符合日本国法，予以拒绝。

第二天，佩里准将命令测量船进入江户湾内，同时派一艘装备10门大炮的军舰予以保护。日本方面为了阻止测量船，派出45艘木船与美国船舰对峙。在巨大的美国军舰面前，日本的木船就像巨人面前的侏儒。当时的场面剑拔弩张，后来日方让开水路，才避免擦枪走火。与此同时，浦贺官员将消息紧急报告给东京。

当时东京叫江户，是国家统治机构幕府的所在地。在7世纪大化改新后的日本，拥有最高权力的人是天皇。但是到了12世纪末，一个名叫源赖朝的将军担任征夷大将军，攫取了最高权力，在镰仓建立幕府，从此开始了独特的幕府统治。幕府的最高领导人叫征夷大将军，一般称为幕府将军。天皇权威基本丧失，只是名义上的国家统治者，实际权力掌握在幕府手中，实行军事统治。从 12 世纪到 19 世纪，在长达约 700 年的历史中，日本先后有三个幕府，即镰仓幕府、室町幕府和江户幕府。江户幕府也被称为“德川幕府”，因为它是德川家康开创的。德川幕府建立于 1603 年，清王朝建立于 1644 年，德川幕府比清王朝早 41 年。德川幕府是 1868 年结束的，清王朝于 1912 年灭亡，德川幕府总计存在 265 年，清王朝存在 268 年，比德川幕府多 3 年，所以德川幕府和清朝在时间上几乎是并存的。

当 1853 年黑船来航的时候，日本正处于德川幕府统治之下，也有人把幕府体制叫作幕藩体制。这种体制的基本特点是什么呢？天皇是名义上的国家最高领导人，享有崇高的权威，但是没有实际权力，国家的真正掌权者是幕府将军。幕府将军也是全国最大的地主，直接掌握着日本四分之一的土地，包括许多重要的城市，以及全部矿山和货币铸造权。幕府下面是二百多个大小藩，藩国的统治者叫作大名，相当于中国古代的诸侯。大名都是世袭的，大名下面是武士，为大名管理藩国。藩国之间都设有关卡，去别的藩领地需要“证明”，类似现在护照之类的东西。

欧洲中世纪有句谚语说，“我的附庸的附庸不是我的附庸”，就是说每个领主只对其直接的附庸负责，对更下层的附庸没有管辖权。相反的一句话就是，“我的主子的主子不是我的主子”。日本的情况类似，将军下面是大名，大名下面有很多武士。这些武士只听命于所属的大名，不听命于将军。将军对藩国内的民众没有刑罚权，也没有直接向全国人民征税的权力。很显然，幕府时代的日本是一个非常典型的封建社会，和中世纪的欧洲很像（将军比欧洲国王权力大一些）。而秦汉以后的中国并不是封建社会，而是皇权专制社会。这种巨大的社会结构差别，是理解中日两国历史异同的关键点。

在马克斯·韦伯看来，封建制度是一种非常独特的制度，它建立在契约之上，领主与封臣的权利与义务是由契约来规定的。韦伯将这种情形称作“准宪政主义”，这种独特的准宪政主义对现代资本主义的产生有着重大作用。为什么欧洲中世纪能孕育出资本主义萌芽呢？因为它有一种独特的封建制度，封建制度的权力基础是许多契约关系。这些契约规定了不同身份的人可以做什么，不可以做什么；你的权力是什么，义务是什么。这样的话，权力不是专断的，而是有规则的、可以预期的。在这种条件下，才可能产生资本主义的萌芽。这也是为什么日本能够顺利地进入资本主义，中国却总是不得其门而入的重要原因。

在幕府体制下，日本的统治阶级是天皇、将军、大名、武士。从整个社会看，又分成四个阶层：士、农、工、商。听起来跟中国古代社会很像，实际上区别巨大。中国秦汉以后的“士”主要是文士，即读书人；日本的“士”指的是武士，即熟习弓马之道的那群人。武士作为统治阶级，与农、工、商等被统治阶层有着鲜明区别，甚至连所使用的语言和文字都区别得非常明确，不能混淆。整个社会流行的是上下尊卑，服从效忠。幕府顽固地维护这种制度，拒绝任何社会变化。在这样的体制下，日本形成了非常稳固的社会结构。

德川幕府统治下的日本拒绝同世界各国交往，在漫漫时光里，除了漂流国外的个别渔民，很少有日本人去过国外，成为一个与世隔绝、憧憬太平生活的国家。在德川幕府统治的 200 多年里，日本外无敌国，内无战乱。所以，吉田茂在《激荡的百年史》里面说，

200 多年来，日本都生活在停滞、太平和孤立的梦里。

1853 年夏天，日本平静的美梦被美国打破了。黑船来航的消息传遍全国，沿海地区亲眼看到黑船的人们议论纷纷，江户城也因为黑船的出现而人心惶惶。一些萧条的行业突然兴旺起来，特别是那些甲胄匠、武具匠、马具匠，武士们把存放多年的甲胄武器和鞍鞯找出来，送去修理。那些灯红酒绿的妓院，以往车马盈门，现在却冷清下来。具有讽刺意味的绘画四处可见，民间创造出各种内容卑俗滑稽的短歌[①]。流传最广的是“上喜撰唤醒太平梦，喝上四杯便再难眠”，上喜撰是一种高档绿茶的名称，日语发音与蒸汽船相同，这首狂歌的意思是，4 艘船让人们从平安的睡梦中惊醒，从此人们再难安眠。

不过，普通民众并没有怎么慌乱，许多人跑到海边，伸长脖子，想亲眼看看那个从未见过的怪物“黑船”。不仅如此，还有远道而来的游客，雇用小船去观看停泊在海上的黑船，江户湾边的许多村民借此小赚一笔。看客们对海外的世界几乎一无所知，思想里没有“国家”的观念，都怀着看热闹的心态。

二、幕府的应对

对于幕府来说，黑船的出现是史无前例的严重事态。不过，很

① 日本称为“狂歌”。

少有人知道，其实幕府已经知道美国舰队要来的消息。

原来，幕府虽然实行锁国政策，却对两个国家区别对待，就是允许荷兰和大清国的商船来日本经商。幕府把长崎作为唯一的开放地，荷兰和大清国的商人住在长崎港内的人工岛“出岛”上，和日本特许的商人进行贸易，不允许和其他日本人接触。两国商人必须向长崎管理部门报告海外消息，长崎再向幕府报告。于是，长崎就成为日本了解外部世界的一个窗口，虽然很狭小，却特别重要，是幕府海外情报的主要来源。1852 年，荷兰的商人就报告说，美国政府为了与日本通商，已经派遣特使率领舰队向日本驶来，美国舰队共有 4 艘船，特使是佩里准将。

幕府面对美国舰队来航的消息，开会商量对策，最后决定先派人去接受美国的国书，作为一时的权宜策略。双方在什么地方会面交接呢？日本方面主张在长崎，佩里主张在江户，最终双方各自让步，决定在浦贺附近的久里滨交接。那里是一个海滨小渔村，位于江户湾的外湾。在美国舰队到达日本的第六天，佩里准将率领着 300 名士兵上岸，亲手将美国第 13 任总统米勒德 · 菲尔莫尔的国书交给日本代表。国书外面包着一层蓝色的天鹅绒，放在一个纯金的圆形容器里。

美国总统指出，进入 19 世纪后世界发生了变化，5 年前加利福尼亚州出现淘金热，美国西海岸的加利福尼亚州和日本之间的航线受到期待。如果开通太平洋航线，从日本乘坐蒸汽船，18 天就可以抵达加利福尼亚州。美国政府派遣佩里的目的在于友好、通商、供应煤炭和粮食，以及保护遇险船员，要求日本解除锁国。美国国书的口气很温和，还通情达理地提出，日本可以以 5 年或 10 年为限，废除禁止对外贸易，进行通商试验，如果不能达到预期的利益，还可以恢复禁止对外贸易。

当时的场面很奇特。在递交国书时，双方代表都保持沉默，没有进行任何实质性交流。日本代表要求佩里立即离港，佩里在递交国书的同时，也当面递交了自己的一封信，谴责幕府过去把外国人当作最好的敌人或仇敌来对待，口气很强硬，要求日本接受美国的要求。同时佩里又写道，考虑到双方建交涉及许多问题，日本需要一定的时间来审议，所以他要暂时回去，第二年春天再返回，那时双方应该能够缔结令人满意的条约。他还意味深长地说，如果有需要，再来时他会率领更强大的舰队。

作为一个军人，佩里真的是体贴日本吗？不完全是。要使日本政府下决心修改锁国政策，确实需要一定的时间。更重要的是，装运送给幕府将军礼物的船只还没有到达，佩里舰队只准备了一个月的粮食，需要补给，不能在日本逗留太长时间。不过，佩里舰队也没有像日本代表要求的那样立即离开，而是又一次把舰队开进江户湾，放下测量小船，对港湾内部进行测量。

岸边聚集着许多想看一眼外国人的日本民众。他们向小船手舞足蹈，表示欢迎，还有人高兴地向小船送饮用水和可口的梨，并交换香烟，气氛十分友好。日本民众所展现的亲切好客，实际上并不稀奇。在文明开化之前，日本民众并不畏惧外国人，日本民众嫌恶、恐惧、警惕外国人的说法，都是后来的精英们渲染出来的。美国士兵也很友好，他们认为日本国民性格亲切，风光如画，对周围海岸的风景流连忘返。

可是，当黑船舰队沿入海口溯流而上时，引得江户城警钟乱响，一片骚乱。幸好，黑船舰队很快就扬帆而去。民间创作的狂歌说，“井水中喜逢蒸汽船，饮茶返回美利坚”。意思是，日本汲取井中之水沏茶，用茶水与黑船舰队周旋，美国人喝茶后返回了美国。“饮茶”是双关语，含有愚弄对方的意思。幕府的一位高官也说，接受国书只是对美国人进行蒙骗，因为日本防备薄弱，不得不如此。

假如美国人从此再也不回来，当然是万事大吉，天下太平。问题是，假如美国人第二年春天再来，要求幕府给予答复，到时该怎么办？是接受美国的意见，还是不接受？如果不接受，会出现什么局面，日本如何应对？对于德川幕府来说，这些都是 200 多年来未曾遇到过的严重问题。实在没有办法，于是德川幕府就把美国的国书译为日文，分发传阅，征求幕臣和各地大名们的意见。

这是一个具有历史性的决定，因为在此之前，国政大事从来都是幕府独断专行，不许大名们过问，大名们也无权向幕府提出意见。现在却要公开征求意见，好像这是发扬民主，但其实是无奈之举。就在黑船舰队离开日本后的第 10 天，第 12 代幕府将军德川家庆去世，他的儿子德川家定继位。新将军身体病弱、生性懦弱，极端讨厌在别人面前说话，只有乳母能与他沟通。现代研究认为，此人患有脑损伤性麻痹。世袭制度的规律，就是一蟹不如一蟹。新将军缺乏权威，向大名们征求意见，估计也有增强幕府凝聚力的考虑。但是，站在幕府的角度回看这一决定，其实是开了一个坏头，刺激了各地大名参与中央政治的野心。

幕府要求大名们认真阅读这份国书，并可以毫无顾忌地提出自己的看法，不允许马马虎虎，也不允许模棱两可。意见反馈上来后，总结起来有三种：

第一种意见，维持现状，坚持江户开幕以来锁国的祖宗之法，拒绝美国的要求，但是尽量不要与美国人发生冲突。他们的理由是，如果开放港口与外国人进行贸易，国内就会弊端丛生，奢侈之风盛行。大多数大名都是这种主张，因为粮食收入是各藩国的财政基础，商品化会削弱大名们的权力基础。有人担心，日本人口多、疆域小，出产的物品只能满足本国的需要，不能向外国大量出口。通商后日本的财富会流向外国，进而导致日本贫困衰弱。在以农为本的国家，这种见解很普遍。还有人担心，如果与外国通商，外国人在日本就会肆意横行。

第二种意见，坚决不接受美国人的要求，继续锁国，加强海防，美国人再来的话，就坚决把他们打回去。有人献计，向敌舰赠送酒食，让敌人在争夺酒食中丧失警惕，然后点燃事先藏在酒桶里的火药，把敌军全部炸死。还有人建议，先让敌军登陆，然后将其包围歼灭。这些“奇计”很眼熟吧？1839 年林则徐在广东禁烟时，就有许多人提出类似的奇谋。

第三种意见，同意美国的通商要求，放弃锁国政策，打开国门。这种意见是极少数的，而且与第二种意见严重对立。按照第二种意见，必然发生战争冲突，而第三种意见则是力主避免战争。坚持这种意见的有两个人，后来都成为影响日本历史进程的重要人物，一个是大名井伊直弼，一个是幕臣胜海舟。他们深知，日本的国防力量太弱，根本无力和美国开战，建议答应美国的要求，打开国门与外国通商，同时加强军备，解除建造大型船舶的禁令，让各地拥有能够远洋航海的军舰和商船。

面对这些不同的主张，幕府游移不定，但是决定解除建造大型船舶的禁令，在江户附近建立内海炮台，加强警备体制。“民可使由之，不可使知之”，这些当然都不会告诉老百姓。但是，人员的大规模调动，以及物资的非正常流动，让老百姓产生了异样的感觉，朦胧地意识到有可能发生了重大的事件。江户城上空，笼罩着一种惶恐不安的气氛。

幕府不知道，美国人会不会再来，何时再来，来后会不会提出新的要求？关键的问题是，美国到底是一个什么样的国家，美国对日本抱有什么样的目的？幕府派官员到长崎，找到荷兰商馆馆长了解美国的情况，希望荷兰出面，劝说美国暂停明年再来日本的计划。荷兰商馆馆长答应转告，但是不敢保证及时把消息传递给美国。

为了了解更多信息，幕府还派人去找漂流民中浜万次郎。1841年，渔民中浜万次郎在海上遭遇暴风雨，得到美国捕鲸船的救助，被带到美国。他在美国生活了 10 年，还曾进入美国学校学习，1851 年才驾船回国。万次郎向幕府介绍美国的状况，说美国和世界上许多国家都建立了通商关系，美国没有内外之分，把人类都看作一家，没有外交关系的国家遭到灾难时，美国也会给予帮助。幕府决定，如果黑船再次到来，就让懂英语的万次郎担任翻译。

当时佩里的黑船舰队并没有返回美国，而是开往中国澳门，在那里进行舰艇的修理维护，并补充淡水、燃料和食物，同时等待美国赠予日本的礼物。佩里很着急，因为就在他第一次抵达江户湾一个多月后，俄国舰队到达了长崎，要求与日本通商。幕府采取拖延的对策，俄国舰队回到上海，在那里补充给养，等待着再次前往日本。佩里担心若俄国抢先与日本建立通商关系，自己的历史地位会大打折扣。所以，新年过后不久，佩里就冒着冬季远东海上的恶劣天气，再次率领舰队启航。

三、历史峡口的抉择

1854年2月11日，正是日本人沉浸在春节喜庆气氛的时候，黑船第二次出现在江户湾。

美国舰队增加了一艘蒸汽军舰，还增加了运输船和武装帆船，变成有7艘舰船的大型舰队。该来的还是来了，怎么办？继续用以前的方式瞒和骗，看来是不好使的。幕府在江户城内沿街贴出告示，明令禁止人们驾船前往围观外国船只，同时迅速派出一名高官，前去和美方谈判。

谈判地点选在横滨，距离江户更近了。横滨现在是日本的第二大城市，但当年就是一个小渔村，没有什么像样的建筑。幕府临时搭建了一个接待场，双方代表坐在一起，开始谈判。有意思的是，日方在暗处安排了妖术师，观察、猜测佩里的内心活动，以此来确定对策。当然，这种策略没有意义，因为美国人的要求很明确。佩里拿出准备好的条约草案，交给日方代表。后来日方才发现，这份草案几乎完全照搬自10年前的中美《望厦条约》，只是把“大清国”改为“日本国”。佩里舰队里没有法律和外交专家，就把美国与大清国签订的《望厦条约》删除10条无关内容，保留24条。

谈判期间，双方互赠礼物，不断地向对方示好。美方赠送的礼物有先进农具，有蔬菜种子，有电报机，最吸引日本人的是一件铁路模型。它相当于实物的四分之一大小，里面有蒸汽机车、车厢和服务员。在接待场内，美国人铺设了周长大约一英里的环形车道，许多日本人聚拢起来，看着火车顺着轨道不断循环，每一声汽笛响，都让他们发出诧异和兴奋的欢呼声。一位日本人还坐在火车顶上体验，随着火车飞跑，他的袍子在空中飞舞。

经过四轮谈判，双方终于达成一致。1854 年 3 月 31 日，日本与美国签订第一个条约——《日美亲善条约》。当时摄影还没有普及，双方都让自己的画家随行，把这一具有历史意义的场面记录下来。值得注意的是，条约签字这一天是旧历三月三日，恰好是日本的偶人节。这是一个消灾免祸的节日，在这一天，人们通常把偶人像置于河流中，认为河水可以将不吉之物全部带走。日方把签字定在这一天，可能是巧合，也可能是有意为之。双方交换条约后，佩里把美国国旗作为纪念品，赠予日本全权代表。

条约签订后，美方在军舰上设宴招待日方官员。美国人和日本人围着巨型大炮，举杯畅饮。日本武士在外国人面前大口喝酒，高声呼喊，尽情欢笑。宴会结束后，美军鸣放礼炮，为日本客人送行。下舰的时候，一位日本官员搂着佩里准将的脖子，不断重复地说着“日美心意相通”。美方将军舰上的一门大炮拆卸下来，赠送给幕府。佩里相信，这样的礼品能够给双方关系带来良好的影响，促使今后交涉顺利进行。这是美国第一次把货真价实的武器赠送给日本。

条约共有 12 条，第一条强调双方“永世不朽的亲善”，但是主要内容是四个方面：一、开放下田、函馆两个港口，向美方提供燃料、淡水以及必需品；二、对于遇难的美国船民，日方给予救助；三、给予美国单方面的最惠国待遇；四、允许美国向日本派驻领事。

佩里完成了个人功业，非常高兴。他在给美国国务院的报告里这样写道：

> 日本已经向西方国家开放……向日本说明她的利益将随着与他们的交往而扩大则是西方各国的分内之事；并且，随着偏见的逐渐消失，我们可以期待看到未来越来越自由的商业条约的谈判，这不仅仅对于我们自己，对于欧洲所有海洋强国，对于日本的进步，以及对于我们全人类的发展进程都是有利的。①

这段话表现了当时美国精英的远见和卓识。他们认为，日本这样的国家的开放，不仅仅在商业上对美国有利益，而且对于全人类的发展进程都是有利的。未来的历史将证明这一点，只是需要很长的时间。

所以，从 1853 年春天开始，日本就主动开放了自己的国门。此后日本对西洋各国的称呼，从原来的"异国"改为"外国""和亲诸国"。日本急速接受了西洋国际社会。这和大清国完全不同。19 世纪中叶，随着西方国家的到来，两个国家都面临着历史的峡口。大清国经过了一场鸦片战争，才被迫打开国门。当时美国人为了鲸鱼来到日本，但为什么日本没有发生一场"鲸鱼战争"呢？回顾历史，这种可能性是存在的。日本为什么作出了和清朝完全不同的选择？

日本和大清国一样，也实行闭关锁国政策，但是日本仍然保留着和世界沟通的渠道，就是允许荷兰和大清国的商船来日本。这些商人必须向日本报告在世界的见闻，即使道听途说也可以。所

---

① 转引自〔美〕马里乌斯·B. 詹森:《剑桥日本史（第 5 卷）: 19 世纪》，王翔译，杭州：浙江大学出版社，2014 年，第 257 页。

以，日本并不是完全闭目塞听，而是对于世界有所了解。当中国的知识人皓首穷经的时候，日本的知识人却热衷于西洋新知识。一些知识人通过学习荷兰语，翻译荷兰书籍，逐渐掌握了一些西方科学文化知识，形成独特的“兰学”。在“兰学”之外，后来又形成俄罗斯学和英吉利学。从那时起，日本开始悄悄地拉大了与大清国的距离。到开港前的 1852 年，日本的外文书译者多达 117 人，译书 500 部，涉及医学、天文、地理、生物、化学、植物等学科。来自西方的地圆说、日心说已经广为人知，种痘技术普及日本各地，新型人才队伍也已成规模。他们思想开放，欢迎新事物，欢迎开放国门，成为之后的明治维新的重要支持力量。

最重要的是，大清国战败的消息给日本敲响了警钟。1840 年，通过荷兰和清国商人，鸦片战争的消息传到日本。由于日本人把鸦片称为“阿片”，所以有关鸦片战争的情报被统称为“阿片风说书”。阿片风说书有十几种，具体报道了鸦片战争发生的原因、进程和结果。另外，清国商船带去的记载鸦片战争的书籍，也是日本人获得鸦片战争信息的来源。最有意思的是，鸦片战争的消息传到日本之后，日本坊间很快就出现了不少描述鸦片战争的作品，反应之快，令人吃惊。1849 年出版的小说《海外新话》，以当时民间流行的描写战争的章回小说体裁，生动描写了鸦片战争的过程。作者在序言中指出，写作的目的就是希望日本吸取鸦片战争的经验教训，加强海防，防御外来侵略。

鸦片战争结束后不久的 1844 年，荷兰国王致信日本政府，要求以更自由的方式解决外国贸易问题。来信警告，由于日本阻碍了欧洲由工业革命和人口增长所创造的商业野心的扩张，可能遭受中国已然遭受的命运，“地球上各个国家间的交往正变得日益密切。

一股不可抗拒的力量正把它们凝聚在一起。汽船的发明使得相互之间的距离变得更小。在这一关系迅速发展的时期，倾向于保持孤立的国家将不可避免地与许多国家为敌”。

德川幕府回应说，锁国令不可能被抛弃，子孙后代必须遵守祖宗之法。但事实上，在鸦片战争的战火刚刚熄灭的 1842 年，幕府就改变以前对外国船开炮驱逐的强硬政策，发布“薪水令”，允许给外国船提供燃料、食品和水，但之后命其尽快离开日本，以防无端挑起战争。

当时的大清国是皇皇上国，是了不起的大国，没想到竟然一败涂地，这对日本的刺激特别大。正如历史学家内藤湖南所说：“鸦片战争给予日本切肤之痛，各学者都不得不深入思考，当此之际，日本应当如何应对？”日本很清楚，既然大清国都打不赢来自西方的挑战，自己肯定更不是他们的对手。所以面对黑船舰队的时候，它采取的是非常理性的现实主义政策，既然打不过，那就坐下来谈。所以，同样是开国，日本和清朝采取了两个完全不同的路径。如果说，大清国的国门是被“打开”的，那么日本的国门则是被“推开”的。

清国与要求通商的英国开战，打败了，没办法才被迫签订不平等的《南京条约》。对当时的清王朝来说，因为《南京条约》是被迫签字，是城下之盟，所以对于外国充满仇恨，一切条约都不肯好好地执行，而是一定要打折扣，能瞒的瞒，能骗的骗。中国人一提起鸦片战争、《南京条约》，就倍感屈辱。历史屈辱感对于近代中国的影响太大了，影响一直延续到今天。

日本不一样。《日美亲善条约》是没有经过战争、凭借交涉签订的条约。既然条约是双方谈判的结果，所以日本就没有什么历史屈辱感，反而觉得很正常。后来面对世界的时候，日本的心态也很平和。比如，那位推开日本国门的美国人佩里，在中国历史叙事里，毫无疑问是一个侵略者，但在日本完全不一样。日本人不但不痛恨佩里，反而把他当成一个开启本国现代化的恩人。

在今天，日本至少有三个地方都有佩里的雕像，第一个是他最早登岸的久里滨，第二个是他曾到访过的北海道箱馆，第三个是在东京的芝公园里，距离皇居不远的地方。佩里的三座雕像都没有被丑化，而是都很帅气，像英雄一样。特别是在久里滨，每到 7 月佩里登陆的纪念日，当地居民还会搞一个狂欢节“黑船祭”，人们都上街庆祝佩里来日本。久里滨还建了佩里公园，里面竖立着一个高大的纪念碑，上面镌刻着十六个大字“北米合众国水师提督伯理上陆纪念碑”，题写碑文的是日本第一任首相伊藤博文。石碑底座前面是一幅石刻的世界地图，标示着佩里舰队自美国来到日本的航路，还用日英两种文字写道：“1853 年 7 月 8 日，来到浦贺海面的美利坚合众国东印度舰队司令佩里在此地的久里滨海岸登陆，将总统菲尔莫尔的亲笔信递交给江户幕府，翌年在神奈川缔结了日美两国之间的友好条约，这一系列的事件成了将幕府统治下的锁国状态的日本拉回到了世界的原动力。”

对佩里的评价没有仇恨，只有正面的肯定，完全的肯定。日本明治维新时代最伟大的启蒙思想家福泽谕吉也说：“美国人跨海而来，仿佛在我国人民的心头燃起了一把烈火，这把烈火一经燃烧起来便永不熄灭。”①

---

①〔日〕福泽谕吉:《文明论概略》，北京编译社译，北京：商务印书馆，1959 年，序言第 2 页。

很多“后发国家”“追赶型国家”，最初的民族主义动员，往往是以耻辱的记忆为起点的，他们的历史叙事也充满民族屈辱感。但是日本不一样，在和平环境里完成了历史性进程，几乎没有屈辱感，后人也能够轻松地谈论那段历史。日本与中国比起来，不同的开国故事以及由此开启的不同的现代化道路，令人感慨万千。

一位著名作家曾经这样说：“人生的道路是漫长的，但是紧要处往往只有几步，特别是当人年轻的时候。”同样，一个国家的发展道路是漫长的，关键的地方只有几处，特别是在国家转型的时候。经济学家道格拉斯·诺斯曾指出，人类社会中的技术演进或制度变迁均有类似于物理学中的惯性，即一旦进入某一路径（无论是“好”还是“坏”），就可能对这种路径产生依赖，惯性的力量会使这一选择不断自我强化，轻易走不出去。这就是“路径依赖”。诺斯先生曾警告说，一旦路径被锁定，除非经过大的社会震荡，否则就很难退出了。

在面对历史峡口之时，中日两国选择了不同的现代化道路，从而形成路径依赖。从这个意义上可以说，19 世纪中期以来中日两国不同的历史命运，在“开国”之时已经被决定。

国门被打开了，但是距离明治维新还有 14 年，日本还有很长的一段路要走。这段路注定不会一帆风顺，而是充满曲折和坎坷。

第 2 讲

鼎革：从尊王攘夷到戊辰战争

德川庆喜选择妥协，
把权力交给讨幕军，
避免了一场浩劫，
拯救了无数苍生。

1856 年夏天，又一个美国人乘船来到日本。

这个人叫哈里斯，是一个非常有故事的人。他没有接受过正规的教育，多次遭遇挫折，一直没有结婚，也几乎没有什么朋友。他是一个商人，最初经营一家对华进口公司，但因亏损破产。他请求得到一份驻中国香港或者广东的美国领事的工作，遭到拒绝。听说佩里要到日本去，他想跟着佩里去日本寻找机会，也没有成功。后来他得到消息，日本开国了，开放函馆和下田两个地方，下田有个领事岗位。哈里斯就给美国总统写信，请求担任驻日本领事并终于如愿以偿。当时驻日本领事是个冷差事，很少有人对这样的职位有兴趣。

于是，52 岁的哈里斯就以美国领事的身份，前往日本就职。如果说，这个人的前半生的故事基本上是失败的，那么后半生不但彻底转运，而且影响了日本的政治走向。

一、锁国体制的坍塌

1856 年 8 月 21 日，哈里斯抵达下田。没有想到的是，下田的地方官员不但拒绝他登陆，而且要求他立即离开。

难道日本又要闭关锁国了吗？当然不是。《日美亲善条约》签订后，日本先后与英国、俄国签订条约，与欧洲国家建立外交关系。幕府设立洋学所，任命年轻的官员为翻译专员。幕府还任命了高级官员专管外国事务，指定官员研究调查通商问题。问题出在《日美亲善条约》的文本上。当初交换条约时，不是像现在双方当面签字，互换文本，而是事先在条约文本上签字。日方为了维护所谓的国家尊严，拒绝在用外国文字书写的文件上签字，最后只在日文文本条约上签字，佩里则在英文文本条约上签字。关于规定派驻领事的第 11 条，日文可以解释为，在日美双方同意的情况下，美国派领事到下田；英文写成了任何一方认为有必要，就可以设置领事。双方都有道理，怎么办？幸好当时还有荷兰语文本条约，最后根据荷兰语文本，日方作出让步，哈里斯才顺利登陆。

下田很让人失望。两年前，这里发生过大地震，又遭到了巨大海啸的袭击，当地房屋几乎荡然无存，一直还没有恢复。哈里斯被安排住在一个破败的寺庙里，这个寺庙被当作领事馆。但是哈里斯不悲观，他在日记里说，自己是欧美文明国家中首先被准许住在日本的人，这件事情也许为日本制定国际交往的新制度创造机会。为自己将来在日本历史上的名誉计，他也应该尽最大的努力。哈里斯满怀壮志，在寺庙里升起美国国旗，开始考虑如何完成自己的使命。

哈里斯到日本的主要目的是什么呢？虽然佩里推开了日本国门，但是通商问题没有解决。哈里斯的任务就是解决佩里遗留的问题，和日本缔结一个真正的通商条约，制定一些更明确、更有操作性的通商规定。但是哈里斯来了以后，日本人不搭理他。哈里斯住在寺庙里面，冷冷清清，也找不到其他外国人聊天。日本人也不愿意得罪他，据说送来了一个侍女，实际上是个艺伎，名叫阿吉，来照顾哈里斯。这个故事后来被拍成电影，阿吉也成为名人，没有人鄙视她，今天日本一些地方还有她的纪念碑。日本人对待阿吉的态度，也非常耐人寻味。

和外国通商究竟好不好？对日本造成的影响有多大？幕府没有把握，所以非常慎重。哈里斯长期从事亚洲贸易，知道和当地官员商谈无用，一再要求和日本最高领导人见面，声称有重要事情报告。幕府反复推脱，直到一年半以后，幕府才突然改变态度。因为荷兰商馆向幕府报告，大清国与英、法两国发生了战争冲突（第二次鸦片战争），而且警告幕府说，大清国对于最终许可的事情，总是不痛快答应，而是先拒绝，等到陷入窘境之后，才被迫允诺。这种做法只能增强外国的威严，损害自己的国威，日本不要重蹈大清国的覆辙。幕府非常识时务，态度很快软化下来，宣布准许哈里斯前往江户，而且声称迎接缔约国使节前往首都是万国常例。就是说，日本愿意遵守国际惯例。

哈里斯终于来到江户，见到了第 13 代幕府将军德川家定，并呈递了美国总统的亲笔信。这是外国人第一次见到幕府将军，属于破天荒之举。接见结束后，幕府官员开始和哈里斯谈判。哈里斯首先给幕府官员上了两个小时的课，讲述 50 年来世界局势的骤变以及产业革命带来的进步。他强调美国对日本的友好，恭维幕府大度，说自己没有率领一艘军舰，只身进入江户，幕府却肯和自己谈判，这件事情本身就能够挽回日本的名誉。

哈里斯拿出自己拟定的条约草案，要求与日本互派外交官，外交官驻在对方的首都；日本允许外交官在国内旅行，开放大阪、京都、江户等六个港口；在条约里写入自由贸易的条款，起草贸易章程。此时幕府已经决定进行开放，但是主张循序渐进，不能一下都放开。哈里斯坚持说，只有采纳他的方案，日本才能够避免与西洋各国之间的战争，由此走上富强之路。他有时用说理的办法，有时采取威胁的手段，但是谈判进展有限，中间还发生了民间人士暗杀哈里斯的未遂事件。

进入 1858 年，从北京传来的消息给了哈里斯一个助攻机会，帮他打破了谈判僵局。什么消息呢？英法联军打进了北京城，逼迫清政府签订了《天津条约》。哈里斯提出警告说，很快英国也会向日本提出类似要求，一旦英国军舰来航，必定逼迫日本开国通商。“如果你们不尽快答应的话，到时候就悔之晚矣”。如果日本先同美国签订条约，就能在日美条约基础上应对英国，拒绝英国的过分要求，避免吃大亏。

幕府一直关注着第二次鸦片战争的进展，担心会殃及自己。英国来航是早晚的事情，和陌生的英国打交道会怎样？幕府开会讨论，结论是很可能代价更大。于是，幕府决定与美国妥协，答应哈里斯的大部分要求。双方议定了《日美修好通商条约》14 条，哈里斯喜出望外，以为从此功成名就。不料日本代表说，不能立即签订条约，必须向京都的朝廷报告，一旦得到天皇的同意，就可以立即完成手续。

哈里斯感到无法理解。在此之前，他一直以为将军就是这个国家的最高统治者，从来没有人和他提起过还有天皇这个人物。如果天皇坚决不答应，谈成的结果是否就不算数呢？幕府官员信誓旦旦地说，幕府已经作出决定，天皇不可能反对，就是走一个形式。搞形式主义有意义吗？幕府官员告诉哈里斯，价值正在于这种严肃的仪式。只要再等两个月，天皇同意后，一切非议就会烟消云散，双方就可以签订条约了。

哈里斯被说服了，决定再等一等。幕府派官员前往京都，征求朝廷和天皇的意见。本来外交是幕府的专管事务，缔结条约不必特意取得天皇的同意。但是在和哈里斯谈判的过程中，幕府为了聚拢人心，曾多次向大名们征求意见。大多数人认为，时代发生了大变革，不管是大清国，还是日本，都不能成为孤立的国家，通商是不得已的事情，但是有少数大名强烈反对，甚至提出要砍下哈里斯首级。他们人数不多，但是地位高、影响大，让幕府感到为难。为了消除大名们的不满，幕府决定先取得天皇的同意，让反对者无话可说。于是，幕府官员携带厚礼去京都，作为给朝廷的“辛苦费”。本以为天皇会配合演戏，痛快地答应幕府的要求。没有想到，事情完全出乎预料。

这时在位的是 27 岁的孝明天皇，也就是后来的明治天皇的父亲。这是一个非常顽固的排外分子，从来没有见过外国人，却认定外国人都是心怀鬼胎的“蛮夷”，绝不能和他们通商，如果通商，就难立国威。如果外国人不听，就把他们驱逐出去。所以，他坚决反对和美国签订条约，还拒绝幕府送来的“辛苦费”。孝明天皇甚至说，如果引发纷争，宁肯日本变成一片废墟，也不向外国人开放。反对幕府的政治势力也在京都活动，幕府前后派了两拨官员前去，都无功而返。幕府掉进了自己挖的坑里面。

两个月的期限很快过去，哈里斯一再催促，幕府非常被动。转机突然到来，因为幕府发生人事变动，井伊直弼被任命为大老。大老是江户幕府非常设官职，在同一时期只有一人，拥有“一人之下，万人之上”的权势。井伊直弼原来是近江彦根的藩主，作风果断，思想开放。在黑船来航时，他明确主张开国，是少数开明派之一。他担任大老后，面临的最大挑战就是同美国签订通商条约的问题。眼看着约定的期限已过去，由于天皇的阻挠，幕府迟迟不能签约，他也束手无策。

恰好就在这时，美国军舰开进下田，哈里斯趁机发出威胁。怎么办？井伊直弼面临抉择。如果答应美国的要求，签订通商条约，他就会受到各方面打击，甚至会被有些人指责为卖国贼；如果不答应，他又怕日本像大清国一样，被迫签订《天津条约》那样的城下之盟。作为一个政治强人，井伊直弼还是有担当的，毅然地作出决定，同意在条约上签字。

随后，幕府又先后与荷兰、俄国、英国、法国签订类似条约。这五个条约都是在 1858 年缔结的，1858 年的年号是安政，所以被统称为“安政五国条约”。如果说佩里只是冲击了一下日本，推开了日本的国门，那么这些条约则彻底摧毁了日本原来的锁国体制，日本从此才真正开始对外开放。

这里有一个问题值得探讨，“安政五国条约”是不平等条约吗？从条约本身来看，主要有两个方面内容似乎是不平等的，一个是关税自主权，一个是领事裁判权。日本无权自主决定关税率，而是在条约里进行约定，对方则可以自由决定关税税率。一般认为，西洋各国要求日本开国，就是要向日本销售产品，所以极力压低日本的关税。但是从“安政五国条约”来看，向日本进口商品的税率为 20%，从日本出口商品的税率为 5%，反而有利于日本关税收入和增加商品出口。

至于领事裁判权，如果外国人与日本人直接发生冲突，日本人作为受害者起诉外国人时，外国领事可以根据其国法律进行审判。但是，当日本人成为加害者受到起诉时，要由日本法院根据日本的法律审判。实际上，日本攘夷人士多次刺杀外国人，而极少发生外国人伤害日本人的事件。如此一来，这样的制度设计反而对西洋各国不利。所以，日本历史学家研究后认为，领事裁判权很难说是不平等的。“安政五国条约”的主要问题是许多规定只适用于日本本土，例如，片面最惠国待遇，日本没有得到对方国家的最惠国待遇，处于不平等地位。

实际上，一直到德川幕府结束，日本人都不认为“安政五国条约”是不平等条约，而是认为幕府在签订这些条约时对外国卑躬屈膝，这种态度使日本颜面受辱。

二、尊王攘夷

1860 年 2 月，日本派一个代表团前往华盛顿，交换条约批准书。

日本人驾驶着“咸临丸”，用了三个月时间，完成了首次横渡太平洋的壮举。从学习了解航海技术到横渡太平洋，日本仅用了短短的几年时间。当时的朝鲜、大清国以及其他东方国家，没有一个有勇气横渡太平洋。正如吉田茂在《激荡的百年史》里说的那样，

“日本一旦决定开放，便毫不犹豫地在西方文明和经济的冲击下显示出自己敢于冒险的气魄和意志”[①]。咸临丸正是这种精神的象征。

咸临丸上有一位政府的随员，就是后来成为启蒙思想家的福泽谕吉。日本代表团在美国大开眼界，在回国前，船长购买了一把美国制造的伞。但是福泽谕吉提醒他，回国后千万不要在公开场合使用它，以免遭到攻击。福泽谕吉的预言是准确的，因为在日本国内爆发了政治危机，危机的导火索就是幕府签订的“安政五国条约”。

反对派们根本不认真研究条约文本，只是拼命地指责幕府签订的条约完全违背天皇旨意，使国家受辱。他们还拿将军继承人问题做文章，因为现任将军德川家定没有儿子，井伊直弼力排众议，强行决定让未成年、血缘更远的德川庆福继嗣。德川家定死后，德川庆福改名为德川家茂，成为第 14 代将军。对条约的不满，加上将军继承人问题，反对势力都把矛头指向井伊直弼，指责他肆意弄权，不把天皇放在眼里，强行签订条约。

面对大规模的反对运动，井伊直弼毫不退让，在全国进行了严酷的镇压，从公卿、大名、藩士，到民间志士，大量反对派被逮捕。因为此事发生在安政年间，所以被称作“安政大狱”。在这场政治镇压运动中，上百人被投进监狱，一些仁人志士惨遭杀害。井伊直弼也没有逃脱悲剧命运。1860 年 3 月，也就是在日本代表团在华盛顿访问时，一个风雪弥漫的早晨，井伊直弼乘坐轿子去上班，走到江户城的樱田门时，遭到埋伏在那里的一群武士的袭击，被当场刺死。这就是历史上有名的“樱田门之变”，有一部电影专

---

① 〔日〕吉田茂:《激荡的百年史》，第 2 版，李杜译，西安：陕西师范大学出版社，2010 年，第 15 页。

门讲这个故事，场面极其残忍血腥。

井伊直弼被人杀死了，潘多拉的盒子也被打开了。日本从此进入了一个动荡和充满血腥的年代，“尊王攘夷运动”开始了。所谓尊王攘夷，就是尊崇天皇，排斥外国人。尊王攘夷派认为幕府太软弱，甚至有卖国的嫌疑，他们要让天皇出来亲政，把外国人从日本赶跑，领导国家建立新体制。尊王攘夷运动的矛头一方面对准幕府体制，另一方面对准那些进入日本的外国人。

大概从 1860 年开始，尊王攘夷成为日本的政治主流。这场运动的主角是武士，尤其是下层武士，他们特别活跃，在全日本到处串联，搞反幕府活动。为什么下层武士那么积极呢？这和日本的武士制度有关。

武士实行世袭制，武士的身份是完全固化的。一个人的父亲是武士，那么他生下来也是武士。武士本身又分为十几个等级，不同等级之间的武士不能流动。就像沙丁鱼罐头一样，那些鱼一个个叠在那里，是没有办法翻身的。如果你是下层武士，你的儿子、孙子都将是下层武士，他们不会沦落为农民、工匠或者商人，但也不可能实现阶层跃迁，成为上层武士。这些武士属于不同的藩国，做着各种各样的管理工作，藩主给他们俸禄。问题是，江户时代的日本人口数量激增，武士越来越多，饭碗越来越少，所以下层武士的生活贫困潦倒，甚至都比不上农工商阶层。

下层武士急于改变自己的命运。日本开国为他们提供了历史机遇，他们特别想通过这个机会咸鱼翻身，建功立业。在这个意义上，下层武士的野心推动了尊王攘夷运动。比如说，明治维新时代的“维新三杰”西乡隆盛、大久保利通、木户孝允，都是从尊王攘夷的时候开始崭露头角的。三人都是武士，除了木户孝允身份高一些，西乡隆盛、大久保利通都是低级的下层武士。

在攘夷派武士里面，有一批人是很野蛮的。他们仇恨外国人，打着爱国的旗号到处追杀外国人，用今天的话来说就是一群“爱国贼”。比如后来的著名政治家伊藤博文，当时就是这么一个“爱国贼”。他属于武士中最底层的“足轻”，不到 20 岁就跑到江户追杀外国人。他曾经和其他武士一起，跑到英国领事馆放火。从 1858 年到 1860 年，先后有五位外国人遭到袭击。各国的外交使团提出强烈抗议，但是最后一个凶手也没有抓到。凶手逃跑，幕府还要出面赔偿。据说 1865 年林肯总统被刺的消息传来后，幕府的一位官员感慨道:“啊，又要赔款了吗？”他以为又是日本武士干的好事！

其实，杀外国人是很难的，因为他们都住在外国人聚居区，或者住在领事馆里，有军队或者警卫保护。后来，这些“爱国贼”就带着刀到处追杀“日奸”，比如卖东西给外国人的，给外国人服务的，给外国人当翻译的，只要和外国人打交道，在他们看来就肯定是妥妥的“日奸”，必欲除之而后快，甚至翻译外国人书的，也被视为敌人，成为追杀的对象。此外，这些武士也暗杀幕府官员，理由是幕府违抗天皇的旨意，实行卖国外交。所以说，那些年日本非常暴戾，整个社会都陷入动荡。

幕府有没有维持治安的能力，有没有切实的统治能力？面对混乱的日本社会，外国人对幕府产生了怀疑。幕府在内外交困之中，权威逐渐丧失。就是在这样的动荡过程中，日本新的政治格局逐渐形成，一些雄藩，也就是强大的藩国开始崛起。

在江户幕府领导下，全国二百多个大名也分为不同等级。第一个等级叫亲藩大名，都和德川家族有血缘关系，他们的藩国都位于比较富庶的地区，或者是军事要冲，距离江户近，和幕府关系亲密；第二个等级叫谱代大名，最早是追随德川家康的功臣，他们分封的地方也比较好，而且还可以到幕府里面担任要职；最差的就是外样大名，在江户幕府建立前，他们是和德川家康为敌或者平级的那些人，被分封到比较边远的地方，没有权力参政，而且被幕府严格监控，建造城池和制作大炮的口径都受限制。

幕府还创造了一种制度，让这些外样大名苦不堪言。这种制度叫作参觐交代，要求各藩大名定期前往江户执行一段时间政务。大名们的老婆和孩子不允许居住在自己的藩国里面，而是居住在江户，其实这就是一种人质制度。大名每两年都要去江户一趟，在那儿待半年，然后再返回藩国。每次来回的队伍浩浩荡荡，甚至有上千人，基本是步行。对于边远地区的外样大名来说，路上一走就是好几个月，每两年折腾一回。作为幕府的统治手段，参觐交代让大名们的财力变得非常虚弱，外样大名的财政情况特别困难。

萨摩藩和长州藩就是典型的外样大名。长州藩位于日本本州最西边，现在的山口县一带。萨摩藩在九州西南部，在今天的鹿儿岛一带。这两个地方都属于边远地区，财政窘迫，寅吃卯粮，只能自己想办法搞创收，包括走私。例如，萨摩藩在和荷兰人来往的过程中，得风气之先，开始通过“兰学”引进西方知识，引进武器生产、造船、纺织和织布技术，建设了日本首个近代西式工业集群，使萨摩藩站到了全国的前列。萨摩藩和长州藩本来财政已经破产，但是后来反而好了起来，成了非常有实力的强藩。

可以说，萨摩和长州两个藩国是一场“边缘革命”，在远离政治中心的边远地区自主发展，逐渐崛起，成为众多藩国里的雄藩，改变了当时的政治格局。

在“安政五国条约”签订后，长州藩首先冒头。它提出对朝廷忠义，开始从幕府政治中独立出来，成为尊王攘夷的盟主。根据“安政五国条约”，几个港口要相继开放，长州藩提议“破约攘夷”，就是不承认条约，趁机将外国人赶出国门。长州藩的活动刺激了萨摩藩。萨摩藩推动幕府和朝廷合作，要求实现国家权力一元化，调整和重建幕藩体制。

由于两个雄藩的活跃，幕府的绝对话语权逐渐被削弱，京都的重要性越来越强。政治中心悄悄地从江户转移到京都，那些鲁莽的武士们也跑到京都来活动。他们批判幕府，对幕府官员和亲幕府的人士展开恐怖的暗杀行动，号称是“天诛”，就是把暗杀当作替天行道。京都变成了激进的政治中心。

幕末时期的政治斗争复杂多变，各方阵营的激烈角逐让人眼花缭乱。朝廷有时和幕府对立，有时合作，孝明天皇的立场也不稳定。长州藩的武士在京都制造混乱，引起朝廷不满，让幕府率领各藩国士兵征讨长州藩。尊王攘夷派内部混乱，萨摩藩和长州藩对彼此都怀有敌意。

到底谁是敌人，谁是朋友？在混乱中，萨摩藩和长州藩逐渐走近，缔结盟约，结成秘密的军事同盟。他们约定以恢复天皇权力为目标，在打倒幕府上进行合作。从此，尊王攘夷运动的斗争矛头指向幕府，攘夷的色彩淡化。因为两个雄藩认识到，排外没有好处，开国已经不可避免，真正的敌人不是外国人，幕府才是妨碍日本进行根本性改革的障碍。

三、幕府退出历史

两个雄藩本来尊王攘夷，为什么能够认识到攘夷不可能呢？因为它们都经历了和外国人的战争。

一场是 1863 年爆发的“萨英战争”。在鹿儿岛附近的海面上，萨摩藩和英国打了一仗。因为天气、地理等原因，英国舰队发挥失常，结果双方打了个平手，甚至英国人损失稍微大一点儿。但是，萨摩藩没有扬扬自得，他们评估以后得出结论，如果真正凭实力打的话，自己是打不过英国人的。经过这场不输不赢，甚至略有小胜的战争，萨摩藩不但没有骄傲自满，反而开始反思过去的排外政策。它与英国媾和，双方建立亲善关系。萨摩藩通过英国购买军舰，还派 19 名年轻武士去英国学习。当时幕府严禁国民出国，这些人都是偷渡出去的，回国后成为推动明治维新的重要力量。

另一场是 1864 年爆发的下关战争。攘夷急先锋长州藩把下关海峡封闭起来，不许外国船只通过，还炮击路过的外国船只。英国舰队与法国、美国、荷兰组成四国舰队，共同炮击下关，顷刻之间就摧毁了下关沿岸的全部炮台。铁的事实告诉长州藩，攘夷纯属妄想。长州藩惨败后，迅速抛弃原来坚持的攘夷政策，补偿英、法、美、荷四国费用，答应优待通航的外国船只。

两个雄藩转向了开国，而且联合起来把目标指向幕府，让幕府的压力越来越大。这时候已经到了 1866 年，德川家茂病死，幕府迎来了第 15 代将军，也是最后一代将军德川庆喜。当初，井伊直弼反对庆喜作为上一任将军的继嗣，而且禁止庆喜进入江户城。井伊直弼被杀后，幕府人才匮乏，人们把希望寄托在庆喜身上。因为他为人沉稳、聪明睿智，幕府上下都将他视为救世之主，认为只有他才能挽大厦于将倾。于是，庆喜被任命为将军的监护人，主持幕府事务。

德川庆喜不负众望，开始刷新幕政。为了使幕府的权威摆脱衰落的困境，他模拟西方的内阁制，将幕府分为五局，每位老中分掌一局，由首席老中统辖全国政务。推进公武合体，积极搞好和孝明天皇、朝廷公卿的关系。参觐交代制改为每三年一次，每次只有三个月。建设大规模的横须贺炼铁厂，建造蒸汽船。设置“藩书调所”，就是现在东京大学的前身，培养外交和西学人才。庆喜改革军制，编练步兵、骑兵和炮兵，着手建立近代常备军。聘用法国军事教官团，开办军官学校，并从荷兰采购军舰。同时派遣人才留学海外，研习近代军事思想。庆喜还向欧洲派出考察团，派自己的弟弟去法国留学。

幕政改革涉及军事、政治、财政等各方面，力度很大。一时之间，幕府呈现出生机勃勃的气象。我看过德川庆喜的一张照片，站在椅子旁边，穿着拿破仑三世赠送给他的西式军装，手里拿着宝剑，可以说英姿飒爽。当时的人对庆喜评价很高，“维新三杰”之一的木户孝允就说，德川庆喜的胆略实在不容小觑，简直是德川家康再世。见过庆喜的外国外交官也很喜欢他，称赞他是典型的绅士，值得信赖。后世的人也高度评价庆喜，著名企业家松下幸之助说，德川庆喜宽广的胸襟和过人的谋略，值得每一位领导者学习。另一位企业家稻盛和夫也说，德川庆喜所实施的体制改革，即便在今天看来也是极为新颖且彻底的。假如历史给他机会的话，我相信德川庆喜是有可能带领日本走向现代化的。

遗憾的是，历史留给庆喜的时间太短了。当他成为将军、掌握大权的时候，萨摩藩和长州藩已经结成了同盟，尊王攘夷运动在全国风起云涌，不可遏制。更巧合的是，在庆喜担任将军一周后，孝明天皇在 1867 年年初突然去世。这位天皇虽然冥顽不化，却非常信任庆喜。天皇死得非常蹊跷，一种说法是得了急性出血性天花，当时天花在日本并不少见，但是那种特别严重的、几乎致命的天花要罕见得多。所以，后来流传另一种说法，说孝明天皇是砒霜中毒而死。为什么要毒杀天皇呢？就是因为尊王攘夷派认为，这位天皇太信任德川庆喜，阻碍了尊王攘夷运动。

新天皇登基，他就是明治天皇，当时只有 15 岁，对政治懵懂无知，朝廷的实权落入尊王攘夷派手中。他们和萨摩藩、长州藩联合，打击幕府的权威。德川庆喜提出，应该遵守签订的条约，开放早已允诺的兵库港，但遭到朝廷拒绝，理由是兵库港距离京都太近。德川庆喜亲自入朝，彻夜坚持，终于迫使朝廷敕许了兵库开港。

如果德川庆喜控制朝廷，掌握实权，很可能复兴幕府，但这是萨摩藩和长州藩不能接受的。当时流传说，幕府计划用新编的幕府军，先讨伐长州藩，再挥戈打到萨摩藩，乘势废除全国各藩，将全国改为郡县制。因此，萨摩藩和长州藩开始联络那些反幕府的大名们，结成讨幕派，密谋武装推翻幕府。同时，土佐藩提出一个不使用武力的解决方案，就是“大政奉还”。具体来说，就是幕府将军将权力归还朝廷，成为大名里的一员。在朝廷之下设置议事堂，所有政令都要出自议事堂。

德川庆喜迅速抓住这个机会，要求辞掉将军的职务，把所有的权力都还给天皇。各种日本历史书上都有一张画像，描绘当年德川庆喜宣布大政奉还的场景。为什么德川庆喜要把权力都交出来呢？他想顺水推舟，在归还大权后，再重新成为大名们的首领，在朝廷中掌握实权，将会比以往更有合法性、更有威望。

果然，朝廷虽然接受大政奉还，但没有管理国家的经验、能力，人才也集中在幕府，只好让德川庆喜继续管理政务。所以说，真正管理这个国家的还是幕府，而且德川庆喜名正言顺地掌握了实权，消除了那些讨幕派的借口。这样一来，搞得那些讨幕派很被动。长州藩的木户孝允就给萨摩藩的西乡隆盛写信说，如果这样下去，就没有机会推翻幕府了。

在这种情况下，萨摩藩的西乡隆盛、大久保利通和朝廷的权臣岩仓具视串通，乘幕府不备，在 1868 年 1 月突然发动政变，以天皇的名义发出“王政复古”的命令，废除“征夷大将军”的称号和官职，声称要回到神武天皇创业之时。将近七百年的武家政治各项制度的合法地位，转眼之间就被剥夺了。德川庆喜作茧自缚，反而吃了“大政奉还”的苦头，在政治上失去优势。讨幕派还命令德川庆喜辞官纳地，把朝廷的职务和德川家的领地都交出来。

德川庆喜从京都退到大阪，观望形势。虽然王政复古废除了幕府，但实际上幕府继续存在。无论是在江户城还是大阪城，多数幕府官员继续支持庆喜，呼吁战斗，但是庆喜极力压制。与此同时，西乡隆盛派人在江户城搞暴动，向将军府里扔炸弹。这种行为激怒了庆喜，他派军队向京都进发，想向朝廷讨一个说法。于是，就发生了著名的鸟羽、伏见之战。在京都附近的鸟羽、伏见，幕府军与萨、长两藩的讨幕军打了一仗，结果幕府军被打败了，德川庆喜带人跑回了江户。

1868 年是旧历戊辰年，所以这场推翻幕府的战争被称为戊辰战争。讨幕军紧紧追击，一直追到江户城下。江户城面临着一场浩劫，因为那个时代日本的房屋都是木制的，屋顶铺着草，最怕战火。江户城有百万人口，非常繁华，号称是当时世界上人口最多的城市之一。从实力上来说，幕府并不输讨幕军，不仅是江户城，乃至广大的日本东部地区的老百姓都支持幕府。只要幕府坚决抵抗，鹿死谁手，未为可知。

但是德川庆喜没有继续打下去，因为如果双方拼死一战，江户城就会化为一片废墟，无数生灵涂炭。他派人去和西乡隆盛谈判，双方达成和平协议。1868 年 5 月 3 日，讨幕军进入江户，德川庆喜交出所有的权力，回老家隐居。就这样，讨幕军没有费一枪一炮，就和平占领了江户，把整个幕府体制推翻了。这就是著名的“江户无血开城”。

这段历史令人感慨万千。按照很多人的逻辑，德川庆喜既然有拥护力量，就应该继续打下去，和讨幕军队决一死战，怎么能够轻易地放弃权力，做一个懦夫呢？我认为，这种评价是有问题的，反映了某些人“脑髓里有点贵恙”（鲁迅语）。德川庆喜选择妥协，把权力交给讨幕军，避免了一场浩劫，拯救了无数苍生。在我看来，德川庆喜是一个知进退的政治家，是一个不把权力当成自己生命的开明政治家，从整个世界史来看，德川庆喜都是一位非常令人敬佩的政治家。

幕府退出了历史舞台，日本迎来了明治维新。

第 3 讲

改革启程：驶向全新的历史时期

新政府和幕府完全不同，
不但带来众多新鲜事物，
改变了国民的生活，
而且让他们的思想受到巨大冲击。

1868 年 4 月 6 日，京都举行了一场盛大的典礼。

这一天中午，公卿、大名和各级官员穿着各自的朝服，严肃地集合在皇宫大殿里，参加天地神祇御誓祭仪式。仪式开始，神官洒盐水和撒米，这是充满迷信色彩的神道教祓除仪式。在此前一天，天皇颁布诏书，宣布恢复长期以来被武家强行中止的各种神道教仪式。接下来，神道教的大神官演唱降神的神歌。祭品摆好以后，天皇穿着白色的传统衣服，在高官的陪同下走进大殿，坐在皇位上。四张描绘四季风景的屏风扇形围绕着天皇宝座，其右侧斜对面设有一个庄严的神座。

一位大臣站出来，首先向天地诸神祈祷，大声朗诵了一份神道教的祈祷文；然后又宣读御祭文，声称自神话时代以来，天皇就奉天神之命，掌管天下事务。也就是说，天皇的统治权来自其祖先天神。所以，违背今天誓约的将即刻遭受天地神祇的惩罚。天皇走向神座，跪在祭坛前方，叩拜祷告，贡上系有布帛的杨桐树枝，参拜众神。最后，大臣代替天皇宣读《五条誓文》。

《五条誓文》是天皇向列祖列宗的宣誓，也是明治维新的改革宣言。

一、改革宣言

《五条誓文》的内容是什么呢？就是简单的五条：

第一条“广兴会议，万机决于公论”。概括一下，就是要否定独裁，扩大参政范围，有事大家商量办，这是民主。实际上在鸟羽、伏见战役结束后不久，朝廷就制定了“征士贡士制度”，选拔各藩藩士和有才之士负责处理公议，广开言路，创造机会以广泛采纳天下人的意见。第二条“上下一心，大展经纶”。就是要求大家齐心协力来振兴国家，所以说这是团结。第三条“官武一途，以至庶民，各遂其志，务使人心不倦”。人人都不要倦怠，这是讲要奋斗。第四条“破旧来之陋习，基天地之公道”。就是要搞改革，把以前的陋习都改掉，遵守天地万国的公理。第五条“求知识于世界，大振皇基”。就是对外开放，在全世界范围内追求知识，建立新国家的基础。

《五条誓文》文字很少，但是内容极其震撼。总结一下，就是十个字：民主、团结、奋斗、改革、开放。当时戊辰战争还没有完全结束，日本的新统治阶层就开始谋划建立新国家。新国家是什么样的？《五条誓文》的意义，就是向当时的日本精英和民众描述了一个理想国。在这个新国家里，将实行民主，开放言论，人人尽力，全国团结，打破过去的陋习，在全世界范围内追求知识。这是一个全新的国家，一个全新的日本。要实现这样的理想国，关键在于“破旧来之陋习”和“求知识于世界”，就是向全世界学习新知识，进行全面改革。在这个意义上，《五条誓文》就是明治维新的改革宣言。

在仪式的过程中，天皇始终保持沉默。这是出于神道教仪式的传统，也充分说明当时天皇所处的被动立场。这一年明治天皇只有16岁，才登基一年，还是一个懵懂无知的少年，《五条誓文》肯定不是他提出来的。实际上，真正的起草者是两个接受新思想的知识分子，最后由木户孝允修订定稿。《五条誓文》使用的语言是日本甚至整个汉字文化圈前所未有的，它里面渗透着西方的思想理念。这些西方思想的影响来自哪里呢？来自启蒙思想家横井小楠，他很早就主张学习美国的政治制度。横井小楠的思想传给了弟子坂本龙马，坂本龙马又影响了《五条誓文》的起草者。总之，《五条誓文》受到了西方文明的深刻影响。

为什么要搞这样的宣誓仪式呢？一方面是向精英阶层宣告新的国家设想，团结支持者。幕末以来，面临数千年未有之大变局，维新志士们对未来有不同的设想和谋划。随着幕府倒台，维新志士们为了团结支持者建立新政府，必须明确提出具体的设想。后来，维新志士们在规划新政府的机构时，就特别强调建立制度都要遵从《五条誓文》的原则。另一方面，也是为了争取人心。直到举行仪式的这一天，戊辰战争还在继续，一些大名在观望，也有不少大名站在幕府一边，抵抗讨幕军。举行盛大的宣誓仪式可以团结支持朝廷的大名，也向那些观望者、反对者显示朝廷建设新国家的决心。

宣誓结束，所有参加仪式者都先后参拜神座和天皇宝座，随后在奉答书上签名，誓言奉戴纶旨，勤勉从事，以安天皇之心。总共有 767 个人签名，几乎包括了当时所有支持天皇的精英。所以，天地神祇御誓祭是天皇与支持者们的盟约。等到战争结束，其他大名和旧幕府官员也陆续在奉答书上签名宣誓，德川庆喜的儿子也代替父亲签了字。这么多人签字，说明日本的精英阶层达成了共识，大家支持天皇建立新的政府。

所以，后世对《五条誓文》非常推崇，认为它是明治维新的真正起点，也是对新日本的顶层设计。这份文件对日本的影响非常深远，它所表达的原则有时被忽略，但是从没有被否定。后文我们将讲到的自由民权运动，就是从《五条誓文》里寻找根据。1889 年制定的《大日本帝国宪法》，也是在《五条誓文》的影响下诞生的。直到战后的 1946 年，当昭和天皇颁布《新日本建设诏书》，也就是所谓的“人间宣言”的时候，一开头就全文引用其祖父明治天皇的《五条誓文》，呼吁和鼓励国民勇敢面对困难，积极建设新日本。你看，经过了将近 80 年，这份文件在日本战后建设中仍然能够发挥作用，说明《五条誓文》历久弥新。

我们可以再做一个横向比较。1898 年，光绪皇帝颁布《定国是诏》，开始了戊戌变法。戊戌变法的学习对象就是明治维新，所以《定国是诏》和《五条誓文》是可以进行比较的。虽然大清国的改革晚了 30 年，但是他们的改革设计是否超越了明治维新呢？很遗憾，没有。光绪皇帝颁布的《定国是诏》所表现的眼界、格局和胸怀，还是比不上 30 年前日本的《五条誓文》。《定国是诏》里面有很多空话、套话，唯一实在的一点是这么一段：“嗣后中外大小诸臣，自王公以及士庶，各宜努力向上，发愤为雄，以圣贤义理之学，植其根本，又须博采西学之切于时务者，实力讲求，以救空疏迂谬之弊。”但是从内涵上来讲，它仍然强调传统价值观念，还是坚持中体西用那一套，无法和《五条誓文》里的“求知识于世界”相提并论。

在宣布《五条誓文》的同一天，还颁布了天皇的告谕书。这相当于天皇的个人宣言，它谴责幕府专权导致朝政衰落，天皇和国民分离，隔如天地。但是从此以后，天皇要抛弃被动的角色，主动承担起治理国家的责任。和以前的挑战完全不同，现在西洋各国都来到日本，日本不能再继续固守旧习。天皇宣称，自己一定要让国泰民安，而且要“开拓万里波涛，布国威于四方”，呼吁民众支持自己，完成伟大的新事业。

需要注意的是，《五条誓文》和告谕书的对象，主要是公卿、大名，并不是广大的民众。真正面向民众的，是宣布《五条誓文》的第二天，新政府颁布的“五榜揭示”，就是五张告示牌，幕末时代的农村都要有悬挂告示牌的场所。这时候，幕府的告示牌被撤下，悬挂起新政府的告示牌。民众从告示牌的变迁中就能看出来，一个新政府诞生了。新政府颁布的五张告示牌，就是五条禁令，相当于和民众“约法五章”。前三条和幕府长期以来的规定相似，禁止结党、聚众要挟、逃散、信奉天主教等，剩下的两条才是重点。

第五条规定，禁止民众逃离所属的藩国，如果对藩国和大名有意见，允许民众向新政府建言献策。第四条宣布，新政府依据万国公法和外国交往，履行条约，严禁加害外国人，否则就是伤害国际信义，损害国家威信，将受到严刑处罚。这一条非常重要，虽然新政府在尊王攘夷运动中产生，但它宣告了“尊王攘夷”口号中“攘夷”部分的结束。

不久后，天皇在皇宫里接见了外国公使。当时反对的声音非常强烈，尤其是宫里的人，他们说除了中国、朝鲜，天皇从来没有接见过来自其他国家的人。维新派反复解释，国家君主接见外国公使是国际通行的原则，如果不遵守国际惯例，将导致其他国家的不信任，最后才排除阻力。可是在英国公使团前往皇宫的路上，遭到几名狂热武士的袭击。这些武士认为，如果让外国人进入皇宫，将会严重削弱这块神圣领土的神力；如果让外国人看到天皇的脸，将会亵渎天威。最后，天皇还是接见了英国公使。这个举动非同寻常。英国是西洋各国的首领，英国公使拜谒天皇，意味着承认了新政府。其他国家也纷纷跟进，新政府得到了各国的认可。

随后，明治天皇开始御驾亲征，向大阪进发。天皇坐着轿子，一路上锦旗飘扬，沿路的民众都跪着目睹天皇队伍走过。大阪是东征的根据地，海军一直在这里候命。天皇在河边登上一艘小艇，溯流而上，两岸站着守卫的士兵。海上并排停泊着七艘蒸汽军舰，当天皇抵达时，海军第一次发射礼炮，瞬间礼炮声响彻海面。天皇亲自检阅了海军舰队，也第一次见到了蒸汽军舰。在当时，军舰是现代技术和军事实力的最佳代表，它能够让人们切身感受到文明的存在。让浩瀚的大海启发天皇的心智，让蒸汽军舰开拓天皇的视野，这就是实践《五条誓文》里的“求知识于世界”。

二、迁都东京

明治天皇回到京都，举行了加冕仪式。

本来，明治天皇在 1867 年年初即位登基，加冕仪式应该在年底举行。但那时正是国内政局最诡异的时候，无法举行盛大的仪式，准备时间也不够，只好推迟到 1868 年的下半年。值得注意的是，传统仪式都是照搬中国的模式，天皇的礼服是周礼中最高等级的冕服，头戴十二旒的冕冠。主持新政府工作的岩仓具视认为，在这个变革维新的时代，应该修改以前的仪式，为后世的加冕典礼树立新榜样。

新仪式主要遵照神道教。神官到历代天皇帝陵前，告知加冕典礼即将举行。宫廷提前去神道教的主要神社祭拜，祈祷举行仪式那天不要刮风下雨。典礼经过精心安排，参加者的每个动作都经过设计。等到仪式那一天的早晨，天皇穿着类似神道教神官的袍子，头戴高高的冠冕，旁边的一个女官捧着草薙剑，另一个女官捧着八尺琼勾玉，这两个东西和八咫镜一起被称为“三种神器”，代表着天皇的神圣权威。天皇从后面的帷幔中进入大殿，坐在宝座上，前面是一个竹帘，草薙剑和八尺琼勾玉放在身旁的台子上。

随着一声锣响，两名女官拉开竹帘，天皇出现在人们面前，百官们向天皇跪拜祝贺。一位官员向天皇献上驱邪的“币”，就是绑着布条的木棍。在大殿中央的神案上，摆上了直径三尺六寸余的地球仪。这是新仪式的最大亮点。地球仪原来是一个藩国大名送给孝明天皇的礼物，似乎是想让他熟悉世界的总体格局，激发他的雄心壮志，但是最后也没有达到目的。直到去世，孝明天皇都是一个满脑子攘夷的人。现在，地球仪成了明治天皇加冕典礼上的焦点，吸引了在场官员的目光，也唤起他们的好奇。地球仪是一个非常富有意义的象征，表明新政府是面向世界的。

一位神官走到指定位置，手举文书，大声宣告天皇继位，并祈愿他福寿绵长，国内五谷丰登。神官宣读完毕，一名歌者唱起一首古老的歌谣：

> 无数黄沙子，绵延遍海涯。
> 祝君千万寿，为数亦如沙。

歌曲结束，根据神官的口令，全体官员向天皇鞠躬，宫女将帘子放下，天皇退下，从大家的视野里消失。这个具有日本本土色彩的加冕仪式结束了，日本与中国文化从此渐行渐远。耐人寻味的是，明治维新虽然努力摆脱中国文化，但实际上很难做到，“明治”二字就出自中国的古老典籍《易经》，原文是“圣人南面而听天下，向明而治”。

从这个仪式可以看出，明治维新既有创新的一面，又有恢复传统的一面。为了进一步巩固天皇和民众的关系，天皇的生日被定为国家节日——天长节，后更名为天皇诞生日。这种做法开始于公元 8 世纪，很早就中断了。复兴这样的做法，就是恢复古老传统的一个例子。当然，明治维新更有创新的一面。年号问题就是一个例子。学者们拟定了许多年号，明治天皇从中间抽取出来一个，上面写着两个汉字“明治”，意思是“开明的统治”。新政府宣布，废除原来使用的年号，将庆应四年改为明治元年，而且从今以后一任天皇只用一个年号，称为一世一元。在以前，历代天皇都有好多个年号，明治的父亲孝明天皇就有五个年号。这和中国历代王朝一样，遇有大事就改元，有好事要改个年号，遇坏事为了求吉祥更要改年号。当然，幕府时期，改年号必须经过幕府同意。加冕仪式、地球仪、一世一元、确定天长节等，都表明了明治时代的新气象。

加冕典礼一结束，明治天皇就出发前往江户。当时的公告说，天皇认为“海内一家，东西同视”。出行的正式理由是，今年春天以来，东部老百姓一直饱受战火煎熬，天皇希望前去慰问他们。可是，不少人反对天皇出行，理由是东部地区还没有完全被平定，他们担心天皇的安全没有保障。而那些要求天皇出访江户的人们认为，长期以来，东部地区的人民已经习惯接受幕府的恩惠，对天皇的仁慈和感化感到陌生。随着幕府的垮台，这些人感觉就像失去主人一样，不知道该求助谁。现在是安抚和收买东部民心的最好机会，天皇必须赶紧抓住这一机会，千万不能耽搁。

当时一些人积极撺掇天皇访问江户，其实是另有图谋，就是想借机迁都。在此之前，天皇一直居住在京都，幕府将军居住在江户。人们都知道，真正的权力中心是在江户，在京都的天皇只是名义上的国家最高领导，并没有什么实际权力。为什么一定要迁都呢？主要目的就是改造天皇。这时候推翻幕府的目的已经达到了，新天皇到底能不能带领大家建设一个新国家呢？没有把握。木户孝允、西乡隆盛等人看得很清楚，天皇在宫廷里面长大，周围都是些女官，成天吟诗作赋，搞些文艺活动。除了极少数公卿，天皇见不到其他人，没有任何的政治实践，缺乏实际的政治才能。这样一个没有社会经验、没有统治才能的天皇，根本不可能领导维新大业。

要改造天皇，就得让天皇彻底离开原来的环境，因为京都已经形成了庞大的既得利益集团，弥漫着陈旧腐朽的气息。天皇脸上敷着白粉，穿着女性化的服饰，每天的大部分时间都在后宫度过，环绕在他身旁的大量女官，都希望他成为一位传统的、女性化的天皇。维新派希望，天皇能够像西洋国家的帝王们那样，成为一位坚强的君主。可是，只要天皇生活在京都的皇宫里，就很难把那些女官一扫而空。看来，天皇只有离开封闭的京都，离开那些思想保守的女官，才有可能改变思想观念，成长为一代雄主。天皇离开京都，到哪里去？当然要到江户去。江户是幕府的权力中心，天皇去了，就能够镇压拥护幕府的那些旧势力，巩固拥护天皇的新势力，建立维新的大本营。

尽管主张迁都的人保守秘密，可是消息还是被走漏了。京都的贵族们当然不愿意让天皇走，离开京都还没有一天，一位贵族大臣就骑马追上来，强烈要求天皇返回京都。据他报告说，在一个大神宫举行祭祀仪式时，鸟居突然倒了，神官认为这是天照大神发出的警告，就赶紧派使者通知宫廷。这位贵族大臣本来就反对迁都，他的理由令人怀疑，最后被打发回去。在木户孝允和大久保利通的坚决支持下，天皇继续往东走。不过，神意不可测，宁可信其有，不可信其无，从此天皇不管走到哪里，都派人到当地的神庙举行祭拜活动。另外，对沿路的老人、孝子、忠臣、病人等，天皇也发放赏银。这笔钱不是小数目，天皇哪来这么多钱？主要是京都和大阪的商人赞助，让天皇能够大慷其慨。

当队伍走到静冈时，天皇第一次看到了太平洋。江户时代的历代天皇基本上从未离开过京都，更没有见过外海。可以说，天皇看到太平洋这件事情本身，就昭示着新的时代到来了。陪同的木户孝允在日记里写道，“从此皇威将光照四海”。在路上，天皇还第一次望见了富士山。

天皇一行有 3000 多人，队伍浩浩荡荡地来到江户。幕府垮台后，江户的许多大名返回自己的藩国，人口减少，武士们的居住区非常荒凉，看上去一片死寂，令人伤心。维新派官员安排了盛大的进城仪式，他们认为，日本东部地区的民众在幕府统治下，已经变得非常野蛮，只有盛大的宫廷礼仪才能慑服他们。道路两旁都是下跪的人，一眼望不到头。数以万计的民众观看天皇入城，有些人激动地流下眼泪。天皇发放了大量清酒，市民们狂欢了两天。据说，进城仪式花费掉政府岁入的 20%，花费这么多金钱，就是要给老百姓留下主人更替的深刻印象。

在天皇出发前，江户已经改名为东京。天皇进入东京后，东京就成为实际上的首都。这是公元 1074 年之后，日本第一次建立新首都。有意思的是，日本从来没有发表关于迁都的命令或声明，后来的宪法里也没有明确首都在哪里。这也是日本文化暧昧的一种表现吧。在东京，天皇接见外国使节，表态希望改善日本和其他国家的关系。明治政府将一些大名们的宅邸拆除，划为外国人的居住区，武士们没有书面许可，则不许进入。

迁都是非常具有象征意义和实际政治意义的活动。天皇到了东京，中央政府也建立起来。中央政府叫作“太政官”，这里所说的“官”，不是一般常说的官名，而是机构的名称。7 世纪大化改新后建立的政府机构就是“太政官”。明治维新一方面复古，将权力向朝廷集中；另一方面，又学习美国宪法，实行行政、司法、立法三权分立，立法官不得兼司法官。新旧兼容是明治维新的特点。

三、移风易俗

国家百废待兴，从哪里开始呢？

大藏少辅（财政部副部长）伊藤博文要求修建从东京通往横

滨的铁路，这样可以便利交通，促进横滨港的贸易，也可以借此展示现代文明，给国民觉醒的机会。但是这一倡议受到很多抵制，特别是来自政府内部的反对。国事多艰，到处都要用钱，哪有闲钱修铁路呢？后来，英国愿意提供借款，资金问题才得到解决，可是这又招来新的质疑。人们担心，借外债会不会招致外国的欺骗和压榨？反对修建铁路的建议书有数千封之多，伊藤博文被呼为卖国贼，甚至有人声称要暗杀他。不过，最后明治政府还是同意了铺设铁路。

1870 年春天，铁路开始动工修建，并于 1872 年 10 月全线竣工。反观大清国，李鸿章第一次正式提出修铁路是 1872 年，直到 1889 年慈禧太后才同意，中间经过了 17 年。不过，日本在修建铁路的过程中，仍然不断遭到反对，反对声背后是强烈的仇外情绪。反对最激烈的是军方，他们认为修建铁路是不必要的事业。一位陆军省官员要求立即停止建设铁路，认为这会牺牲日本国体，为外国人提供便利。眼看着无法让铁路停工，陆军省就制造各种障碍，不断以路权为理由，反对使用土地，要求在填海造地的土地上建设铁路。在一份给政府的请愿书里，这些人炮轰政府的铁路规划，认为它会分裂国家的土地，会被外国野蛮人利用。许多武士认为日本是神国，西方的机器都是恶魔，坚决反对把邪恶的外国机器带到神圣的国土上来。

一些官员曾经想放弃，但是政府最终还是坚持了下来。用了一年半时间，从东京到横滨的铁路铺设完工。虽然这条铁路只有 18 英里长，却是日本国家铁路系统的开端。许多人亲自体验了铁路出行的奇妙后，怀疑很快就消失了。最开始反对修建铁路的大久保利通第一次乘坐火车后，就非常享受。他说：“没有这种便利，我们就不可能建设国家。”天皇穿着传统的宫廷服装，出席火车开通仪式，还和其他贵族一起坐上首发列车，风驰电掣地抵达横滨。由此，火车作为一项公共事业，带着中央权威性高调地开启了。

值得注意的是，当时铁路采用的是世界最新技术。第一条横贯北美大陆的铁路——太平洋铁路是 1869 年建成通车的，日本的第一条铁路仅仅落后 3 年。日本铁路的开通是和世界的交通革命并行的。对于大多数日本人来说，最初的抵抗很快变成接受，并且要求把铁路修到自己的家乡。等到 1889 年，当清政府终于同意修建铁路的时候，日本的国家铁路系统已经达到 1000 英里，真正进入了铁路时代。

在开始修建铁路的同时，东京政府允许人力车营业。人力车是日本人的发明，据说是受到欧式马车的启发，在明治维新开始时完成建造的。不到一年，大街小巷就充满了人力车。人力车的出现给社会带来极大的影响，使原来的运输工具轿子完全消失，轿夫大部分改行当了人力车夫。和旧式交通工具比，人力车、火车的速度更快、更便捷。日本成为“轮子上的国家”。

人们的饮食结构也在发生变化，肉食被悄悄地端上餐桌。幕府时代多次发出肉食禁令，人们也忌讳肉食。肉食被认为是补药或药膳，甚至传言吃肉会患上恶疮和中风。维新政府认为，要和其他国家竞争，除了吸收外国知识，还必须改善国民的体格，让他们尽早习惯肉食。为此，天皇在宫中举行晚餐会，主动吃西餐，大力宣传肉食。慢慢地，牛肉被视为“文明的口味”，牛肉锅走红，成为流行的美食，报纸上也出现了牛奶的广告。

人们的服装也在发生变化。任何一个开放国家的服饰，都必然与时代接轨。幕府时代平民多穿着和服，随着维新时代的到来，洋服逐渐取代和服于平民中的地位。最初，维新政府要人和知识分子认为，穿西服等于文明开化，纷纷放弃和服。不久，维新政府废除以往的和服礼服，采用西服作为公式礼服，一部分男子率先顺应潮流，穿起西服来。因此各种西服店相继开张。奇妙的是，街头穿西服和穿和服的走在一起。在新旧交替的时代，风俗混杂是正常现象，不足为奇。

除了衣服，当时街上的男子也有各种各样的发型。传统上，日本成年男子的发型是丁髷。有历史学家考证，日本人留发是受唐朝文化影响。公元 682 年，天武天皇发布诏书，“自今以后，男女悉结发”。从此，日本男人就模仿唐制结发髷于头顶，最后形成了独特的日本发型“丁髷”：将头顶部的头发剃光，其余的头发结成发髷向前面弯曲伏在头顶，从正面看仿佛汉字“丁”。在长达 200 多年的江户时代，除了有罪之人不能结发，成年男子的基本发型都是“丁髷”，人人以此为美，每天花费在整理头发上的时间都要有半个小时到一个小时。

日本开国之后，踏上岛国的外国人都被这种怪异的发型惊呆了。在他们眼里，这个既麻烦又难看的发型就像猪尾巴（pigtail）。因此，“猪尾巴”最初并不是专指清朝男人脑后的辫子，还包括日本人头顶的丁髷。所以，远在后来的大清国留学生之前，日本最早的留学生就遭遇了异样的眼光和嘲弄。因为当时幕府有明文规定，留学生在外期间不得改变衣服发容。衣服可以更换，但是不敢轻易剪发，结果日本留学生成为人们嘲笑的对象。一些受到刺激的日本留学生在国外剪掉了发髷，可是归国后又不得不戴上假发髷，走上街头都要小心翼翼。一旦他们的秘密被人发现，有可能会因违反禁令而受到幕府处罚，更可怕的是，那些盲目排外的“爱国贼”们会公开斩杀他们。

1871年9月，明治政府发布散发脱刀令，允许民众剪去发髷，受到了思想解放人士的欢迎。从海外归来的留学生，以及和外国人打交道的商人率先剪掉丁髷，将头发剪短并披散开。这种既简便又清洁的“散切头”深受青年军人、学生的欢迎。可是，脑袋上顶着一根丁髷是当时男性的尊严，敌视断发的人相当多。有些人即使剃掉发髷，也用帽子遮掩，以至于有些地方的帽子供不应求。在偏远地区，人们拒绝断发，甚至出现了因剪掉丁髷而引起的离婚及诉讼。抵制“散发脱刀令”最强烈的是武士阶层，有些武士甚至声称，丁髷是日本之魂，宁死不肯断发。于是，大街上既有断发的人，也有戴帽子掩饰断发的人，还有留着传统丁髷发型高傲地走路的人。这正是新旧交替时代的生动写照。直到两年后，天皇也剪掉发髻，断发才逐渐被全社会所接受。

大家不要小看头发革命，它对于观念变革非常重要。在东亚的传统文化中，头发常被视为生命之根、灵魂之寄。就像民国初年中国推行剪辫易服时，被剪去辫子的民众对发辫的情感纠结一样，明治维新初期的日本人也对头发有感情纠结，不过他们很快就在心理上闯过了这一关。

看到男子断发，女性也陆续模仿，开始将长发剪掉。以前，女性留长发被认为是美女的必要条件，可是梳理起来非常烦琐，而且极不卫生。女性剪发大流行却引起社会恶评，政府要人之间也议论纷纷。政府不得不明确禁止女性剪发。对于这个东方国家来说，男女平等还有漫长的道路要走。

维新政府除旧布新，积极推进社会改良运动，取消了士、农、工、商的身份等级。首先废止公卿、诸侯的旧称谓，一律改称华族。所谓公卿就是官位在五位以上的官吏，他们都有资格进入禁中的清凉殿。所谓诸侯，就是指俸禄达到一万石以上的大名。总共有 427 个家族获得了华族的身份，其中公卿 142 家，被称为公家华族；诸侯 285 家，被称为武家华族。这项改革的获益者是公卿。他们在幕府时代的地位并不高，现在通过改革，获得了与藩主同样的地位。藩主同族以下到一般武士改称士族，士族和华族成为特权阶层，从事农工商的农民、市民和手工业者以及僧侣、神官都称为“平民”。不同等级之间可以通婚，而且拥有职业和迁移的自由。明治政府进行首次全国户口调查，将 3310 万人以上的总人口，不分身份、血统，按照现居住地原则统一进行户籍登记，编制了士、农、工、商四民平等的全国性户籍。不过，天皇及皇族是不编入户籍的。

为了编制户籍，明治政府颁布法令，允许平民带姓。在原来的传统社会里，“姓”代表着一种不同寻常的社会地位，武士有名有姓，农工商有名无姓。根据四民平等的原则，政府允许平民带姓后，有的以居住地点为姓，家居在桥边上的叫“桥本”或“桥尾”，家居在河岸或海岸边的则叫“岸”。有的以所从事的职业为姓，如打鱼的称“鲷”等，不一而足。但是，许多平民对此并不热心，因为有了姓以后，便会上了户籍，上了户籍便带来了征税和征兵的烦恼，因此拖延、推诿。地方官员与村长们只能率领木匠巡视各家，在没有姓氏木牌的住居门边钉上木牌，然后写上由这些官员随意想出来的姓氏交差。这就是日本姓氏庞杂的原因。但不管怎么说，日本的百姓从此有了“姓”，并从传统社会的封闭、狭小的共同体中走出来，成为新国家的一员。

鲜为人知的是，日本历史上曾存在贱民阶层，其主要分为两类：一类叫“秽多”，主要从事屠宰牲畜、制皮革、埋葬死人、刽子手等“不洁”的行当；另一类叫“非人”，多为四处流浪的乞丐。在这种等级制度下，这两类人若触犯了法律，武士可以直接处死他们而不会受任何惩罚。19 世纪中期，有个地方执法官甚至宣称一个秽多只能算七分之一个人。现在，秽多和非人被解放编入了平民户籍，不同身份的人们也被允许通婚。虽然贱民阶层在后来很长的一段时间里，仍被社会差别对待，但他们毕竟在法律上获得了平等地位，这是历史性的进步。另外，明治政府还效仿西方各国，连续发布两道“娼妓解放令”，解放一切娼妓、艺妓，明确卖身为违法交易，不受理与此相关的任何财产诉讼。

过去的风俗习惯表面上仍被尊重，却一条接一条地被抛弃，甚至被禁止，因为它们不适合现代国家。种种新建事业不胜枚举，使人仿佛听到了那敲响国家建设的钟声。在明治维新的 19 世纪 70 年代初期，日本社会弥漫着施工现场所特有的那种杂乱与生机。明治政府实行的一系列新政，为后面的各项改革奠定了良好的基础，因为这些移风易俗的新政措施让国民切身感受到，一个全新的政府出现了，这个政府和幕府完全不同，不但带来众多新鲜事物，改变了国民的生活，而且让他们的思想受到巨大冲击。

一个全新的时代到来了。

第 4 讲

废藩置县：建立中央集权国家

在一个国家向现代化转型的过程中，
需要一批有洞见、有担当、有行动力的政治家，
明治维新“三杰”发挥了历史扳道夫的作用。

1869 年 3 月，公议所在东京召开会议。

公议所是什么机构？它是按照《五条誓文》第一条“万机决于公论”的原则，建立的一个议事机构，责任是贯彻《五条誓文》的宗旨，在充分协商中确立国家的基本政策。公议人总计 270 名，每个藩国都有一人，相当于藩的代表。公议人是藩主根据新政府出台的制度挑选出来的，主要负责参与议事、处理舆论公议。天皇迁都后，他们被通知前往东京集合。

公议所的特征是公开议事，而且允许每个藩国派 10 人旁听，同时还刊行《公议所日志》，通报议事概要。议事规则是先提出议案，然后在下一次会议上宣读书面报告。如果获得至少五分之三的公议人同意，该议案就通过。至少在形式上，公议所是公家和藩主双方协商、联合执政的机构。

来自萨摩藩的公议人森有礼提出，当前日本的现状是封建制与郡县制参半，应该讨论日后采取什么样的方针。议案提出后，150 名公议人赞成封建制；41 人赞成“御国制改正之议”，实行郡县制；61 人赞成“郡县议”。

从此，废藩置县被提上议事日程。

一、奉还版籍

自江户时代起，人们已经认识到，大名统治领地的“封建制”类似于中国周朝的制度，地方官治理地方的“郡县制”则类似于中国秦朝的制度，二者之间差别很大。和中国先封建、后郡县不同，幕府出现以前，日本实行的是郡县制；幕府制度建立以后，日本才实行封建制。

作为一个敏锐的政治家，木户孝允在戊辰战争爆发不久后就提出建议，命令诸侯奉还版籍。“版”指的就是土地，“籍”指的就是人民，奉还版籍就是把土地和人民奉还给天皇。因为在江户时期，藩国大名拥有的土地、人民在名义上都是天皇赐予的。既然土地与人民本来都是天皇的，把它们还给天皇就叫作奉还版籍。这和当初德川庆喜搞的“大政奉还”的逻辑是一样的，都是把原来属于天皇的还给天皇。

木户孝允深知，宫廷和雄藩之间形成的联盟基础脆弱。一旦幕府倒台，实力雄厚的雄藩有可能成为新政府的最大威胁。他指出，如果不能妥善处理，“则朝廷之大难，皇国之危急，必忽焉而至”。如果处理不好，那么皇国的危急可能会突然爆发。木户孝允放眼世界，深知日本如欲跻身西洋国家行列，必须进行奉还版籍、废藩置县的改革。但是在以藩为单位进行军事动员、发动战争的情形下，强制各藩奉还版籍是不可能的。

出乎意料的是，就在战争进行中，姬路藩藩主酒井忠邦上书天皇，请求将其政权领地悉数奉还朝廷。姬路藩为什么要把土地和人民还给朝廷呢？因为它内部发生了内讧。在战争过程中，日本原有的 200 多个藩纷纷分裂，有的站在天皇一边，有的站在将军一边。姬路藩内部发生冲突，一批人支持天皇推翻幕府，另外一批人支持将军反对天皇，结果打得不可开交，导致整个藩国内部混乱，经济也一片萧条，债务如山。等到战争快结束的时候，胜利的天平已经明显向朝廷倾斜，姬路藩内部达成共识，干脆把藩国献给朝廷，也把债务一卸了之。这一举动拉开了“奉还版籍”的序幕。

大久保利通、木户孝允等维新豪杰看到了机会，干脆鼓动雄藩，也让他们把土地和人民奉还朝廷，不是最好的办法吗？在他们的策动下，作为反幕府主力的四个雄藩，萨摩、长州、土佐和肥前四藩主动联合上书朝廷，愿意将土地与人民归还朝廷，听从朝廷的处置。他们在上书里说，“今谨收版籍而奉之于上，愿朝廷善为处理，当予者予之，当夺者夺之，凡列藩之封地更宜下诏命而重定之”，“自制度、典刑、军旅之政以至戎服、器械之制，悉应出自朝廷，天下之事无论大小，应皆归于朝廷，如是名实相符，始可与海外万国并立”。就是说，他们愿意把版籍归还朝廷，朝廷愿意给就给，愿意拿走就拿走，完全听朝廷的安排。从今以后，天下的事情无论大小，都由朝廷来决策，这样日本才能成为统一的国家，才能和海外各国并肩而立。

不过，具体如何奉还版籍，仍然存在复杂的操作问题，尤其是在战争期间，朝廷无法集中精力解决这个问题，因此奉还版籍被暂时搁置。随着战争接近尾声，陆续凯旋的藩兵们夸耀本藩武力，不断出现以藩国权力侵犯朝廷权力的现象。新政府发行的纸币难以在全国流通，假币却在藩国内部泛滥，各地爆发了民众抗议活动。青年官员伊藤博文提出，干脆废除藩国，一切权力收归朝廷，统一全国政治。他警告说，如果不这样做，国家就不可能真正振兴。

是废除藩国、建立中央集权，还是延续幕府时代的分权统治？这是一个重大的现实政治问题。朝廷没有采纳激进的废藩建议，而是试图在公众舆论的名义下，沟通朝廷和藩国的联系。在天皇迁居东京的途中，已经胜利在握的新政府向各藩国公布藩治职制。在此之前，各藩国的职制各有不同，幕府认可大名作为领主的权力，基本上不干涉。为了加强对各藩的统治，推行中央集权化，新政府迅速开始限制各藩的自治权，要求各藩国统一官制。藩内设置处理藩主家事的家知事，但不参与藩政，参与藩政的官员都由藩主任命，而且具体人数可根据情况灵活处理，但是任用结果一定要向新政府报告。新政府还要求各藩国模仿公议所，制定议会制度。新政府希望将维新理念渗透到各藩国，对藩国实行和平演变。

仅有藩治职制的改革，是远远不够的。随着幕府被推翻，新政府控制了原来幕府的领地，但是四分之三的国土仍然控制在 200 多个大名手中。建立统一的国家政权，成为明治政府的首要任务。如果断然实行废藩置县，夺取地方政权，恐怕会发生激烈反对，于是新政府决定实行渐进改革。奉还版籍再次成为政治议题，公议所的讨论就是在这样的背景下产生的。

公议人作为藩主的家臣，代代效忠藩主之家，因此得食俸禄，即使藩主的效忠对象由将军变成天皇，但此事与他们并没有直接的利益关系。虽然他们总体赞成天皇治国，赞成国家统一。然而，新政府一旦采用郡县制，藩主和藩士之间的情谊将不复存在，藩士将离开藩主家，与藩主并肩效忠天皇。出于君臣之情，他们难以接受。因此，公议所的大多数人不赞成奉还版籍，更不支持废藩置县。

几乎就在公议所议论纷纷的同时，新政府召开上局会议。这是新政府设立的另一个公议机构，参加者有亲王、公卿、诸侯和朝臣代表。不过会议形式不是聚在一起，而是按照不同身份、不同官级，在不同时间分别召集会议进行讨论。天皇提出，藩主奉还版籍后，计划将藩主改任藩知事，要求代表们在三天内分别作出书面回答。显然，这不是在询问奉还版籍的是与非，而是间接宣布将全面实施四大雄藩提出的建议，要求取得一致的支持。表面看来，诸侯们的权力没有变化，只是名称改变，但实际上这是非常重要的一步，朝廷任命藩知事，名正言顺地成为藩知事的权力来源，寓郡县之意于封建形式。

没有想到的是，97 位公议人联名反对废除诸侯，反对任命诸侯为藩知事，他们站在了新政府的对立面。为了更好地推进改革，新政府决定弱化公议所的职权，将其改为集议院，使其成为没有新政府指示就不能议事的咨询机构。新政府内部形成一个共识，机密事项绝不泄露，已议决的事项在公布前也要保密。集议院变成了接受垂询的机构，公家与藩主联合执政的形式被抛弃。

新政府内部意见统一起来。朝廷接受萨、长、土、肥等藩国关于奉还版籍的建议，命令藩国奉还版籍。很快，各地藩主向朝廷奉还版籍，朝廷将藩主们任命为藩知事，在名义上完成了奉还版籍，藩主成为新政府的地方长官。在这个过程中，没有发生任何抗议，更没有武力反抗，新政府就在名义上统一了全国。

藩主们为什么能够接受奉还版籍呢？毕竟他们对藩国的土地和人民的统治已经有 200 多年了，怎么能够轻易地把这些既得利益交出去呢？这和政策的操作者木户孝允、大久保利通等人的策略有关系。他们一开始就商量好了，不采取强力夺取的方式，而是把主动权交给藩主们，让他们体面地交出版籍。他们推动萨摩藩和长州藩两个藩率先垂范。因为我们知道，木户孝允是长州藩的，大久保利通是萨摩藩的，所以他们两个首先在藩内大讲“王土王民”的古训，也就是“普天之下，莫非王臣；率土之滨，莫非王土”的观念，劝说自己的藩主要讲君臣大义，同时大讲世界形势，表明大势所趋，日本要成为一个新国家必须如此，让他们率先主动交出版籍。最后还讲利害关系，他们警告藩主们不要重蹈德川幕府的覆辙。藩国保持那么多的军事力量，保持那么大的独立权力，将来一旦和天皇发生冲突，就有可能像德川幕府一样被推翻。如果是那样的话，还不如争取主动。在他们的反复劝说下，雄藩的藩主们同意奉还版籍。

既然雄藩带头，其他的 200 多个小藩还能有什么选择呢？于是这些小藩纷纷向雄藩看齐，亦步亦趋地把土地和人民都奉还朝廷。在很短时间里，所有藩主都完成了奉还版籍的工作，全国的土地成为“王土”，全国的人民成为“王臣”。朝廷掌握了大权，但是作为“王臣”的藩知事仍然是各自地方的领主，只不过不再是世袭的职位，而是作为天皇的代理人来治理原本属于自己的土地。以往藩内的公告由“殿下大人”发布，此后变成了“藩知事大人”。一位藩知事还移居城外居住，理由是城里是中央政府的地方官厅，不能用作藩知事的私人居所。理念变革的进展速度超出预料。

另外，既然藩知事是中央政府任命的，那么中央政府也可以派部分官员到各藩任职。原来各藩的统治机构都是由藩主一手安排的，现在除了藩知事任命的，中央政府也派了一些官员进来。实际上就是利用这个机会“掺沙子”。中央政府的权力悄然渗透到各个藩国。

随后，新政府公布藩制，各藩必须据此进行改革。藩制规定，各藩年收入的一成将被当作知事的俸禄。这是对原藩主们的充分优待，因为在幕府末期，一些藩主的俸禄不到藩年收入的十分之一。这是奉还版籍成功的一个重要秘诀。新政府采取赎买政策，只要藩主主动把版籍交给国家，天皇就会赐给他俸禄，将其列为朝廷公卿。藩主的经济不会受到损失，在政治上继续拥有很高地位。另外，藩国收入的 9% 作为军事费用，其中一半即 4.5% 作为海军费用上缴中央政府，剩余的收入用来支出藩的行政费用、武士俸禄等，每年向中央政府提交收支明细。新政府通过对藩政的指导，实际上开始介入藩政，各藩国遵从新政府的指示，没有抵抗。

活跃于中央政府的人纷纷返乡，包括西乡隆盛、大久保利通、木户孝允等人也回到各自的藩国，致力于推动藩制改革。藩国内的参政人数增加，士族担任主要官员。通过改革选拔人才，藩士中出身优越但表现平庸者，其政治地位有所下降，武士们只能依靠实力来获得相应的职务，从而大大激发了年轻武士的求知欲与上进心。各藩在改革的同时，强化西化教育，还从紧张的财政里挤出钱来，派成绩优秀者到海外留学。各藩不但通过学校教育培养人才，负责藩政的官员也通过藩制改革，积累了丰富的行政经验。根据官员的政绩，明治政府得以从中挑选出能力强大的优秀人才。旧幕臣涩泽荣一在静冈藩整理财政，声名远播，被素未谋面的大隈重信邀请到中央政府任职。

与此同时，藩制改革也使得武士深刻认识到，依赖藩国是有局限性的。而且各藩被统一改为中央政府的地方机构，只拥有很小的政策选择权。由于财政状况窘迫，很多人的俸禄都遭到削减，武士的俸禄几乎减少一半。武士们的离心力大增，许多人开始感到，藩变成了一种桎梏。

对于新政府来说，藩知事还是原来的大名，东京的政令还要经过这些藩知事才能执行下去。以前各藩相对中央政府来说是独立的，现在它仍然属于半独立的状态。新政府成立之初，藩国既是动员军事力量的单位，又是组成政权的要素。随着新政府日益稳固，短时间内无须再动员大规模军事力量，藩国的意义不再重要，反而成为建设新国家的一种障碍。

二、三藩献兵

废藩不但成为可能，而且越来越成为必要。

集议院在审议藩制的过程中，大幅度修改新政府草案，把原本占藩收入 18% 的军事费用削减至 9%，后来又削减至 4.5%。萨摩藩强烈反对将海军费用上缴新政府，并拒绝出席集议院的藩制审议会议。实行藩制改革后，萨摩藩把常驻东京的两个大队常备兵撤回，也不再派遣交换兵。看来，废藩势在必行。然而，废藩之举非同小可，如果各藩国以武力反对，新政府根本无力应对，甚至有可能被推翻，因为它没有自己的军队。

天皇一直没有自己的军队，新政府建立后也没有武装力量。在鸟羽、伏见战役中，战胜幕府的是讨幕派藩国的联军。为了确保政权的稳定性，新政府必须拥有自己的军事力量。因此，江户开城后，新政府要求各藩按收入比例提供兵员，负责畿内地区的警卫。

由此组成的部队，加上由草莽游击队编入的人员，据说达到 2000 多人。不过，士兵士气低落，军纪松弛。战争结束后，这些人被命令返乡休息，并逐渐被解散。建立新政府直属军队的尝试没有成功。

伊藤博文在建议废藩时就提醒新政府，“兵力皆出于诸侯，朝廷无一名亲兵，何以威震诸侯，何以对付海外各国？”所以他建议，废除藩国的拥兵权，组建新政府的常备军。虽然幕府被推翻，但是新政府对国内的控制力非常虚弱，国家仍然潜藏着巨大的危机，主要就是各藩国仍然保持着独立的军队。新政府一方面禁止旧幕府领地上私自编制军队，已经编制军队的兵员人数要上报；另一方面召开兵制会议，讨论组建政府直属军队。

作为自学成才的军事家，大村益次郎在长州藩进行军事改革、指挥讨幕军打败幕府军的过程中，发挥过重要作用。在新政府里，他担任兵部大辅（常务副部长），主张全国军队统一军制，取消武士在军事上享有的种种特权，实行征兵制，建立一支包括士农工商不同阶层的国民军。这是破天荒之举，因为历史上只有武士才有权当兵。一些人企图维护武士特权，反对大村益次郎的意见。后来，大村益次郎还为此遭到暴徒袭击，两个月后不治身亡。

统一军队，将削弱各藩的权力，所以各藩的公议人虽然不反对组建政府直属军队，但是基本上都把它定位为朝廷的护卫部队，而且坚持认为它应该与藩兵并存。结果，由萨摩、长州、土佐和肥前四藩的藩兵组建亲兵。随后，政府向各藩公布常备军编制条例，作为过渡措施，打算把各藩军队统一在政府的规格之下。

按照规定，各藩按每一万石编制一个 60 人的小队，而且作为该藩的常备军规模，要求随时减少现有兵员，实行精兵。然而，长州藩由于裁减兵员而引发骚乱，好不容易才平息下去。萨摩藩不但没有遵守规定，把兵力缩减到 1884 人，反而原数不动地保留了超过一万人的军队。而且战后西乡隆盛就辞职回去，在家乡从事藩制改革，经常批评新政府。

如果这样发展下去，会不会尾大不掉，形成雄藩割据的局面呢？这引起有识之士的担心，却又无能为力。一位从欧洲归来的军人带来了转机，他就是山县有朋。山县出身于长州藩的底层武士家庭，早年参加过尊王攘夷运动，后来在推翻幕府的战争中与西乡隆盛共同驰骋于战场，颇有军功。1869 年至 1870 年，山县与西乡隆盛的弟弟西乡从道同赴欧美考察了八个多月。到达美国后，获知普法战争的消息。山县有朋根据实际见闻，确信普鲁士必胜。果然，普鲁士胜利，完成了德意志的统一，这对山县此后所走的道路有重大影响。他确信，日本要与万国对峙，必须迅速完成国内统一；要完成统一，新政府必须像普鲁士那样拥有武力。

回国以后，山县有朋担任兵部少辅，提出有关建立日本军队制度的主张。和大村益次郎一样，山县主张打破身份等级制度，建立征兵制。大村益次郎死后，山县成为建立政府直属军队的主要推手。此时政府已经在大阪建立兵学寮[①]，山县力主在各藩武士之外，允许普通平民入学，从而开辟了平民可以当军人进而担任军官的道路。集中在大阪的士兵摆脱了身份等级制，穿着统一的制服，统一佩枪。但是，由于不习惯军营的生活与纪律，许多人逃跑，山县的改革失败。他认识到，要达到建立政府直属军队的目的，必须借重西乡隆盛的声望。实际上，在他出任兵部少辅之初，提出的条件就

① 寮：日本律令制下附属于省的官署。

是新政府要起用西乡隆盛。

这时候，萨摩藩将藩兵撤回，只剩下两营长州藩兵保卫皇城。社会上盛传萨摩藩的西乡隆盛将要率兵进京，那些心怀不满的武士们正迫不及待地等待他行动。西乡隆盛在社会上声望极高，又拥有强大的兵力，新政府的领导人感受到极大的危机，希望笼络西乡隆盛进入新政府，巩固政府的权力基础。

于是，1871 年年初新政府派特使前往萨摩藩，陆军少辅山县有朋随同前往，目的是说服西乡隆盛。实际上，西乡并不想在萨摩藩进行割据，建立独立的军事王国，而是希望在全国彻底实行郡县制。他答应去说动萨摩藩主把藩兵解散，贡献给中央政府，建立国家常备军。然后他愿意回东京，亲自组织朝廷直属武装——御亲兵，完成维新功业。

在鹿儿岛，山县有朋和西乡隆盛之间有一段对话，非常耐人寻味。山县对西乡说，一旦成立御亲兵，军队直属于中央政府，那么军人就不再是藩主的家臣了。万一萨摩藩主有谋反之类情节，也必须秉持大义，不辞挽弓而对之。什么意思？就是说一旦成为国家军队，那这些士兵就不再属于各藩。万一萨摩藩谋反，那么西乡作为国家军队的领导人，也必须秉持大义，对反叛者进行无情镇压。西乡有没有这样的决心，有没有这样的勇气呢？当时西乡一笑置之，没问题，既然是国家军队，那就要服从国家的安排，对所有的反叛一律镇压。

为什么要讲这样的故事呢？因为这里面有非常丰富的历史意味。六年后西乡隆盛挑起西南叛乱，率军进京讨伐中央政府时，山县有朋率领国家军队进行镇压，不知道西乡是否想起当年二人的对话。山县有朋话里有话，其实是提前打了预防针。此人不愧是一位深谋远虑的政治家，他后来不但成为明治中后期最大的军头，还曾经两次担任首相。

政府接受西乡隆盛的建议，决定从萨摩、长州和土佐三藩挑选精壮的士兵，组成御亲兵，由西乡隆盛担任都督。这就是日本历史上有名的“三藩献兵”。御亲兵就是天皇的直属军队，总计约一万人，相当于后来的一个混成旅团，并且配有炮兵，这在当时是极大的武装力量。

在组建御亲兵的同时，政府在两个军事要地设置镇台，把各藩藩兵整编进去。用我们熟悉的话说，镇台制就相当于在地方设置军区，直接原因是当时各地发生农民起义。由于新政府推行激进的文明开化事业，要求增征年贡租税，受其所苦，地方农民不仅捣毁，也反复纵火，烧毁地方政府的办公场所，杀死下级官员，动摇了地方统治。那些对明治政府不满的武士们也蠢蠢欲动，大有与农民暴动联合之势。明治政府希望利用镇台来镇压反政府运动，进而通过威慑来制止暴动。

御亲兵和镇台兵加起来，直属于新政府的军队兵力达到 1.5 万至 2 万人，没有任何一个藩国拥有如此多的兵力。有了这支军事力量，废藩的条件已经成熟。但是，在是否马上执行、废藩后实行什么样的国家制度等问题上，大久保利通和木户孝允有不同意见。为此，新政府召开“制度取调会议”，主要议题是三项，包括建立国会、制定国家基本法和天皇独裁等问题。这些重大的国家问题不可能在数日内达成共识。何况与会者对这些问题都缺乏深入研究，所以讨论了几天也没有结果，最后会议流产。

在这种形势下，兵部省的山县有朋等人呼吁，尽快废藩，实行自上而下的中央集权。这也是设置御亲兵的必然逻辑，因为维持御亲兵需要更多的财政收入，只有将权力集中于中央政府，才能征收更多的租税。这些人向西乡隆盛、木户孝允等人提议，立即废除藩国，获得同意。

西乡隆盛和大久保利通等人一起，在木户孝允私邸秘密商议，直到半夜。这些维新志士们决定，如果有藩国不服从，就派遣御亲兵讨伐。大久保利通在日记里说："与其维持今日之状而土崩瓦解，莫如因作出英明决断而消亡。"随后，他们向政府首脑的公家代表岩仓具视报告，得到了对方的支持。岩仓具视上奏明治天皇，获得敕许。

废藩置县开始进入倒计时。这将是推翻德川幕府、实现王政复古之后的又一次政变。

三、700 年来的大变局

1871 年 8 月 29 日上午，朝廷突然召集在东京的藩知事，向他们宣读《废藩诏书》。这份诏书字数不足 200 字，简洁明了。原文是这样说的：

> 朕唯此更新之际，欲内以保安亿兆，外以与各国对峙，宜使名实相副，政令归一。朕前听纳诸藩奉还版籍之议，新命各知藩事，使之各奉其职。然数百年因袭之久，或有其名而不举其实，将何以得保安亿兆而与各国

对峙哉？朕深为之慨叹！故今废藩为县，是务必除冗就简，去有名无实之弊，无政令多歧之忧。汝等群臣须体察朕意！[①]

诏书使用的是天皇的口气，说得很清楚，朝廷虽然搞了奉还版籍，但还是有其名而无其实。所以现在要更进一步，彻底把藩废掉，一律改为县，这样才能够真正做到名实相符，杜绝政出多门，出现"政令肠梗阻"现象。

在场的藩知事大吃一惊，因为他们没想到废藩来得这么快，根本没有这方面的思想准备。诏书宣布之后，朝廷对主动奉还版籍的萨、长、土、肥四藩进行嘉奖，还向几位极力拥护郡县制的藩主进行表彰，称赞他们能够体察天皇的心意。随后，56 名藩主领到诏书，同时被罢免藩知事的职务。对于那些不在京的藩知事，让他们的代理人领取诏书。新政府还向各国公使传达了废藩置县的御旨。

那么，废藩置县的主要措施是什么？

第一，废除藩国，所有藩一律改为县。比如萨摩藩改成鹿儿岛县，长州藩改成山口县。全国设立三府七十二县，完全打乱原来的旧藩国地域，县的规模扩大。郡县制一词诞生于中国的秦代，县小于郡，但是在日本县比郡大。

第二，原来的藩知事一律被罢免，朝廷任命新的县知事。县知事是有限制的，一律不能由本藩人来担任，这就是回避制度。后来，县知事改称县令，县令大多由出身大藩的人或者是讨幕功臣担

① 转引自〔日〕鸟海靖：《近代日本的机运》，欧文东、李群译，北京：社会科学文献出版社，2014 年，第 29-30 页。

任，很重要的原因就是论功行赏。问题是，原来的那些藩主怎么办呢？中央政府规定，原来的藩主离开旧藩地，迁入东京居住，中央政府发给俸禄，让他们继续维持原来的体面生活，但权力没了。

第三，各藩的收入一律移交中央政府，债务也由中央政府来承担。在旧藩的执政者看来，县令就是替中央政府收税的人，所以把县令称为“代官”。

废藩置县被称为700年来的大变局，因为藩国制度已经延续700余年。如此一场巨变，是不是遭到了激烈反对呢？没有。相反，进行得非常顺利，没有任何藩国进行抵制。一年以后，伊藤博文在美国旧金山发表演讲称，欧洲废除封建制度需要进行长时间的战争，而日本滴血未流、一弹未发，就废除了封建制度。确实，虽然日本政府采取了强制措施废藩置县，但没有藩国抗争。只有个别地区，农民对取消藩国后直接接受朝廷的统治，感到不安，发生了反对旧藩主进京、要求旧藩知事复职等零星事件，被政府迅速镇压下去。总起来看，日本以和平方式实现了打破封建制度的目标，即使从世界史来看都是罕见的。

为什么呢？主要是这样几个原因：

第一，废藩置县改革之前有一个奉还版籍，然后才过渡到废藩置县。因此，这场改革其实是渐进式的改革，是一步一步来的。奉还版籍已经给藩国发出了明确信号，藩国的土地和人民不是藩主的，而是属于朝廷，藩主之所以能当藩知事，不是来自祖先的世袭，而是来自中央政府的任命。因此，当朝廷废除藩国时，给藩国的冲击并没有那么大。

第二，各个藩国其实当时已经难以为继。由于战争，大部分藩国的财政都是亏损的，背上了沉重的债务。从1869年12月到

1871 年 6 月，有 13 个藩国自发提出废藩的请求，都是因为财政贫困，难以为继。有的藩国由于无力修缮，向中央政府提出废城的申请，声称城楼在现代战争中毫无作用，反而成为累赘。一旦废除藩国，所有债务都会上交。

第三，尊重了藩主的既得利益。政治上虽然剥夺了藩主的权力，但是经济利益得到保障，中央政府保证他们继续过着体面的生活，而且作为贵族继续受人尊重。经过多少代世袭之后，绝大多数藩主都属于庸碌无能之辈，债务包袱甩给了中央政府，自己过着悠闲的富翁生活，省得成天为还债发愁，何乐而不为呢！

最重要的是，“维新三杰”，也就是西乡隆盛、大久保利通和木户孝允三人，掌握了中央政府大权，这些人都是真正的改革派，力推制度改革，而且准备充足，策略得当。废藩置县是突然宣布的，有点儿突然袭击的味道。藩主们根本没有来得及反应，只能被动承认和服从。中央政府已经做好了充足准备，调集一万军人到东京，由在戊辰战争中威震四方的西乡隆盛指挥，防止发生不测。有了枪杆子的威慑，那些藩国也就不敢反抗了。要知道，藩兵改成了镇台兵，藩国已经没有自己的军队了。一面是丰厚俸禄和贵族头衔，一面是虎视眈眈的西乡隆盛，手里没军队的藩主们能做什么呢？

藩主们乖乖地交出藩国，离开故地，携带妻子、儿女迁居东京。就这样，新政府兵不血刃，把权力集中于中央。福井藩旧藩主松平茂昭在出发前举行辞别仪式，向众家臣道别，同时要求家臣拥戴天皇，尊奉中央政府的命令。参加送别的人里有一位美国人，他就是藩校的教师格里菲斯。后来他在回忆录《明治日本体验记》说，当时的场面一生都不会忘记，“每个人都好像在望着很远的地方，眼里追溯着过去，也在努力地望着那不确定的未来”。

废藩置县是一项非常重要的改革，意义重大。在此之前，日本的制度和中国完全不一样，倒是和欧洲很像，就是一个典型的封建社会，层层分权。通过废藩置县，日本结束了封建社会，建立了统一的中央集权政府，整个国家的结构变成了金字塔形。这有利于明治政府推行各项改革，也有利于形成统一的国内市场。所以有中国学者说，日本的废藩置县相当于中国历史上的“周秦之变”，从周朝到秦国统一六国，就是从原来的封建制变成了中央集权。在这一意义上，日本的“周秦之变”比中国晚了2000年。到19世纪中叶，从秦朝建立的大一统的中央集权制度，已经成为中国进一步改革的障碍。与此形成鲜明对照的是，日本通过建立中央集权政府，开始发挥中央集权的优势，推动各项改革，推动明治维新顺利进行，在现代化的速度上很快就超过了中国。

在整个废藩置县过程中，“维新三杰”西乡隆盛、木户孝允和大久保利通劳苦功高，由此也奠定了他们的历史地位。如果说推翻幕府只是改变了日本政治金字塔的顶层，那么现在则是重构了日本的政治结构。因循守旧的藩主悄然退出了历史舞台，一大批经历磨炼、有才有识的下层武士跃上政治舞台，形成一个现代的官僚群，推动着日本向现代化快速前进。

马克斯·韦伯曾说：“观念创造出的‘世界图景’，时常像扳道夫一样决定着由利益驱动的行为的发展方向。”在韦伯看来，历史的运作是一个很复杂的过程，有时需要有些人发挥“扳道夫”的功能。在一个国家向现代化转型的过程中，往往需要一批有洞见、有担当、有行动力的政治家。西乡隆盛、大久保利通和木户孝允就是这样的政治家，他们发挥了历史扳道夫的作用，“维新三杰”的大名也从此名垂青史。

那位亲眼见证废藩置县的格里菲斯先生回到美国后，出版了许多关于日本的著作。其中一本就是《皇国》。《皇国》的最后一章标题是“新生日本”，作者这样写道：

> 日本将要成为与欧美列强并驾齐驱的强国，作为与太阳同时升起的文明国家，日本将登上世界历史舞台领导亚洲诸国。对此我抱有很大的希望。[①]

后来的历史印证了格里菲斯的预言。不过，“维新三杰”在当时并没有这时间畅想未来，而是在思考新的问题。在完成废藩置县之后，到底建设一个什么样的国家，如何达到目标，成为他们要面对的历史任务。

---

① 转引自〔日〕鸟海靖编：《近代日本的机运》，欧文东、李群译，北京：社会科学文献出版社，2014 年，第 32 页。

第 5 讲

岩仓使团：在欧美寻找日本的道路

岩仓使团的出访，
促使决策精英们对于国家的发展道路达成了共识，
为未来的改革规划了可行的路径。

1871 年 6 月，废藩置县前夕，大藏省官员伊藤博文从美国归来。

伊藤去美国是为了调查关税问题。作为政治家，调查关税之外，他还认真考察了美国的制度。回国后，他根据在美国学到的知识，以及早年在英国留学时的见闻，向木户孝允提交官制改革意见书，建议日本效仿沙俄等国的体制，逐渐发展成为最佳的立宪君主政体。这一意见书启发了木户孝允，新政府为此召开制度取调会议，寻求“参考当今世界各国体制，创立与我国国情相适应的体制”。

由于准备时间有限，更由于与会者缺乏这些方面的知识，会议无果而终。但是，到底要建立什么样的国家，如何建立，成为新政府领导团队心中挥之不去的问题。

因此，在废藩置县完成后，这些精英们就开始谋划到欧美国家去实地考察，亲眼观察这些国家的规章制度，探索最适合日本的制度。就是在这样的背景下，新政府决定派遣使团。

一、访美的失望与收获

很快，使团就组建起来。

政府右大臣（相当于右丞相）岩仓具视担任使团正使，也就是团长，因此该使团被称为“岩仓使团”。使团共有 48 人，除了正使，还有 4 位副使，分别是大久保利通、木户孝允、伊藤博文和外务部少辅山口尚芳，除了山口尚芳少有人知，其他 3 位都是鼎鼎有名的政治家，在政坛上有着举足轻重的地位。这么多的重要人物一起出访，可见岩仓使团的重要性。在领导层之外，使团里还有各级官员，以及 58 名赴欧美学习的留学生，其中竟然有 5 名女留学生，最小的津田梅子年仅 7 岁。后来，津田梅子回国创办女子学校，成为著名的教育家。

新政府里的主要领导人同时离开日本，不要说现在不可思议，在当时同样是令人难以理解的。在国家百废待兴的关键时刻，政府要员集体离开岗位，全体出动，引来无数批评和反对声。但是，使团里的高官们都抱有坚定的信念，要亲眼看看欧美的发展状况，增长见闻、开阔眼界。临出发前，明治天皇召见正使和副使，赐下敕语，勉励他们要奉承国书，依据谈判的条理和出使的规例行事，无损国家的主权和利益，太政大臣三条实美在送行时说，“外交内治前途之大业，其成与否实在此举”。期望有多么高，使团的责任就有多么重。

代表团一行从东京出发，乘坐着火车前往横滨。乘坐火车不仅是为了便捷，还有国家尊严的考虑。使团认为，如果第一次搭乘火车是在国外的话，将是一件有失颜面的事情。这是典型的日本“耻感”意识。当时东京到横滨的铁路仍在施工中，只有从横滨到品川炮台的铁路修通了。于是，使团一行首先赶到没有月台的露天火车站，然后搭乘火车，驶往横滨。

1871 年 12 月 23 日，也就是在废藩置县 3 个多月之后，岩仓使团在横滨启航，开始了走向世界的旅程。那一天晴空万里，人们拥挤在海边，挥手为使团送行。至今日本的历史书上经常可以看到一幅油画作品，反映的就是当时的场景：众多政府高官和外交官站在岸边送别，岩仓具视身穿传统服饰，在西服革履的木户孝允、大久保利通的陪同下，乘坐小汽轮，缓缓驶向远处的美国太平洋轮船公司的“亚美利加”号。蔚蓝色的海水，多姿多彩的服饰，构成一幅庄严华美的画卷。这一隆重的场面，与 30 多年后清朝五大臣出洋的场景形成鲜明对比。1905 年，五大臣在北京正阳门车站上车出发时，遭到革命党人炸弹袭击，数人受伤。清政府只好重组队伍，3 个月后五大臣出洋时，火车站戒严，所谓闲杂人等一概不能入内，气氛非常紧张。

对一个古老的东方国家来说，走向世界就是走向现代、走向文明。日本走在了东方国家的前面，岩仓使团则走在了日本的前面。

这里有一个问题，为什么岩仓使团首先要到美国去呢？这又要回到明治维新之前。在 1858 年，也就是安政期间，日本和美国、荷兰、俄国、英国、法国等欧美五个国家签订了“安政五国条约”，期限是 14 年。这样算一下，正好是 1872 年到期，应该可以修改这些条约了。新政府认为，这些条约里面有很多不平等的条款。比如说日本没有关税自主权，赋予外国领事裁判权，就是外国人在日本犯罪之后，只能由外国领事来审判。所以，除了参观考察欧美各国的文化和制度，学习人家的成功经验，岩仓使团到欧美各国访问的另一个主要目的，就是试探一下各国对于修改条约的态度。

1872 年 1 月 15 日，岩仓使团抵达旧金山，受到当地市民的热烈欢迎。旧金山市长为他们开了一个欢迎会，席间伊藤博文发表演讲。他首先指着日本国旗说，这个又红又圆的东西绝不是所谓的信封套的封蜡（“封蜡”意指日本的锁国），日本现在是刚从海平面出现的太阳，光还弱、色还薄，但等它升到中天的时候，将会光彩纷呈、光被万邦。到那时，日本国旗将会得到世间的景仰。伊藤的英语很流畅，演讲充满幽默和信心，博得了满堂喝彩，也引发了美国报纸的诸多评论。

随后，使团乘坐火车，横穿美国大陆，饱览北美大陆的风光，来到首都华盛顿。岩仓具视谒见美国总统格兰特时，穿着日本传统服饰，留着公家特有的发型，出现了观者如堵的现象，甚至美国国内的报纸还刊登嘲笑其穿着的新闻。在美国留学的两个儿子的劝告下，保守的岩仓具视不得不剪去头发。后来他还身穿燕尾服，参加美方举办的宴会。而在去美国的路途中，团员们建议购买燕尾服时，岩仓还曾明确反对。

使团有人建议，为了推进文明开化，今后将日本传统服饰改为洋式服饰。建议传回日本，受到明治政府的重视。当年 11 月，明治政府就制定了洋式文官大礼服，使团访问英国时就正式启用这种礼服。服饰改革是日本向世界各国展示自身现代化的划时代事件。鲜为人知的是，此事和岩仓使团有直接关系。

在华盛顿，使团向美国政府提出修改条约的要求。使团原认为，日本经过几年的改革，已经达到文明开化之域，谈判应该会很顺利，不料遭到美国拒绝。当美方问道：“既然你们要谈条约修改，请问有没有政府授予的全权委托书？”使团成员们顿时蒙了，因为他们根本没有这方面的准备。使团里都是日本政府的高官，是决策者，还需要什么全权委托书呢？美国方面却要求，必须按照国际法的规则来。于是，大久保利通和伊藤博文又匆匆忙忙地返回东京，与政府沟通，终于取得委托书。当他们再次横渡太平洋时，根本不知道形势又发生了逆转。

原来，德国驻日本公使在回国前造访华盛顿，突然出现在了岩仓使团面前。他煞有介事地警告说，如果只和一国缔结“最惠国待遇”的条约，必然要影响到和其他缔约国的关系，所以只进行单边条约谈判的话，对日本是非常不利的。使团成员们听后再次目瞪口呆。另外，伦敦留学生的代表也来到华盛顿，向使团陈情，声称修改条约会给日本的将来留下祸患，并把《抗议意见书》亲手上交给了岩仓具视。

当大久保和伊藤二人兴冲冲地回到华盛顿时，发现使团已经改变主意，决定谈判交涉就此打住。事实上，这个决定很可能是正确的，因为当时美国批评日本镇压基督教徒的呼声很高，双方恐怕很难在修改条约上达成共识。而且，这个决定也符合日本政府当时的态度。在使团出发前，政府撰写的《派遣特命全权大使事由书》里就清醒地指出，日本法律有许多和国际公法相抵触的地方，必须依据国际公法进行修改。所以，日本政府提出的基本原则就是避免草率修改，做好充分准备后再缔结修正条约。

非常耐人寻味的是，岩仓使团虽然在出访第一站就遭遇挫折，但是并没有因此对美国产生偏见和恶感。岩仓使团在美国各地考察，大开眼界。使团成员关注的重点不同，但是都有很大的收获。当时美国正在进入一个电气时代，到处生机勃勃，一派繁荣景象。作为特命全权大使，岩仓具视被明治天皇倚为柱石，美国的见闻让他耳目一新。他说，眼前的现实“与昔日之思虑大相径庭之处不少”。他们看到一个欣欣向荣的新生国家后，非常羡慕，同时思考日本怎样才能成为类似于美国的富裕国家。

木户孝允认为，美国兴盛的根本原因就在于重视教育。他给国内官员写信，介绍美国的教育情况，希望政府大力地发展教育，“为了防范 10 年以后的弊病，只有兴办真正的学校”。他激励国人说，日本人“绝非与今日欧美之人有异，唯在学与不学”。国内的留守政府很快就颁布《学制》，宣布全国学校由文部省统一管辖，学制方面学习法国，制度方面学习美国。文部省发出公告，把小学作为义务教育，号召国民要接受教育，修身开智，增长才艺。

明治维新的一大成功经验，就是重视教育。到 1879 年，日本的小学达到 28025 所，在全民范围内普及了初等教育，中学和各类专科学校也在各地纷纷兴办。甲午战争前，日本全国已建有各类大中小学近 3 万所，以至于大清国有人感叹说，日本的学堂密度高于大清国的鸦片馆。

二、欧洲的启示

1872 年 8 月，岩仓使团横渡大西洋，来到英国。

恰好维多利亚女王在外地避暑，使团无法拜会女王，于是开始紧张地考察这个世界第一强国。作为“世界工厂”，英国让日本人感受到极大的震撼。在这个当时世界上最发达的资本主义国家里，岩仓使团看到，“到处是黑烟冲天，大小工厂遍地”，“无论到何处，竟无一物产于地上，唯有煤与铁而已，产品皆自他国输入〔加工后〕再输往他国，工场之盛更甚于以往传闻”，英国“独擅纺织航海之利，而成雄视横行世界之国”。这群来自农业国家的日本人由此认识到，发达的近代工业和繁荣的国际贸易是国家富强的根本原因。

岩仓使团先后考察了英国、法国、比利时、荷兰，广泛接触各国首脑、政府官员和各阶层民众，考察政府机构、议会、法院、公司、交易所，以及工厂、矿山、港口、农牧场、兵营、学校、报社和福利设施，参观名胜古迹、博览会等，全面认识西方文明，“日日鞅掌，不暇宁处”。作为使团正使岩仓具视的秘书，久米邦武是肥前藩的一个藩士，曾积极参与藩国的行政改革，后来成为一位著名的历史学家。他全程参与了欧美考察，并写下了长达 5 册 100 卷的《米欧回览实记》，详尽记录了日本走向世界的足迹。在后来出版的《米欧回览实记》一书里，他描述了使团成员繁忙的日程安排：

> 一旦我们乘坐的火车到站，我们立刻将行李丢在旅馆，然后就开始考察，白天我们四处奔波，观察裸露的机器和咆哮的机车。我们站在钢铁机器中间，四周烟雾翻腾，煤灰落满全身。傍晚时刻回到旅馆，宴会马上就要开始，我们几乎没有时间脱去肮脏的外套，在宴会上，我们必须保持高贵的礼仪。如果受邀去剧场，为了跟紧舞台的节奏，我们不得不张大眼睛竖起耳朵，所有这些，把我们折腾得筋疲力尽。黑夜刚过，早晨迎接我们的又是前往一家工厂，并在厂里四处考察。在这种情况下，新奇的声音

> 和景象充斥着我们的耳朵和眼睛。我们被这样那样的邀请弄的心力交瘁。尽管我们可能想要喝一杯水或是头靠肘弯打一个盹，但是我们不能这样做，因为在日本与其他国家的谈判中，任何我方个人的马虎都会导致失礼的后果。①

欧洲的繁荣富足给日本人留下了深刻的印象。岩仓使团的成员各有分工，大久保利通将他的调查集中于欧美的工业和经济体系。他向工厂领班提问题，征求法律学者的建议。他得出这样的结论，“英国城市的繁荣发生在蒸汽机的发明之后”。久米邦武也注意到，“当今欧洲国家的财富和人口现象是在 1800 年以后才开始显现的，最近的 40 年表现得最为显著”。准确地说，近代科学技术的进步是在 1600 年以后，而这些先进技术应用于人类是在 1800 年后，欧美现在是繁荣盛极一时，但追其根本则并非一朝一夕之事，而是岁月积累的结果。他们感叹道，“这么多年的知识积累才点亮了文明之光”。

岩仓使团清醒地认识到，日本与西方之间存在着巨大的差距。但是巨大差距并没有让他们望洋兴叹、妄自菲薄。相反，他们认为，西方刚刚经历过工业革命，就产出了如此巨量的物质财富，日本完全可以奋起直追、逾越差距。于是，他们下定决心追赶和超越西方。

大久保利通后来成为推动日本现代化最重要的国家领导人，回国后他总结岩仓使团的成果说：“（通过考察）彻底觉悟到，要想在这个世界上独立建国，富国强兵之必要自不待言，而要实行富国强

① 转引自马国川：《国家的启蒙：日本帝国崛起之源》，北京：中信出版社，2018 年，第 159–160 页。

兵，则务必从殖产兴业上下手，切实谋求其进步发达。建国大业，靠议论辩舌不行，靠勉强筹措不行，靠虚声恐吓不行，靠权谋术数不行。”大久保讲的“四个不行”是非常深刻的，到今天对于发展中国家仍然有深刻的启示和警醒意义。

当然，如果仅仅停留在物质财富上，那么日本此后开始的改革就可能只是一场中国式的“洋务运动”而已。让人惊叹的是，岩仓使团的见识远远超过了器物层面。在参观英国议会后，这些来自远东的精英分子得出这样的结论：

> 由人民公选议员而执立法之权，乃欧洲的一般通例，这在政治上是与中国、日本最为不同的……中国、日本的人民，历来有农耕自立的风习，以修身为政治的主义，而不重视财产，因而立法上无基准的主义，更不知民权、物权为何物，反而压制民权、物权，并以此为移风易俗的良模，故治国安邦的议论常忽视财产问题。又因君子小人截然有别，自成一类，而使国家逐渐陷入贫弱。因东西洋相距遥远而来的人民习惯、差异，必然造成政治形式的不同。但方今世界舟楫相通，贸易往来，而欲维护国权、保全国益，则必须使国民上下全体一心，首先重视财产、致富图强。此不唯应须深切注意，且宜依此建立立法权。①

使团在比较中发现，日本原来重视农耕，不重视财产权，重视

① 转引自马国川：《国家的启蒙：日本帝国崛起之源》，北京：中信出版社，2018 年，第 161 页。

政治和修身，不重视法律，不知道民权和物权的重要性，反而压制民权和物权。他们的结论就是，要使全体国民上下一心，必须首先重视财产，致富图强要重视立法。

木户孝允深深感到，国内进行的徒有其表的改革是远远不够的，必须付出渐进的、扎扎实实的努力才行。他在给国内的信中写道："与其期待开化之花，不如先养开化之种子。"在逗留美国期间，他就曾留意美国宪法的翻译和研究，在欧洲时，他又把当时在普鲁士的日本留学生青木周藏叫来，咨询宪法、地方自治、土地制度、宗教等问题，嘱咐其研究这些重要问题。木户孝允说："各国事迹虽有大小文鄙之差，然究其所以废兴存亡者，要之唯在于顾其政规典则之隆替得失如何。"也就是说，国家废兴存亡的关键在于制度，制度决定了一个国家的成败。

显然，这样的认识极其难得，尤其是对于深受儒家文化影响的日本来说，在还没有开始走上资本主义道路之前，就认识到制度的重要性，认识到必须通过建立制度来保障民权、物权，是非常有远见的，甚至远远超过了今天许多发展中国家的认知水平。

在欧美多国的考察过程中，岩仓使团感受到世界潮流的强烈冲击。当时封建君主专制已经被取代，这些国家或者采用共和制，或者采取君主立宪制。日本应该顺应世界潮流，建立新的政治体制。问题是，各国做法各异，日本应该学习哪个国家呢？

1873 年年初，岩仓使团从荷兰来到柏林。在铁血宰相俾斯麦的领导下，普鲁士不但实现了统一，而且已经是新兴的欧洲强国。使团参观克虏伯工厂和西门子制造厂，以及兵营、大学和博物馆，深为这个国家的高速发展所震惊。德国原来是一个分裂的农业国家，统一后致力于建设富强的现代国家。这和日本不是很像吗？因此，岩仓使团对德国的亲切感和敬佩感油然而生。日本精英们怀着朝圣的心态，见到了俾斯麦。俾斯麦也非常高兴，向他们讲述个人经历和德国的成功经验，说普鲁士从“小国”走向“大国”的经验是在爱国心的鼓舞下，积蓄军事力量，通过不懈努力，终于取得与列强平等对话的权利。

俾斯麦的现身说法，给岩仓使团留下了深刻的印象，也促使他们思考日本未来的发展道路。他们的共识是，对于日本来说，研究德国比研究英国更有现实意义。木户孝允从德国经验里得出的结论是，领导人掌握好国家发展的方向是最为关键的，大久保则非常推崇俾斯麦的“铁血”风范。在共和与帝制的问题上，俾斯麦要求大臣的进退都由政府选举决定，拒绝将政府变成议会的木偶，这些铁腕作风给大久保都留下了深刻的印象。他将自己从头到脚都打扮成俾斯麦的模样，还把自己穿着西服、留着大胡子的照片寄给国内的西乡隆盛。

从德国再向东走，使团就来到了俄国。《米欧回览实记》记载说，使团访问的欧洲国家，最远的是俄国。从巴黎出发越向东走，开化越浅，“波罗的海海滨，及波兰之北，漠野茫茫，森林榛榛……露国之壤地者，虽莫大也，多荒寒不毛之野，不过人弃而我有，向西与欧洲列国相交之年尚浅，虽黾勉达于开化之地位，犹不过以新进之青年接遇也”。

在明治维新之前，日本就和这个国家打过交道，认为这是一个了不起的强国。莫斯科确实让日本人感到震惊，广场和街道上整齐恢宏，建筑壮观，在整个欧洲那都是屈指可数的。但是经过仔细观察，他们吃惊地发现，俄国不过是贵族的天堂，他们掌握这个国家的一切，所有的平民百姓就和奴隶一样，处于专制压迫之下。俄国的贸易不能自振，而是掌握在外国人手里面，普通民众生活贫苦，根本无法和英法等国家相提并论。岩仓使团在各国平均停留时间 50 多天，而在俄国仅仅停留了 16 天。

值得一提的是，岩仓使团在俄国见到了一位日本同胞。此人名叫橘耕斋，原名立花久米藏，原来是挂川藩的武士，曾经跟随“兰学家”学习，后来脱藩成为浪士，到处流浪，甚至一度遁入佛门。之后又离开寺庙，继续云游四方。1854 年，俄国将军普提雅廷和日本签约后，橘耕斋希望趁机到国外去看一看。在一位俄国人的帮助下，他悄悄潜入俄国人的“格莱塔号”船上。该船在归国途中受到英国军舰的搜查，所有人都成了英国人的俘虏，然后被押送到中国香港，继而又送往伦敦。在漫长的旅途中，橘耕斋和一位俄国翻译潜心对日俄两国语言进行对比研究。最终，当二人漂泊抵达俄国后，竟然共同出版了第一本俄日词典《和鲁通言比考》。橘耕斋在俄国当了翻译官，从幕末至明治初期有日本人访问俄国时，他表面上虽不来往，但背地里都热情接待。作为传奇人物，橘耕斋是日本人勇于探索外部世界的代表。后来，他跟随岩仓使团回到了阔别近 20 年的祖国，将名字改为增田甲斋。1875 年，当日俄两国缔结千岛、库页岛交换条约时，他又尽了自己的努力。此后，他则潜心念佛，于 1885 年结束了富于波澜的一生。

三、改革共识

从北美到欧洲，岩仓使团一路走来，反复比较各国的政治制度，得出一个结论：不管是美国式的共和政治，还是英国式的君主立宪，都不适合日本的国情，不足以仿效。

用大久保利通的话说，就是民主政治合乎天理本然，但不适用于习惯旧习的国民。他认为，日本重新经营国家，必须学德国。木户孝允也说，“现在罕有与普国（德国）新政比邻者，尤当取者，应以普国为第一”。就是说，日本首先学习的对象应该是德国。

岩仓使团的结论是，由“小国”走向“大国”的普鲁士道路，才是最适合日本的国家发展模式。日本应该在政治、军事方面以普鲁士为范例，像普鲁士一样，才能崛起于东方。事实上，后来德国也确实成为日本效法的样板。日本政府学习德国君主立宪政体，建立起以天皇为核心的立宪政体。除了政治体制，日本在军事、教育、文化等各方面也全面“德国化”。在不到十年的时间里，日本完成了“德国化”。环顾 19 世纪末的世界各国，和德国最相像的就是远东的日本。

日本通过学习德国，确实迅速地崛起为东亚强国，可是也埋下了走向对外战争的悲剧之因。诚如历史学家钱乘旦先生所说，明治时代的日本将“西方文明”中不符合“日本国情”的若干“重要部分”予以剔除，而这些很可能就是“西方文明”（实际上是现代文明）中的精髓所在，“事实上作为现代化的后起者，德意志帝国只是个发育尚未完全的‘现代’社会，而日本‘向西方学习’，最终落实到以德国为榜样，这不可不说是一个巨大的失误。这样做的结果，是最终把日本造就成德意志帝国那样的军国主义怪物”。德国的榜样作用促使日本成为新兴的军事强国，也影响日本走上了军事扩张、武装侵略的军国主义道路，给亚洲邻国、最终也给本国造成了巨大的灾难。

岩仓使团当时只想着如何让日本富强起来，根本不会思考富强起来后的问题。从俄国离开后，使团又先后访问丹麦、瑞典、意大利、奥地利、瑞士等国家。加上前面的美、英、德、俄等国，岩仓使团总计实地考察了 12 个欧美国家。他们全面见识了粲然夺目的西方文明，所见所闻皆珍稀异闻，技术工艺精湛高超，贸易出口繁荣昌盛。目睹这些国家富饶强盛，人民生活幸福安乐，他们感到震惊，用《米欧回览实记》书里的话说，就是“始惊，次醉，终狂”。随着考察的深入，理性战胜了简单的狂热。长期以来，他们一提到外国就说欧美，仿佛欧洲、美国都是完全一样的。但是实地考察后，他们发现所有的国家和地区都有所不同，只要发挥主观能动性，日本也可以成为不输于欧美的国家。

岩仓使团原计划海外考察六个月，但实际上直到 1873 年 9 月才回到日本国内，在国外待了一年零九个月，将近两年时间，而且花费百万日元。现在觉得上百万没有什么了不起，但在当时是一笔巨额财富，相当于明治政府财政收入的 2%。所以，岩仓使团的海外之行代价非常高昂。在国家百废待兴之际，这样的国外考察学习值吗？

不但值，而且是超值。岩仓使团经过访问，首先开阔了眼界。比开阔眼界更重要的是，他们获得了自信。睁眼看世界后可能是两种结果：一种是看到欧美国家的繁荣富裕之后，再反观本国的贫困与落后，可能会产生一种自卑感，可能觉得自己永远赶不上人家，自暴自弃。另外一种可能就是在对比中产生自信。岩仓使团认识到，欧美国家的繁荣是 1800 年才出现的。西方刚刚经历过工业革命，就产生如此巨大的物质财富，日本完全可以奋起直追，赶上他们，超过他们。这个自信非常重要。

比自信更重要的是，他们获得了改革的共识。岩仓使团绝不是像一些“后发国家”官员的公费旅游、吃喝玩乐，相反，他们出发的时候怀着非常强烈的责任心，问题意识非常清楚。日本为什么落后？日本要向欧美国家学什么？哪个国家应该成为日本学习的榜样？这些问题总结起来，就是日本未来应该如何改革。所有的考察活动都围绕着这一问题展开，可以说是在全世界寻找答案。岩仓使团获得了三大改革共识：第一，要殖产兴业，发展产业才能富起来；第二，富国强兵，要建立一支强大的军队；第三，文明开化，要脱离原来的蒙昧野蛮状态，变成一个文明开放的国家。

岩仓使团还认识到，万国公法，也就是国际法，是文明国家的标准。日本之所以没有受到对等待遇，是因为日本没有按照国际法的规则去行事，因此需要变革国家制度，成为文明国家。日本要建立一个让欧美国家承认的文明国家，要成为这样文明国家的办法，就是实行殖产兴业、富国强兵、文明开化。

后来，在这些认识的基础上，决策精英们对于国家的发展道路达成了共识，殖产兴业、富国强兵、文明开化被确立三大国策，为未来的国家发展规划了可行的路径。所以说，这一年零九个月、花费上百万巨资的公费考察，是完全值得的。

反观当时的大清国，也曾派出一些考察团赴欧美，可是出洋者身微言轻，根本不足以影响朝廷大计。当然，根本原因是清政府一直犹疑不决，从未真心学习西方先进国家。梁启超曾引用德国首相俾斯麦在 19 世纪 60 年代比较中日两国学习西方的区别的一段话："日人之游欧洲者，讨论学业，讲求官制，归而行之；中人之游欧洲者，询某厂船炮之利，某厂价值之廉，购而用之。强弱之原，其在此乎？"一个重制度，一个重功利，决定了两个国家完全不同的未来。

岩仓使团怀揣着改造年轻新国家的畅想，回到了日本。他们感觉到自己获得了巨大的能量，跃跃欲试，要把考察的成果变成现实。不过，他们回到东京，却和"留守政府"发生了冲突。准确地说，主要是和"留守政府"的最高领导人西乡隆盛爆发了一场激烈的争论，争论的焦点就是要不要征朝鲜。

为什么西乡要征朝鲜呢？在历史上，日本和朝鲜之间是有外交关系的，只是很不紧密，主要限于礼尚往来，好多年两国才来往一次，比如日本有天皇去世或者是将军登基，朝鲜派人来祝贺之类的活动。日本开国以后，朝鲜作为一个闭关锁国的国家，认为不应该向蛮夷开放，更不应该允许蛮夷踏上自己的土地，于是开始对日本产生了排斥，不想和日本打交道。明治维新开始以后，日本一直试图和朝鲜建交，但被朝鲜高傲地拒绝，令日本感到愤怒。两国关系搞得很紧张。

岩仓使团回来之前，留守政府内部就已经达成了协议，要派西乡隆盛为代表去朝鲜谈判，如果谈判不成就征讨朝鲜，把朝鲜打服。天皇觉得事关重大，应该等使团回到日本后再作决定。西乡隆盛以为岩仓使团会支持自己，可是归来的岩仓使团认为，日本当前最重要的还是内政，把自己的事情要做好，先要在国内搞改革，然后才是外交。采取先外交、后内政的政策，如果建交成功也就罢了，如果建交不成功，两国打起来，日本还要花费人力、物力去应付战争，实在是得不偿失。

征不征朝鲜？双方为此争论不休。西乡隆盛为代表的一批留守政府的官员坚决要求征朝鲜，岩仓使团的成员反对征朝鲜。木户孝允担心西乡出使朝鲜将引发战争，力主首先要励精图治，强大自己的国力，过几年再与朝鲜交涉，甚至武力相争也不为晚。不过，“征韩论”[①]迎合了当时许多的日本人，尤其是那些生活失意的武士。他们都热切地盼望和朝鲜开战，但这对两个国家来说都将是灾难。日本的军事力量还不够强大，并没有足够的把握打一场速战速决的胜仗。

双方争论到白热化，最终西乡隆盛愤而辞职，回鹿儿岛的老家去了，支持西乡隆盛的一些留守官员也离开了。于是，明治政府发生了一次大洗牌，参加使团的那些人重新回到政治舞台中央，岩仓具视、大久保利通、木户孝允、伊藤博文等担任要职，掌握了国家权力。

明治政府高层的动荡发生在 1873 年，正好是明治六年，所以历史上称之为“明治六年政变”。政变造成的影响非常大，最重要的是主张先内政、后外交的改革派掌握了中央权力，从此他们开始集中精力推动国内改革，推动维新的深入发展。

① “征韩论”是日本幕府末期和明治时期的一种侵略理论，“征韩”即征朝鲜。

第 6 讲

武士末路：一个封建特权阶层的消失

武士曾经是推翻幕府的主力，
后来又成为抵抗维新的力量。
最终，这一阶层以惨烈的方式退出了历史舞台。

1870 年 8 月 22 日夜晚，一位武士在东京的集议院门前自杀。

这位武士名叫横山安武，来自萨摩藩。他曾拜西乡隆盛为师，参与了尊王攘夷运动和倒幕战争。之后，他来到东京，进入一所汉学者开设的私塾学习。该私塾学风刚健朴实，萨摩藩有不少武士到这里接受教育。此时明治政府刚刚成立三年，日本国内政事纷扰，还看不到头绪。人们看到的是各种混乱无序，底层民众生活困苦；不必说底层农民，就连武士们的生活质量也在不断下降。政府的维新口号很响亮，却没有什么实效，各官员忙于争名夺利、占美宅、娶美妾，听不到民间的疾苦声。

横山安武从儒学精神来观察现实，认为自己十多年的奋斗没有任何成果可言，心中充满了愤怒。他想向有关部门反映，可是无处受理。作为公议舆论机关，集议院本来是倾听和收集民众意见的地方，却徒有虚名，根本不采纳来自民间的建议。横山安武满怀悲愤，一天夜里，他来到集议院门前，在大门上张贴了两张纸，列举十大时弊，指责政府无所作为。然后，他按照传统武士的做法，剖腹自杀。

横山安武以死表达了自己的失望与绝望，更表达了全国武士的怨恨与愤怒。

一、武士们的失望

其实，武士们的不满由来已久。

从公元 9 世纪开始，武士就成为日本社会的特权阶层，不事生产，为幕府将军或各地的大名服务。到了德川幕府晚期，武士们越来越穷困，尤其是下层武士，生活窘迫、穷困潦倒。开国以后，面对西方文化的冲击，整个国家面临转型。作为当时的领导阶层，武士的反应特别敏感，屈服于列强的武力威胁对他们而言显得格外屈辱。假如日本是由文官主导的话，恐怕结果会完全不同，大清国就是一个例证。这些下层武士认为，他们的机会也到来了，积极参与各种政治运动。从尊王攘夷到戊辰战争，主力军就是这些下层武士。他们认为推倒幕府统治以后，自己就会迎来翻身出头之日。不管是大久保利通、西乡隆盛，还是山县有朋、伊藤博文等人，在幕府时代都属于下层武士，都希望通过投身时代大变革，来改变自己的命运。

在某种意义上，幕末变革就是一场武士革命。武士们为颠覆幕府统治立下了汗马功劳，也期待着分享革命果实。终于，幕府被推翻了，明治政府建立了，但是参加这场大变革的武士人数众多，而新政府里面是不可能容纳这么多人的。虽然确实有下层武士跻身政府的上层，或者成为中下级官员，但绝大部分下层武士是没有这样的机会的。随后，实行奉还版籍，藩国名义上把土地和人口交给国家，武士们失去了作为藩主家臣或战士的职位与经济来源。武士们的“户口”被转入中央政府，成为“国家的人”，中央政府不得不全部兜底，把武士们都养起来。

在明治维新之初，武士和其家属总计近 200 万人，已经占到当时日本总人口的 6%。这个数字看起来并不太大，但是要知道，当时日本的财政收入非常匮乏。以 1871 年为例，明治政府的财政总收入只有 5733 万日元，养活这些武士的财政支出是 1507 万日元。也就是说，为了养活这些武士，明治政府要把全部财政收入的将近三分之一拿出来。武士薪俸是沉重的财政负担，比当时的陆军军费的 2 倍还多。

为了养活众多武士，明治政府财政压力非常大，政府不满意，下层的武士也不满意。因为经过战争后，任何国家都会出现物价上涨、通货膨胀、财政紧张等社会问题。随着物价上涨，政府发给武士的薪俸不断缩水，武士们的生活逐渐下降。更要命的是，内战导致政府债台高筑，急需减轻财政负担，对武士薪俸进行改革就成为其节约开支的主要手段。于是，武士们等来的不是奖赏，而是世代相传的薪俸被削减的消息。战争花钱，改革也要支付成本。当初武士们鼎力支持尊王攘夷运动，并为之付出巨大牺牲，本来希望得到政府的好处，没有想到的是，他们不但成为改革的对象，而且成为改革成本的承担者。从 1870 年到 1871 年，各地发生了许多武士动乱，都直接或间接和这一原因有关。

武士动乱事件也让明治政府更加警惕。明治维新的目标之一，就是废除藩国，推动国家从封建制度向中央集权制度转型。武士们虽然并不清楚这个目标，但是一些精英也对未来有所思考，在公议所或藩内讨论过新社会的发展蓝图。萨摩藩的武士森有礼就在公议所提出“废刀论”议案，呼吁除了官吏、军队，不得佩刀；同时官员也不得佩带短腰刀。这个建议引起轩然大波，因为在座的公议所成员都是佩带双刀的武士。一位议员愤然高喊：“佩带两刀，乃皇国尚武之本性，倘有大和魂者，孰能脱刀乎！”另一位武士缓缓逼近森有礼追问道：“再说一遍！所言者何也？”森有礼拍着腹部答道：“武士之魂在于此刀乎？吾武士之魂在于斯也！”森有礼虽幸免于难，但他的提案遭到全场的一致否决，他本人也被罢官。需要说明的是，自杀的武士横山安武就是森有礼的兄长。

废藩置县后，公议所和藩国一同被撤销，武士们失去了公开讨论未来的场所，参政的机会被剥夺了。与此同时，明治政府继续解除武士们的特权。明治政府为了打破封建等级制度，宣布“四民平等”，废除了强制执行隔离措施的法律规定，解放了贱民群体。所有平民都被要求采用姓氏，农工商见到武士要跪倒致敬的传统也被废除。1871 年 9 月，明治政府发布“散发脱刀令”，要求武士今后不带刀，以破除旧习，提倡“开化文明”。这些改革措施，让武士们陷入恐慌和不满，因为有名有姓、束发、带刀是武士们的传统特权，尤其是带刀，数百年来都是武士身份的象征。武士死的时候，刀被放在床边；生孩子的时候，刀被放在孩子的屋里。工匠在铸刀的时候，会在周边拉上一个“神圈”以防止恶魔进入，然后举行祓禊仪式，以祈求神灵的帮助。如此神圣的武器被称为“武士的灵魂”，和武士的生命密切相关。

如果说，“断发令”推行得比较顺利的话，那“脱刀令”就很不顺利。很多地方的武士拒绝脱刀，拒不把刀放在家里或者上缴，仍然带着刀在街上大摇大摆地到处游走。明治政府担心引起反弹，也不敢强制进行，改用循序渐进的方针。

为了平息武士们的不满，有些官员提出，应该征召武士入伍，建立国家统一的军队。他们说，只有武士才拥有勇气、忠诚和荣誉感等尚武品格，何况千年以来武士都充任军役。一位高级军官提议，留出 20% 的国家收入以创建一支常备军，成立国家准备金，大到足以使所有年龄在 20 岁到 45 岁之间的武士入伍。不过，这个建议遭到维新政府中大多数官员的反对。他们担心，武士脾气暴躁、散漫放纵，更忠于他们的藩国、同族，而不是中央政府。军队一旦成为武士们麇集之所，局面将会很难控制。

明治政府官员们普遍支持征兵制，理由非常堂皇：这是一种已在西方国家采用的制度，行之有效，优点多多。至于此前曾作为学习对象的中国，其军事制度备受质疑，因为它已经无力镇压大规模的叛乱，也无力保卫国家免遭英、法、俄等国的武装侵略。于是，1873 年 1 月 10 日，明治政府颁布《征兵令》，规定身高五尺一寸以上、年满 20 岁、身体健康、非独子独孙的男性都有服兵役 7 年（3 年常备军、4 年预备役）的责任，并要求年龄在 17 岁到 45 岁之间的男性进行登记，以备可能的征召。此举的直接目的是缔造一支真正忠于中央政府的国家军队，并适应新近从西方采用的高度管制的军事制度。

普遍征兵制的推行让武士们失去了最后的机会。更让武士们愤怒的是，《征兵令》之后，明治政府还发表了一个声明，对封建身份等级制给予了严厉的批评，直言不讳地责备武士阶级“抗颜坐食，甚至杀人而官不问其罪”，结果就导致“朝纲颓弛，兵权遂坠武门之手，国为封建之势，人有兵农之分。降至后世，名分全泯，其弊不可胜言”。一句话，武士的世袭军人制搞得国家混乱不堪，权力都被分散到幕府手里面，天皇被架空，弊端太多了。改革的方案就是创立兵役制度，所有阶层的人都可以当兵，从此以后“士非从前之士，民非从前之民，均系皇国一般之民，报国之道亦应固无差别”。

实施《征兵令》后，真正被征到兵营里当兵的，大部分不是武士，而是农民的孩子，因为在主管军事的山县有朋看来，武士既不讲纪律，又不好管教，还不如农民纪律性强。所以，《征兵令》导致一个严重的问题，就是武士失业了。原来当军人，拿一份工资，虽然过得穷苦，但多少能够养活自己和家人，现在一下子失业了，大多数武士的生活都成了问题，不得不从事农耕或经商来谋生。

《征兵令》实施一年后，就爆发了“佐贺之乱”。佐贺是江户时代九州地区的一个雄藩，又称肥前藩。在推翻幕府的战争中，它发挥了很大的作用，与萨摩、长州、土佐并称“萨长土肥”。可是，废藩置县后，那里的武士们没有得到安置，又找不到体面的工作（有些人根本不想找），无所事事，许多人变成了暴徒。一些人成立“忧国党”，反对政府为实现现代化而做的种种努力，提倡回归封建制，包括攘夷政策。这些人强调加强军事力量的重要性，认为一旦结束内部的分裂状态，国家再次变得强大之后，日本不仅应该征服朝鲜半岛，还应该征服中国、俄国和德国。还有年轻一些的武士成立“征韩党”，要求征讨朝鲜。这两个党的武士们囤积武器和物资，为叛乱做准备。

1874 年 1 月，维新政府的前高官江藤新平回到家乡佐贺。和其他明治维新功臣一样，江藤新平出身下层武士，很早就从事反对德川幕府的尊王攘夷活动。维新政府成立后，江藤新平被任命为司法卿，主持司法。他雷厉风行地摧毁原有的司法制度，破旧立新，把司法从行政中分离出来，确定了司法省、审判官、检察官、法院等的职制和事务章程。作为一个激进改革派，江藤新平卓有成效的工作，为中央集权制奠定了司法基础。不过，江藤新平因急躁倔强个性，一度被称为“日本的商鞅”。

作为维新政府决策层的一员，江藤新平主张对朝鲜发动战争，以安抚心怀不满的武士，转移社会矛盾。在围绕“征韩”的争论失败后，江藤新平以养病为由，回到家乡佐贺县。和不得志的武士们交往，使得政治上失意的江藤新平更加激进。回到家乡不到一个月，1874 年 2 月，他便集结了 3000 多名武士，发动武装叛乱，占领了佐贺县城。在政府军的强大攻势下，力量薄弱的叛军很快就全面溃败，不久投降。41 岁的江藤新平被以叛乱罪处以枭首之刑，当晚执行，首级被挂在市街上示众。

“佐贺之乱”仅仅持续不到一个月，说明武士们的力量在迅速地衰落下去。

二、剥夺与赎买

武士们不参加明治政府工作，也不像从前那样有当兵的特殊义务，政府还有理由继续发放薪俸，白白地养活他们吗？何况此时武士年俸花费成为政府支出的最大部分，政府本来就没有钱，还要大搞殖产兴业，处处花钱。是时候减少或停止武士薪俸了！

不过，如果断然停止武士的薪俸，恐怕会引起社会骚动，甚至引发武士的武力抵抗。只能采取柔性政策，尽量减少社会震荡。实际上，柔性政策早已实施。最早的时候，明治政府曾给予武士一定的资金支持，鼓励他们务农或经商，结果只有极少数武士成功转型，绝大多数仍然茫然无头绪，不知道如何谋生。

后来，明治政府鼓励武士献出俸禄。既然藩主们都主动奉还版籍，武士们也应该学习效仿。政府规定，凡是献出俸禄者，就发给其产业资金。从 1874 年到 1876 年的 3 年内，献出俸禄的武士总计大约 13.5 万人，政府发出去的产业资金合计 3500 多万日元，远高于武士们献出的金额。这给政府增加了很大的财政负担，政府不得不停止这项改革。下一步改革到底如何进行，明治政府内部出现分歧，分成两大派别：一个是激进改革派，主张立即剥夺武士们的经济特权，收回俸禄；一个是稳健改革派，主张缓几年再回收俸禄，或者征收俸禄税。经过一系列讨论，最后各方达成妥协，决定实行俸禄公债改革。

首先，明治政府不再向武士发放实物的禄米，而是改为货币俸禄。后来，政府不再发给货币，而是按照俸禄面额发放债券。1876 年 8 月，明治政府颁布条例，命令所有领取俸禄者一律献出俸禄。政府为此发行公债，作为献出俸禄的代价发给武士本人。这种公债按俸禄多少以及不同种类支付不同的数额，支付的比例是按世袭禄或终身禄等不同种类、数额多少，规定支付几年份，附多少利息。

具体来说，拥有 1000 日元以上高额俸禄的，一次发授 6—7 年俸禄的公债证书，利息 5 分；拥有 100—1000 日元者，发授 7—10 年俸禄的公债证书，利息 6 分；拥有 20—100 日元者，发授 10—13 年俸禄的公债证书，利息 7 分。条例规定，所有武士的俸禄都以公债一次性支付完毕，今后不再支付。政府支付的公债，从第 6 年起每年以抽签方式偿还，规定 30 年内偿还完毕。

当时领取公债的武士总计 31 万多人，公债的发行总额达 1.74 亿日元，包括 73.4 万日元现金，一次性地把所有武士的俸禄都变成货币公债。到了 1877 年年初，俸禄处分已经基本完成。政府不再负担武士的俸禄，成功地甩掉了一个沉重的财政包袱。对于明治政府来说，这是一次性买断，从此武士和政府没有了关系。

为什么这项改革能够顺利进行呢？从明治政府角度来看，通过发放债券可以缓解财政压力，为殖产兴业提供资金保障，也能够引导武士们有资本从事其他行业以谋生。这样武士们就不会闹事，国家也可安定。对武士来说，一次性拿到数年的俸禄，虽然是公债，但是可以交易变现，至少眼前的生活可以得到改善。何况藩国已经废除，武士们失去了依靠的后盾，相互孤立地领取国家的俸禄，即使有不同意见，也只能毫无反抗地接受政府的处置。至于那些已经成为“华族”的大名、贵族，由于禄位都很高，一旦发行金禄债券，他们的俸禄就会瞬间变成数百万元的大财富，借此可以投资各种有钱可赚的实业，当然乐见其成。比如，原萨摩藩主从国家领到 132 万日元的巨额公债券，原加贺藩主领到 119 万日元。由于没有有力的反对者，改革才得以顺利完成。

这项改革的结果是，武士从此不再享有封建时代的经济特权，庞大的封建武士阶层宣告瓦解。政府用这种办法不仅缓解了财政困难，而且鼓励武士们用债券向土地、资本主义工商业、金融业投资，向资产阶级转化。著名经济学家陈志武先生就曾写文章，称赞这是一个成功的“金融故事”，是一项难得的金融创新。它通过政府债务融资，筹集资金一次性买断武士阶层的家禄特权，使政府的预算费用减少了大约 30%。实际上，由于通货膨胀，最终减少了更多。另一个更重要的金融创新是，1876 年明治政府修改了国立银行条例，规定个人可以用“秩禄处分”中的金融公债为资本金设立银行。这一规定，大大缓解了日本银行业发展初期资本金缺乏的困境，使得日本银行在短短两年内，从 7 家迅速增加到 150 多家。到 1878 年为止，29360 个武士与贵族控制了 3000 万日元的银行股份，而其他 4730 位股东只控制 880 多万日元股份。尽管武士与贵族掌握的银行股份不断被转移到其他人手中，但到 1882 年，武士阶层仍然掌握着银行股份的四分之三。银行制度的建立和扩张，为沉寂的经济界打开了金融融通之路。

明治政府这一金融创新的好处在于，通过将武士阶层手中的政府公债转化为银行资本金，使武士阶层成为经济改革的支持者，让他们与整个体制改革形成所谓的“共融利益”。也就是说，当年最反对改革的群体，现在成为最支持改革的群体，因为改革越成功，经济发展越好，他们的收益就越大。

然而，回到历史现场就会发现，并非所有持有债券的武士都能实行投资、转化成为资本家。高额公债都集中在少数的皇族、华族手中，他们把巨额公债投入银行或企业，转身成为大地主、大资本家和大银行家，其中有些人成了名副其实的百万富翁，过着舒适而体面的生活。当然，也有些人投资失败，或者经营不善，最终破产。在他们的家臣中，有少数武士在官僚机构和军队中找到了职业，担任官员或教师。根据研究，大约有四分之一的武士成功转型，成为国家精英中的一员。这些人都是改革的受益者，也成为最支持改革的群体。

值得注意的是，绝大多数的一般武士所得数额甚微。根据统计，95% 的武士只领到人均 415 日元的公债，利息只有 20 多日元，连最低生活都无法维持。按日本当时的生活水准，四口之家最低生活消费为 100—120 日元。广大下级武士原来没有积蓄，平时领取微薄的俸禄养活自己和家人，勉强生存。现在他们拿不到现金了，只有几百元的公债，根本无法维持生活，不得不将债券抵押给商人、高利贷主，最后当然很难赎回。在公债发放后的五六年后，80% 的武士都丧失了公债的所有权，无法维持生活，不得不自谋生路，成为小商人、自由职业者或城市贫民，想方设法地讨生活，甚至有武士阶层的年轻女子被迫到妓院里谋生。这些人不仅很难认同这项改革，而且充满怨恨与愤怒。

在老舍的《骆驼祥子》里，主人公骆驼祥子拉的人力车，最早就是日本人在明治初期发明的，其中有一部分人力车夫就来自下层武士。他们也成为当时文学作品中经常出现的一个形象。有一首诗《车夫篇》，就描写了车夫与顾客的对话：

车夫何早起，拂拭车上尘。
车客犹未到，结束立凌晨。
昔日胡为者，三千石幕臣。
出门乘舆马，揭揭上士身。
今日浑忘此，快载商贾人。
东南西北挽，终日得数缗。
妻子待薪米，余钱能饮醇。
熟客给半臂，绀色映青春。①

① 〔日〕国分青崖编修：《古今诗话》（汉诗大讲堂第十二卷），东京：アトリヱ社，1940 年，第 10 页。

一个曾经俸禄是 3000 石的高贵的幕臣，现在却沦落街头，以拉人力车为生。他不愿与献媚取宠的往日同僚为伍，尽管贫穷，却依然能够保持自己固有的高贵气节。还有更多的武士，不得不在家里制作雨伞、鞋子等物品售卖，或者走出家门给地主当长工，给工厂当工人，通过出卖劳动力来养活自己和家人。这样一来，大量的劳动力涌入劳动市场，为当时日本工业化发展提供了劳动力。

在俸禄公债改革前夕，还发生了一件事情。1876 年 3 月，在陆军卿山县有朋的提议下，明治政府发布带刀禁令，脱刀被强制执行，结果也没有发生太多的抵制。因为陆海军的装备实力已经足够强大，政府有能力采取强硬的措施进行镇压。但是，此事给武士们造成了巨大的伤害，再加上秩禄公债改革，导致大批武士不得不放下尊严，出卖劳动，对他们来说当然是巨大的侮辱和伤害。这些武士都自认为是社会的上层，是非常有颜面的人，现在却被迫和自己曾经鄙视的社会阶层一起谋生。政府认为俸禄公债改革实行的是赎买政策，武士们却认为这是一种剥夺。政府强行推行俸禄改革的同时，完全禁止武士在公共场合佩带武士刀。两件事情叠加在一起，引起整个武士阶层的强烈不满。

武士的丧钟敲响了，可是没有一个社会阶层甘愿主动退出历史舞台。他们多次发动叛乱，其中参与 1876 年“神风连”起义的武士最能体现这一阶层的保守性。他们对明治维新以来的社会变化非常痛恨，不仅拒绝现代化的影响，还试图将现代化的痕迹一概抹去。一些“神风连”的成员在不得不经过电线下方时，拼命以白扇遮头，以此避免邪恶的影响。他们还随身携带盐，看到穿西服的人就撒盐（这是日本一种传统的去晦方式），甚至有人认为纸币来自西方，担心自己被污染，于是拒绝用手触碰，只用筷子接纸币。在与政府开战时，他们甚至拒绝使用新式武器，只用剑和矛对付持有枪炮的政府军，其结果可想而知。“神风连”起义的第二天，就被政府军镇压下去。

三、最后的叛乱

武士们把最后的希望寄托在西乡隆盛身上。

虽然西乡隆盛是维新领袖，却是一个坚守旧道德的人。他认为，革命成功后不应该亏待武士们。可是随着明治维新的推进，武士们的人生道路越来越狭窄。在改革过程中，下级武士们的利益和尊严得不到保证，让他感到非常痛苦。他不能忘记这些与他并肩的战友，他在给一个参加内战的士兵的信中写道：“临生死之境，使之如私物，事定之后，即行抛弃，影响德义。”他把德义看得极重要，对于上门来求助的武士，他都慷慨解囊资助，但是这显然是杯水车薪。

在横山安武自杀后，西乡亲自为他起草碑文，称赞他的行为，表达对官员们道德腐化的不满。正是在横山安武自杀之后，西乡隆盛基于对武士境遇的同情，开始公开批评政府。作为维新派的领袖，西乡隆盛从来没有想过，武士本身也会被抛进历史的尘埃。就是在这样的背景下，他提出了“征韩论”。为了释放被挫伤的武士雄心与精力，消除他们的不平和不满，西乡希望将朝鲜半岛作为战场，让武士们在那里建功立业，将国内矛盾向国外转移。他想用以邻为壑的方式，来解决下级武士的问题，让他们在新的领地和其他国家人民身上取得新的特权和资源。

“征韩论”得到武士们的热烈拥护。对武士而言，从军打仗是最重要的一项工作，因为这能够为他们带来名誉和经济利益。在封建社会，武士通过为主君效劳，而获得领地、俸禄。然而，“征韩论”失败了，西乡隆盛愤而辞去武装部队最高指挥官，心灰意冷地离开东京，回家乡去了。他本来是想一个人单独回去，没想到有大批武士跟随着他回到了鹿儿岛，近卫兵的军官也一个接一个地辞职，巡警里也有许多辞职者。为什么这些人愿意跟随他呢？因为西乡隆盛非常有人格魅力，是一个克里斯玛型领袖人物，平时做事也非常光明磊落。武士都奉西乡为英雄，愿意唯他马首是瞻。这让明治政府非常担心，害怕西乡隆盛有一天会叛乱。后来的历史证明，明治政府的担心并不是多余的。

不过，在最初的几年里，西乡隆盛的生活很安宁，鹿儿岛并没有任何反叛的迹象。跟着他一起回来的武士如果既不干活，又不搞生产，成为社会闲散人员，将成为巨大的社会不稳定因素。于是，西乡隆盛用自己的钱（当地政府也资助了一部分钱），建立了多所私学校，把武士们安排到里面上课，同时也让他们参加劳动，省得他们在外面惹是生非。其实，这些私学校有点儿类似军事院校，因为有不少军事内容的教学，而且学生最终达到 3 万多人，成为一支不可小觑的军事力量。

在西乡隆盛隐居鹿儿岛的几年里，其他地区发生了一些武士叛乱。虽然经常有传言说西乡要参与，实际上都是谣言。对西乡来说，用武力表达对明治政府的不满，是不符合大义的。他放弃所有政治活动，像一个退休老人一样散步打猎，不问世事。这位有些洁癖的政治家远离了政治中心，也逃脱了推进改革的责任，而这些改革注定将从根本上动摇武士阶层的地位，尤其是 1876 年的俸禄改革，让武士们丧失了最后的特权。萨摩藩拒绝执行中央政府的改革决定，还有一部分武士抢夺武器库，拥戴着西乡隆盛叛乱。

这就是日本著名的西南战争。尽管历史学家们对于战争起因有许多不同的说法，但是这场战争其实是无法避免的。东京和鹿儿岛相隔很远，从幕末以来，萨摩藩这个强大的军事力量就不在政府的控制范围内。明治政府正在追求中央集权，不可能容忍一个地方政府无视中央政府的权威，尤其是讨幕时拥有最强战力的旧萨摩藩。何况在西乡隆盛的影响下，鹿儿岛俨然已经成为独立王国。唯一让后来的历史学家们感到困惑的是，西乡隆盛为什么会成为叛军的领导人？建立一个中央集权的中央政府不正是西乡隆盛的愿望吗？他本人不正是新政府的创始者之一吗？作为一个政治家，他难道不知道叛军不可能获胜吗？

我在读这段历史的时候，一直认为这里有许多谜团。不管怎样，悲剧最终发生了。1877 年 2 月，明治政府创建的第 10 年，近代以来日本最大规模的一场内战爆发。叛军中除了萨摩军，还有来自九州各地的对政府不满的武士，合计 3 万多人。西乡隆盛以“质问政府”为名挥师北上，与政府军爆发激战。“维新三杰”之一的木户孝允当时重病在床，感叹“与其病死窗下，不如捐躯于征途”，企图亲自劝阻西乡，但未能酬志，不久就病死。

美国电影《最后的武士》就是以西南战争为背景拍摄的。它廉价地讴歌了日本武士传统的美好，却没有反映这一没落群体的另一面：他们是一个食利阶级，不事生产，享有特权。例如在萨摩藩，四分之一是武士，工商农的负担无比沉重。武士们津津乐道的所谓荣誉是建立在严格的等级制度之上的，在他们面前，工商农是没有任何尊严和人格可言的，甚至没有生命权，虽然武士们是由他们供养的。武士甚至可以随意杀死他们认为侮辱了自己的“贱民”而不需要承担任何法律责任。武士身上的武士刀是嗜血的，一把新刀要用杀死“贱民”的方式来试刀！

西乡隆盛将国家拖进了一场战争，不管他本意如何。吊诡的是，一个为推翻幕府和建立新政府立下汗马功劳的人，竟然成为叛军首领，他的身后是一个注定要消亡的没落阶级。一开始，西乡隆盛的军队势如破竹，人们以为他将很快挥师东进，直捣东京。各地的武士也蠢蠢欲动，大有群起响应之势。假如叛军取胜，肯定将改变日本的政治形态。

明治政府组织军队，对叛军进行征讨，政府军合计有近 6 万名全副西式装备的士兵，还包括一支海军舰队。叛军围困熊本城，久攻不下，退守到田原坂地区，与政府军在那里展开一场激战。政府军和叛军死伤人数差不多，田原坂变成了一座铁与血的炼狱。由于政府军数量占有优势，叛军最后因弹药缺乏而溃败。

我曾经参观过田原坂战役纪念馆，发现政府军的武器装备非常先进，甚至有欧洲刚刚发明不久的新式武器，而西乡隆盛的军队仍然以旧式装备为主。换句话说，这是一场不对称的战争，西乡隆盛的失败是必然的。

田原坂战役失败后，叛军逃回到鹿儿岛，固守城山。政府军完成了包围圈，多次要求西乡等人投降，都被拒绝。1877 年 9 月，在山县有朋的指挥下，政府军开始发动总攻。在枪林弹雨中，西乡隆盛被流弹击中腹部和大腿，他坐在地上，按照武士的礼仪自杀。

这一年的西乡隆盛只有 49 岁。战争结束后，一位僧人作诗说："孤军奋斗破围还，一百里程垒壁间。吾剑既折吾马毙，秋风埋骨故乡山。"这首诗写出了西乡及其追随者的绝望心境。

历时七个月的西南战争终于结束了，总计有超过 2.6 万人死伤。叛军以旧萨摩藩武士为骨干，这些人以精悍著称，根本看不起百姓兵武装起来的政府军，结果却败于他们所蔑视的对手。无可奈何花落去，这场战争是武士的失败，说明武士作为旧时代的产物已经过时了，也说明通过武装叛乱来改变日本政治是行不通的。

从一个低级武士到尊王攘夷的大将，从明治政府的卓越功臣，到领导西南起义的反叛将领，西乡隆盛的一生折射着日本走向近代化的艰难历程。西乡死后，因为是叛军首领，他的官位遭到剥夺，然而民间同情声浪一直甚高。十二年后，1889 年《大日本帝国宪法》颁布的同时，明治天皇颁发特旨，为西乡除去"贼名"，追赠正三位。2 万多人主动自愿集资，在上野公园里为西乡树立起一座铜像。直到今天，这座雕像仍然屹立在那里，任人凭吊。

因为承受了近代化的负担，武士阶层成为抵抗日本近代化的第一拨力量。1877 年，武士们拥戴西乡隆盛挑起的西南战争，成为他们在日本历史舞台上的最后表演。西乡隆盛最终剖腹自杀，成为一个时代终结的隐喻，日本武士就是以如此惨烈的方式退出了历史舞台。只剩下个别的武士成为衣衫褴褛的浪人，像旧时代的阴魂一样在街头游荡。

障碍消除了，明治政府终于可以集中精力，推进殖产兴业政策了。

第 7 讲

殖产兴业：从“模范工厂”到“国退民进”

日本工业化成功实现的关键，
在于明治政府自觉放弃官营企业，
转而大力培植民营企业。

1878 年 5 月 14 日早晨，大久保利通在家中与客人畅谈。

客人是福岛县县令山吉盛典，和大久保是戊辰战争中的老朋友，二人很愉快地聊起过去。大久保说，维新已经十年了，十年里国内外事件频发，他本人担任内务卿以来没有什么政绩，实在是不胜惭愧。现在内外一切安定了，今后要奋发有为，努力推进维新事业。

面对老朋友，大久保侃侃而谈，对维新事业进行了一次清晰的规划。维新共需要 30 年，分为三个时期。1868 年（明治元年）到 1877 年（明治十年）属于创业期，现在第一期已经结束了。今后要转入第二期，就是从 1878 年（明治十一年）开始一直到 1887 年（明治二十年），这是最重要的时期，整顿内政，充实国力就在此时。大久保决心排除万难，完成此志。从明治二十一年以后的十年是第三期，属于守成期，大久保认为自己届时将退出历史舞台，由下一任优秀者来继承大业。

从整个规划来看，大久保利通非常有远见，不愧是当时最有影响力、最有格局的一位政治家。但是没有人会预料到，一个小时以后，他就在上班的途中遭到失意武士的刺杀身亡，年仅 48 岁。

至此，“维新三杰”全部退出了历史舞台，而维新事业，尤其是大久保利通主持的殖产兴业政策还要继续下去。

一、“模范工厂”不模范

明治维新的一个主要目标，就是实现国家的工业化。实际上，江户时代已经出现了一定程度的国内贸易和较为发达的运输与流通系统，商人的活动也比较活跃。这些因素为日本后来的工业化奠定了一定的基础，尤其是幕末时期，幕府和各藩经营的工业企业，也为日本的工业化积累了一些初步的经验。

在日本开国前后，幕府和各藩为加强防务，开始兴办军事工业。佐贺藩为加强长崎港的防务，先后建起四座反射炉，设立“精炼所”，研究枪炮制造和蒸汽缸、蒸汽机的生产技术，1865 年制造出日本当时较为先进的国产轮船。萨摩藩先后建造反射炉、熔矿炉和造船厂，开办机械工厂，1867 年利用进口机器兴办日本早期的机械化纺织工坊。长州藩在 19 世纪 60 年代初开始建造西式帆船，并仿制西方铁炮。其他藩国纷纷效仿，多数强藩兴办了同类工业。因此，日本各藩普遍兴办了藩营军工、造船企业，但大部分藩的工业技术尚处在低级阶段，且尚未意识到工业发展对国家的重要意义。幕府拥有凌驾多数藩国（萨摩、长州等强藩除外）的生产设备，技术也比较先进，先后建成“长崎制铁所”“横滨制铁所”和

“横须贺制铁所”，1862 年成功建造日本第一艘自主设计的蒸汽动力军舰。总之，幕末的工业发展很不平衡：幕府与强藩掌握相对先进的技术，而多数藩国仍停留在手工仿制阶段，且缺乏国家层面的工业化战略。

岩仓使团在考察欧美国家时的所见所闻，给明治维新领导群体以巨大的思想冲击。作为负责经济工作的领导人，大久保利通对欧美国家的富裕繁荣感到震惊。据说，使团回国之后，周围的朋友都说，大久保利通就像变了一个人一样，以前他为人特别急躁，现在沉稳多了。为什么沉稳了呢？这可能是因为他清楚了国家的未来道路应该怎么走。他在总结报告《殖产兴业建议书》里说得很清楚：“大凡国家之强弱，系于人民之贫富；人民之贫富，系于物产之多寡；物产之多寡，系于人民是否勉力于工业。溯本求源，无不仰赖政府官员诱导奖励之功。”

在大久保看来，国家要富强，人民就要富裕，就要像欧美国家那样发展工业，多多地生产物品。那么，怎么理解“无不仰赖政府官员诱导奖励之功”呢？

在江户时代，日本的商品经济已经有了相当程度的发展，甚至出现了江户这样百万人口的大城市。一些农民从事手工业加工的小商品生产，手工业逐渐从农业分离出来。从开港后日本出口的商品来看，大多是农民副业的家庭手工业产品，也有部分来自手工业工场。据日本历史学家统计，从 1834 年到 1867 年，33 年间全国手工业工场累计 188 个，但是基本上处在工场手工业的低级阶段。至于明治政府接收的幕藩经营的工业企业，数量也很有限，而且设备老旧，技术落后。

大久保利通认为，尽管普通百姓可以通过艰苦卓绝的努力兴办一些工业，但速度太慢，效果不彰。因此必须通过政府官员诱导奖励，让人民来生产财富，才能让国家强盛。

为此，岩仓使团回国后，正式成立内务省，大久保亲自担任内务卿，建立起强有力的经济领导体制，开始大张旗鼓地推进殖产兴业政策。主要的做法，就是建立所谓“模范工厂”，推广引进的先进技术，给见识较少的老百姓树立榜样，诱导他们跟上来建立工厂。大久保曾说过，如果政府不作为，“而是放任人民自行发展进步，则时光荏苒，数载过后，岂不衰落至极乎”？在大久保利通所规划的维新三个时期里，他自己作为第一期的主要领导人，把建立“模范工厂”视为国家发展的重中之重，并用近乎独裁的手段极力推进。

政府从紧张的财政收入中挤出一大笔钱，在各地建立官营棉纺厂、水泥厂、玻璃厂等“模范工厂”。大力引进西方国家的先进科学技术、经济管理制度，不惜重金购买各种近代机器设备。高薪聘请大批外籍专家和技术人员、熟练技工，一些专家的薪资甚至超过大久保本人。1874 年工部省的经常预算中，外籍技师的薪俸竟然占到 34%。

政府发展的重点是缫丝和棉纺。因为从德川时期开始，缫丝和棉纺就是日本发展良好的本土工业。1868 年，生丝的出口量约占日本出口总量的 40%，其税额约占新政府当权第一年所征出口税的一半。然而，从 1869 年开始，一度因蚕瘟病暴发而衰退的欧洲养蚕业复苏后，他们对日本生丝的需求量急遽下降。明治政府官员认为，日本生丝质量低劣，是因为手工缫制粗糙不匀，应该引进欧式机器，让出口生丝重新成为新政权生存至关紧要的外汇来源。

为此，明治政府建立了四大纺织工厂，最负盛名的是富冈缫丝厂。这是政府总计投资 20 万日元，在群马县富冈建立的一个“模范工厂”，缫丝厂采购法国制造的缫丝机和蒸汽机，不仅聘请法国技师，还聘请富有经验的法国商人监督和指导生产。在招雇女工时，有谣言说工厂要抽女工的血，榨取女工身上的油，根本无人应召。政府便征集士族家的妻女做女工，让她们在学会新技术后，再回到各地广为传播。到 1876 年，便有 2000 名女工在这里学会了新技术。富冈缫丝厂的第一批生丝在里昂和米兰销路畅旺，甚至在 1873 年维也纳世界博览会上赢得了二等奖。

政府官员大为振奋，更加坚定了他们“暂时创办官立事业，示以实例，以诱导人民”的决心。从 1868 年至 1885 年，政府用于“殖产兴业”的资金，约占财政支出的五分之一，开办了遍及造船、采矿、冶炼、建材和纺织等诸多领域的官营企业。这种官营企业不仅有相当大的规模，而且技术水平也较高。它们散布在日本各地，甚至当时还是蛮荒之地的北海道也建立了制糖厂、面粉厂、鱼类罐头厂等诸多“模范工厂”。在农牧业方面，政府也创办了一些农业试验场、农业育种场，农具厂和“模范牧场”，以及官营林场、果树园艺场，收集国外农业、果树园艺的品种加以栽培，培育国产良种马，进行大规模的示范活动。

模范工厂、模范牧场一片兴盛景象，大久保一有空就去视察这些官办企业。野心勃勃的政府官员得到了巨大满足，一切看起来都那么积极向上。但是，明治政府很快就苦恼起来。尽管政府投入那么多资金，却几乎没有什么官营企业能够盈利。作为一座官营模范机械缫丝工厂，富冈缫丝厂问题成堆。从法国进口的生产机器虽然先进，但是政府派来的管理者对技术问题知之甚少，也没有管理工厂的经验。因为害怕东京的上司听到关于他们无能的风声，他们禁止有抱负的企业家进入工厂参观。虽然富冈缫丝厂的生丝因质量上乘而闻名，但即使国家给予大笔补助，缫丝厂本身却没有盈利。到 1875 年，富冈缫丝厂亏空已达 22 万日元，比建立和装备该厂所花的费用还多。

事实上，在 19 世纪 70 年代，日本所有的官营企业几乎没有盈利。十年间官办纺织厂只发展到三家，总产量仅为 100 万磅纱，根本形不成有效的规模。在北海道，十年间政府投入了 1400 多万日元办企业，不仅没有盈利，反而成为政府的莫大负担。除了官营企业，政府还从民间筹集资金，设立了许多半官半民的企业。对于这些企业，政府仍然具有很大的管理权，在民间总经理之上设置管长、干事等职务，这些人往往不懂经营之道，却热衷于中饱私囊。因此，这类企业也常常亏损。

官营企业根本不是什么“模范工厂”，而是“不模范工厂”，因为它们是政府出钱搞的，政府拥有企业管理权，所以它们遵守的不是市场规则，而是官场规则。和民营企业比起来，官营企业人浮于事、成本奇高、管理奇差，而且搞业务的时候要官威，使得民间对这些官营企业怨声载道。至于那些模范牧场，民间也不感兴趣。

大久保利通没有重视“模范工厂”的盈亏问题，而是一直想着首先把日本国内的工业建设起来。可惜，他的运气不好。从 1873 年担任内务卿以来，殖产兴业政策一直进展得磕磕绊绊。1874 年侵略中国台湾，1875 年发生了和朝鲜之间纠纷的“江华岛事件”，导致殖产兴业的资金来源一再减少。在大久保的坚持下，1875 年内务省的预算比上一年增加了 60%，可是 1876 年又爆发了反对地租改正暴动，迫使政府不得不大力减税，政府支出大幅缩减。当动荡平息之后，大久保希望集中精力推进殖产兴业政策时，1877 年又遭遇了西南战争。

西南战争刚刚结束，明治政府就在东京举办了第一届国内劝业博览会。展出期间参观人数超过 45 万，展品 8.5 万件，场面极其热闹。地方产业的生产者第一次聚集一堂，介绍政府引进的先进技术，相互交流和学习。明治政府决定，今后每五年举办一次博览会。大久保利通希望通过日本国内劝业博览会，把殖产兴业政策推进到新阶段。1878 年 5 月 14 日早晨，他对朋友讲述的构想，也说明他有将殖产兴业政策进行到底的决心。

然而，大久保的独裁手段引起失意武士的不满，为他自己带来了杀身之祸。大久保之死意味着创业期的终结，日本迎来了一个历史转折点。

二、大争论

随着大久保利通被暗杀，他所力推的官营工厂模式也逐渐陷入困境。因为明治政府再也拿不出钱来支持“模范工厂”，这种工业化道路走到了尽头。

作为官营企业，模范工厂不遵从市场的需求，不计利息，盲目决策和生产，库房里堆满无法销售的产品。一旦没有钱，就向政府财政部门申报领取补贴营业金，而且理直气壮。结果，这些企业虽然有政府给予的各种优惠政策和补贴，但依然缺乏竞争力，亏损严重。

与暮气沉沉的官营企业形成鲜明对照的是，民间自发建立的私营企业蒸蒸日上。从事缫丝生产的民营企业家们不像政府的决策人那样迷信昂贵的机械化，建设高楼，而是因陋就简、因地制宜。他们用木头楼房代替砖房，以泥为地，让当地的匠人设计木架子代替贵重的铁制机器，雇用村里的工匠建造水磨代替蒸汽机。这些技术改造得非常成功，固定成本不到政府花在富冈缫丝厂每个工人身上的十分之一。此外，农村缫丝厂有良好的蚕茧作为货源，附近村庄的妇女又可以提供几乎取之不尽的廉价劳力。因此，尽管这些私营企业的规模都很小，但是极具竞争力，缫丝总产量远远超过官营企业。

日本的启蒙知识分子最早对国家的工业化道路提出了质疑。对于当时官方几乎控制所有领域的做法，福泽谕吉进行了激烈批评。福泽认为，政府对于国民的经济活动，应当提供必要的环境，供给必要的物资，而经济活动本身则应由国民来从事。人民有着让人意想不到的智慧及能力，政府不应该控制人民的商业自由，也没有权力进行干涉，即使控制也没有任何好处。政府不应该从事工商业，因为这是与民争利，而且从事工商业是官员们的短处，一旦他们可以掌握使用巨额资本，必然会挥霍浪费。

和福泽谕吉一样，启蒙思想家西周严厉批评了明治政府直接干预经济事务的现象，指出政府之所以为政府，只是它从事公共事务，绝不能从事工商业，否则对政府自身和工商业都没有好处。西周曾经留学过欧洲，是了解社会科学的少数有识之士之一。他从政治经济学角度上指出，从事工商业是政府的禁忌，不仅妨碍开国政策，也将贻害深远，应该尽快废止。

比这两位启蒙思想家更彻底的，是经济学家田口卯吉。田口卯吉是明治时代的著名经济学家，他撰写的《自由贸易日本经济论》为日本自由主义经济理论建立了初步的体系，因此他也被誉为“日本的亚当·斯密”。1879 年，他创办《东京经济杂志》，站在自由主义经济论的立场批判明治政府的经济政策。他公开宣称，明治政府直接从事工商业，实际上是阻碍民间同种产业的兴起，根本达不到大久保所说的“政府官员诱导奖励之功”。日本人民已经有能力经营制造业，有能力和外国人竞争，根本不需要政府介入。所以，他呼吁停止“模范工厂”的建设和运营，政府回到自身应做的事情上去。

当时，卢梭、孟德斯鸠等人的民权思想，边沁、穆勒等人的功利主义、自由主义思想，被大量介绍到日本。福泽谕吉、田口卯吉是其中最为积极的传播倡导者。不过，当时之所以提倡经济自由主义，不仅仅是受到了外国的影响，还有要求经济活动自由的推动作用。实际上，由于明治政府大搞模范工厂，已经出现了官营企业和半官半民企业排抑民间企业的现象。例如，政府在一些地方兴建缫丝厂，由于缫丝厂过多而导致蚕茧不足。政府凭借雄厚的资金调节茧价，民间企业和手工场无力竞争，只好暂时停止购买，造成经济损失。这种与民争利的现象，在遥远的北海道也存在。当地农民本来从事蘑菇栽培，可是当地政府也进入蘑菇栽培行业，导致农民失去获利的机会。

田口卯吉的主张遭到另一位经济评论家犬养毅的反对。1880年，记者出身的犬养毅创刊《东海经济新报》，提倡贸易保护政策，与田口卯吉的《东京经济杂志》对垒。犬养毅认为，日本产业尚未发达，政府必须承担起责任，以公共经费兴办企业，“当今吾辈不仅不认为政府正为其不当为之事，而且期待政府应尽其当尽之责”。

田口卯吉则认为，“世上往往有些政府崇拜论者，他们都觉得‘政府’这个词有很伟大的力量，以种种借口增加官营企业，其要义在于主张官营企业虽有垄断之弊，但其事业仍不应由民所有”。田口举例说，民办铁路比官办铁路运费便宜，邮递公司比驿传局更为便利。他指出，“垄断之可怕不在民业，而在官业”。田口讲得非常好，在今天仍然具有警示作用，因为直到现在还有些人崇拜政府。

双方论战持续了一年多，也吸引了许多读者的关注。当时的私营缫丝业者就曾投书报纸反映政府办的劝业场财大气粗，民间缫丝业者几乎被排挤出市场，“我县官府，为促进民众真正的兴产之力，不应使劝业场过于兴盛。为向外部夸耀劝业之盛，就应奖励人民之一般兴产，以图富裕之基。不期永久之实荣，只图一时之虚荣，难成劝业之盛也”。在棉纺业座谈会上，民营企业代表严厉地批评说，官营工厂“根本不可能成为模范工厂”，“只能表明棉花变成棉纱的过程，如此而已”。

总起来看，田口卯吉的观点得到了民间的支持，犬养毅的观点则得到了政府的赞赏。明治政府要人大隈重信就很欣赏犬养毅，将其调入政府，让其担任统计院权少书记官。犬养毅从此步入政坛，后来曾担任首相。

这场论战不仅是思想理论的交锋，也是当时日本两种政策主张对立的缩影，对以后的经济社会发展产生了不可忽视的影响。其实，当时政府对于官营企业也有不同意见。一位主抓“殖产兴业”工作的工部省官员也认为，官营企业难以为继，“不如贷与人民，使其自由营业，那时方能收支两抵，事业日益扩大”。随着各方的争论，道理越来越清晰，新政府也逐渐认识到官营企业的缺陷。

大久保遇害后，伊藤博文接任他的职务，如何继续推进殖产兴业政策，成为伊藤博文面对的一个首要问题。由于在过去的十年里国家多事，政府财政预算入不敷出，不得不举借外债、加重税收。为了筹集“殖产兴业”的庞大资金，成立国立银行，同时发行大批各种不兑换的纸币，1875 年至 1880 年，明治政府平均每年发行额都在 1.36 亿日元左右。除了发行不兑换纸币，明治政府还发行大量不兑换的银行券。由此引起通货膨胀、物价飙升，国家财政几近崩溃，社会动荡不安。虽然官营企业已经成为无底洞，需要不断地注入资金，但政府已经无力拿出更多的钱投资。假如大久保在世的话，恐怕也要修改原来的路线，从政府直接办企业，转向鼓励民间创办企业。实际上，接任者比这走得更远。

1881 年，明治政府创建农商务省，作为推进殖产兴业的主要政府部门。在官方发布的公告里说，以前的模式已经失效，不管是政府直接办企业，还是通过贷款等方式干涉民间工商业，还是直接支持个别的工商业，都会损害民间的利益，这类做法之后要一律避免。

在这样的背景下，松方正义担任大藏卿，开始主持政策的调整工作。松方正义出生于萨摩藩，虽然他既不是尊王攘夷时代的英雄，也没有在倒幕战争中建立军功，但是由于精通财政，他在新政府里逐渐崭露头角。在大久保利通的提携下，松方稳步高升，最终进入决策核心。他对当时日本面临的经济问题有清醒的认识，曾在一份建议书中说：“政府不应在创办工商业上与人民竞争，因其永远不如受追逐私利的直接动机驱动的企业创办者精明和有远见。因此政府最好不要直接介入商业贸易，而是留给个人和企业去经营发展。”

这时候，纸币贬值，物价狂涨，金银大量外流，财政窘迫。纠正大久保时代经济政策贪大求洋的偏差，成为殖产兴业政策调整的重点。松方正义果断地整顿货币，削减行政经费，推行财政改革，原则上不再批准新的公共事业。明治维新十多年之后，在松方正义的主导下，殖产兴业政策开始全面调整，重点就是出售官营企业。

三、产业革命的高潮

1880 年 11 月 5 日，明治政府公布《工厂转让概则》，决定将军工、铸币、通信、铁道等特殊部门以外的官营工厂，转让给私人企业或个人。

明治政府处理官营工厂的直接目的，就是实行财政紧缩政策，停止向亏损的官营企业输血。更重要的是，它标志着殖产兴业的推行路线发生转变，从政府包办官营模范工厂转变为大力扶植、保护民营企业。但是最初的转让并不顺利，因为民间企业受到资金限制，有实力购买官产的并不多。1884 年，明治政府放宽条件，以相当于政府创业投资额五分之一到三分之一的低廉价格，同时又是无息长期分期付款的方式，将大部分官营企业卖给民间企业家经营。例如著名的富冈缫丝厂，建设时政府投资了 20 多万日元，最后只卖了 3 万日元，还包括不少原材料。

如果按今天有些人的认识，可能会认为这是典型的“贱卖国有资产”。其实不然。如果不卖掉，政府每年都要往里面贴钱，不管多少钱卖掉，之后至少政府不再赔钱。更不要说，私营化后的很多企业通过各种措施，很快就扭亏为盈，政府可以收取越来越多的税收。因此，明治维新时代的“民进国退”并没有遭到太多的反对，仅仅几年的时间就基本完成了。

那些有经营野心的企业家抓住机遇，用很低的价格接手官营企业。在这些人中，有一些人在幕末就是巨富，也有一些是维新以来的新兴富翁，“三菱”的创始人岩崎弥太郎就是后者。幕末时期，岩崎弥太郎是土佐藩的一名下层官员，曾经营藩国的直营商馆“开成馆”，显示出了经商才干。明治维新开始后，他进入中央政府工作。1871 年明治政府废藩置县，一些地方政府将官营商业卖给个人，岩崎利用关系买下政府的两艘船，辞职下海，创办“三菱”，开始从事海运事业。岩崎本着“规模虽不大，然以在野之身，任意做官方办不到的事情”的精神来经营公司，以信誉为上，重视服务，受到客户的欢迎。

当时，政府直营的海运公司“邮政蒸汽公司”受到大藏省庇护，其势锐不可当，把许多民间的弱小船运公司挤到破产的边缘。“三菱”顽强地与其进行激烈竞争，“邮政蒸汽公司”竞争不过，连年亏损。大久保利通看到，民间的三菱商社业绩更好，与其照顾常年亏损的“邮政蒸汽公司”，不如让三菱商社有更好的发展，于是将邮政蒸汽公司的船只低价转让给了三菱商社。不出数年，三菱商社打败英美的海运公司，岩崎弥太郎一跃成为海运大王，几乎垄断了整个国家的海运业。在政府出售模范工厂的“国退民进”大潮中，岩崎弥太郎以 9.1 万日元的低价，买下投资 62 万日元的长崎造船厂，以后又买下一些工矿企业，开办银行、造船厂、炼铁厂等，称雄于产业界。

像岩崎弥太郎这样纵横捭阖于商场，善于利用政治资本发财的企业家或商人，由于和政治接近而被称为“政商”。在明治政府建立之初，政府实行保护政策，从而创造了大量的商业机会，让这些有特殊关系的“政商”获得了丰厚的利益。在“民进国退”中，这些人迅速扩大经营范围。值得注意的是，随着“国退民进”，“政商”保护政策也开始发生变化。“政商”们在多元化投资热潮中，多半以失败告终，成功的只是少数。而由成功的企业家组建的垄断企业集团，就是著名的“财阀”，例如三菱、三井、住友等。

当然，在“财阀”之外，还有无数的中小企业。因为在“国退民进”的 19 世纪 80 年代，日本出现了一个创办企业的热潮。日本由此在经济上脱离官督商办，开始走上经济自由发展的新阶段，为私人企业的成长提供了良好的环境。初露头角的企业家在日本列岛的所有城市、小镇和村庄涌现。在 1884 年到 1890 年，日本的各种公司由 702 家增加到 3092 家，增长了 4.4 倍，资本额由 1340 万日元增加到 18936 万日元，增长了 14.1 倍。

在创业的热潮里，最耀眼的企业家是涩泽荣一。和岩崎弥太郎的经历相似，涩泽也曾在中央政府任职，只是涩泽的职位更高，一度高居大藏省少辅，直接参与了新政府的货币制度改革、废藩置县、发行公债等几乎所有重大政策的酝酿和制定。值得一提的是，将“bank”译定为“银行”、创造“日元”（日语为“円”）都是涩泽荣一的功劳。出乎许多人的意料，他在仕途一帆风顺之际，主动要求辞官，当时在政界激起轩然大波。之所以辞职下海，是因为他认为国家的兴旺发达系于实业，决心走上实业报国的道路。

涩泽荣一是日本产业的超级创建者，参与创办的企业组织超过 500 家。这些企业遍布银行、保险、矿山、铁路、机械、印刷、纺织、酿酒、化工等日本当时最重要的产业部门，其中许多至今仍在运转，例如今天的东京证券交易所就是他创办的。和岩崎不同的是，涩泽荣一总是热心支持他人的企业，却从未组建过自己的“财阀”。另外，他还在经济、社会、文化等领域建立了众多组织。涩泽荣一不仅是日本公认的近代产业先驱，而且是近代日本工商业的精神领袖。一个世纪后的今天，他仍然是日本企业家最崇敬的人之一。

19 世纪 80 年代是日本民营企业家崛起的时代，岩崎弥太郎、涩泽荣一等具有开创精神的企业家成为风云人物。他们收购亏损的官营企业，将其改造为盈利企业，同时又建立了许多新工厂，开辟新兴产业。日本迎来了工业化的热潮，其中以纺织业为中心的轻工业部门发展最快。全国各地如雨后春笋一般，兴建了十几个规模较大的纺织厂，并在 1882 年至 1885 年相继开工生产。最早实行企业近代化的，就是涩泽荣一参与创办的大阪棉纺织公司。公司总资金 28 万日元，机器由英国引进，以蒸汽机为动力，有 1 万余纱锭。1883 年开工后一年，这家公司的资本增加了 1 倍多，纱锭增加了 2 倍多。在它的带动下，资本家纷纷投资棉纺业，1887 年至 1893 年出现了早期产业革命的热潮。五六家大纺织公司相继建立起来，纱锭激增，工厂也激增，生产也成倍地增长。仅 1885 年至 1890 年，棉纺厂就从 20 个增为 30 个，纱锭也从 7 万个增为 28 万个。

19 世纪 70 年代，日本是一个原材料出口国，工业产品严重依赖进口，其中大约一半为纺织品。到 1892 年，日本已有近代化棉纺厂 39 家，近 36 万纱锭，由纺织进口国变为棉纺出口国。到 1893 年，以纺织业为中心的轻工业部门，出现了一批规模很大的近代企业，基本上实现了工业化。日本大量进口原材料，主要出口工业产品，尤其是棉纱和棉布。私人纺织厂几乎昼夜不停地开工。其他行业，如缫丝、造纸、糖业等都有类似情形。

经过 19 世纪 80 年代后期至 90 年代初的产业革命第一个高潮，日本近代化工厂企业不断增加。1868 年全日本只有 405 个工业企业，而且主要是手工业工场，1893 年就增加到 3344 个。不仅数量大大增加，而且绝大部分是近代企业。从股份公司的资本来看，1884 年年末公司的总资本只有 1340 万日元，1887 年增为 1477 万日元，1890 年年底增为 1.89 亿日元，两年后突破 2 亿。1885 年，拥有 10 名以上工人的工厂有 661 家，1893 年增至 3019 家，工人人数由约 1 万人增至 38 万人。工业产值在国民经济中所占的比重也不断增长。在生产迅速增长的基础上，出口贸易规模也大幅度地增长。1868 年日本出口总值只有 1.55 万日元，到 1892 年时就增为 9110 万日元。

与此同时，日本铁路网也有了很大的扩充。最初铁路都是由明治政府投资的，1881 年后一些民间资本家也投资修建铁路。1872 年时，日本铁路只有 16.69 英里；二十年后就增加到 2039.6 英里，增加了 112 倍，日本还出现了 4 家私营大铁路公司。工厂烟囱向外冒烟，火车穿梭于城乡间，汽笛声响彻原野。这些信息告诉人们：这个国家正在向工业化飞速前进。

1893 年，即甲午战争爆发的前一年年末，外相陆奥宗光在第五届帝国议会上发表演说时指出：

> 诸位，让我们试着对比一下明治初年的日本帝国和现在的日本帝国。……首先，从经济的角度来讲，明治初年的内外交易额有 3000 万日元的赤字，可是到了明治二十五年（1892），则有大约 1 亿 6000 万日元的盈余。并且，陆地铺设了将近 3000 英里的铁路，架设了将近 1 万

英里的电线，内外海域航行着数百艘西洋制式的商船。[①]

到 20 世纪初，明治政府经济发展的梦想终于成为现实，成功地跻身工业化国家行列。和欧美先进国家比起来，日本工业化的速度极为惊人。当日本搞工业化时，西方先进国家的科学技术水平已经非常高，日本发挥善于学习模仿的特长，迅速引进吸收别国的技术与经验，因此大大加快了工业化的速度。

和日本比起来，大清国的近代工业化起步并不晚。几乎和明治维新处于同一时期，大清国的一些有识之士启动洋务运动，以“官办”“官督商办”和“官商合办”的形式创办了一批企业。但这些企业一直受到官方的控制，没有实现民营化，导致大清国的工业化进展缓慢，被日本远远地甩在后面。

殖产兴业政策为什么能成功？为了实现工业化的目标，明治政府相继出台了建设基础设施、雇用外国顾问、教育及培训、创建各种研究所、举办产业博览会、扶植官营企业等多种政策。需要强调的是，这些政策固然非常必要，但是在工业化过程中，起到决定性作用的是民营实体的强大活力。上有能力超群的涩泽、岩崎等商界巨头，他们构筑了新的日本经济；下有以前的商人、新兴的商人、聪明能干的技术人员、精益求精的手艺人、富农，以及地方人士等，他们掌握了新时代的技术和知识，活跃在日本各地。如果没有这些充满活力的民营实体，那么无论多么英明的扶植政策，也不可能最大限度地发挥它的功效。

---

① 转引自〔日〕坂野润治：《未完的明治维新》，宋晓煜译，北京：社会科学文献出版社，2018 年，第 197 页。

第 8 讲

企业家崛起：从“政商”到“财阀”

从政商到财阀的转变背后，
是明治政府从相信权力向
相信市场、相信民间力量的转变。

明治元年，也就是 1868 年，日本各地的富商们面临重大抉择。

伏见、鸟羽之战后，幕府军与支持天皇的军队之间继续战斗，一时还看不出谁输谁赢。在这个关键时刻，是拥护天皇还是辅佐幕府，成为考验富商们的最大难题。

作为“京都三巨商”之一,三井是幕府的御用汇兑商，得到了作为商业高利贷资本的特权地位，积累了巨额财富。然而，一着不慎，满盘皆输。如果压错宝，不但要遭受财务损失，也可能遭遇灭顶之灾。因此，三井向包括萨摩、长州在内的各雄藩派遣侦探，探听各方面的内情。无论发生什么事情，半个小时后有关消息就能够到达决策者的手中。三井把所收集到的情报加以分析后，决心不惜一切代价支持天皇。作出决定后，三井就开始鼎力支持天皇的军队，甚至连京都窖藏的金钱也都贡献了出来。

事实证明，三井的决策是完全正确的。随着幕府的垮台，明治政府成立，一个属于三井等富商的“政商时代”到来了。

一、“政商”的诞生

在德川幕府时代，日本的全国性市场已经形成，以大阪、京都为中心，涌现出一批富商。三井、住友、小野组等商户都积蓄了雄厚财力，藩国大名们也经常向他们借贷。到了戊辰战争期间，由于各藩国财政困难，导致大多数商户无法收回资金，面临经营危机。

明治政府成立后，没有国库管理部门，就将国库资金的出纳等业务委托给三井、住友、小野组三家商户。这样一来，这些商户就成为国库现金的出纳员和押运员，掌控现金流很稳定的国库资金。由于政府在支出这些资金之前还有一定的滞留期，相当于商人手里握着一笔无利息、无担保的资金。这些资金就被称为“官公预金”。早在德川幕府时代，这些商人就利用汇兑、出纳等交易的便利，动用“官公预金”牟利。在维新之初，政府最初要求他们为各地府县提供一万日元的保证金，其余部分便放任其使用。于是，各家商户就获得了经营金融业的商机。银行等近代金融机构赚钱的逻辑就是，吸纳他人的存款，再将资金借贷出去，从中赚取差价。接收“官公预金”的商户从功能上来看十分接近近代金融机构，只是存入方是政府而已，而且政府还不要利息。于是，商户就尽力利用“官公预金”，例如小野组就挪用资金来开发矿山，成立生丝工厂，从中牟利。

这种生意看似无本万利，却也潜藏危机。因为这些商户从事类似于银行的借贷业务，但是几乎没有来自民间的存款，资金来源主要是政府的存款。一旦政府作出收回贷款的决定，无法及时收回的商人必然遭受破产的命运。1874 年，明治政府为了筹措军费，应对可能同清政府开战的危机，要求三家商户在年底前的两个月里，将保证金额度提高到百分之百。这意味着商家要么收回放贷出去的政府存款，要么从其他渠道筹措资金填补挪用的漏洞，而且要在两个月内完成全部操作。这是不折不扣的紧急事态。由于无钱增加保证金额度，也没有返还不足额度的政府存款，小野组和岛田组最后只得以破产收场，只有三井组勉强渡过了难关。

这种蛮横无理的操作方式，也只有在那个时代才行得通。如此朝令夕改只会让商人经营的核心业务面临困境，但是政府根本不会考虑商人的疾苦。政府动动手指，就会让商人的经营权利和营业自由摇摇欲坠。在这一特有的时代背景下，即使腰缠万贯的富商也不免为明日的生存担忧。当然，高风险也意味着高收益，所以商家仍然会趋之若鹜。为什么三井能够渡过难关呢？因为三井总经理（日语称为“番头”）三野村利左卫门是一个商业奇才，在幕府时期，他就利用个人关系，帮助三井脱离了幕府的经济处罚。他和掌控政府财政大权的井上馨私交甚好，事先得知保证金增额的消息后，就做好了相关预案，通过向横滨的英国银行借款，度过了一场危机。

像三野村利左卫门这样与政府关系密切的商人，就被称为“政商”，他们走近政治并以此获取利益。“政商”之所以产生，和明治初期的经济情况有关系。当时日本是名副其实的农业国家，70% 以上的日本人居住在农村，以从事农业生产为生，还有少数人从事手工生产。据经济学家估算，农作物产出加上农村手工生产，在日本国内生产总值中达到八成。国家工业比重很低，民间商业经济活动的规模也不大。政府的最大资金流，就是以地租的形式征收的农作物产品。由于政府周边有大量的物品和流动资金，在商人看来商机就在政府周边打转。政府居于经济活动的中心，有野心的商人就会将手伸到政府内部寻求赚钱的机会。

“官公预金”就是这样的肥肉。当时小野组这样的商户很难从民间吸收存款；一方面是由于民众赋税负担重，很少有人有余钱去存款。另一方面是日本人没有储蓄的观念，江户的市井小民中甚至流传“不留隔夜钱”的谚语。商户最大的客户就是政府，因为政府习惯把征收的税金（地租）等在一定期限内交给商人保管。政府不收取利息，商人也不收取保管费，但是可以利用时间差来赚取利息。一些商户即使仅仅承接一两个县的业务，也能够获得相当丰厚的收益，因为资金的来源有保障，“官公预金”每年都有固定的资金流入。

因为政府对经济运行具有压倒性的影响力，政府的周围自然就有许多商机可觅。随着政府推行殖产兴业的国策，以“官公预金”作为原始资本推进工业化建设，也创造了更多的机会。商人只要能够抓住政府周边的商机，成功的可能性就非常高，当然在此过程中不可避免会产生不正当的金钱关系。这是那个时代的特色，所以也被称为“政商时代”。

那么，商机落到了谁的手里？当然是具有商业头脑、资金储备较多，而且和明治政府有密切关系的商人。这些商人的来源有两大类：一类是在德川幕府时代就已经积累了雄厚财富的商户，例如三井、住友等。根据对大阪商人财富此消彼长的统计，在明治维新后破产的老字号商店共计 24 家，仍保持顽强生命力的则有 8 家，可以看出，在经历明治维新之后，没落的商户要多得多。另一类就是在明治动乱期发迹的新兴商人和企业家，典型的就是安田善次郎、大仓喜八郎、浅野总一郎、岩崎弥太郎、古河市兵卫等人，他们是仅仅用一代人的时间就崛起的“政商”。

安田善次郎是一个典型。他出身底层，26 岁就开始独立经营换钱的小店铺。当时还是幕末时代，各藩的货币种类不同、铜钱的价值相异，安田通过换钱赚取手续费，赚取了第一桶金，然后在江户的日本桥设立“安田商店”，主营货币兑换业务。1867 年，由于在通货鉴定方面积累了超群经验，安田被幕府指定为御用旧金银回收商，到 1870 年其个人财产就达到 5000 两。那时他刚过而立之年，已经作为金融业者崭露头角。

安田虽然是幕府的御用商人，但明治维新之后迅速向明治政府投诚。1872 年，明治政府制定《国立银行条例》时，安田抓住政府号召建立银行的机会，参与成立了第三国立银行。就这样，安田从一个小换钱商，迅速地成长为大金融家。从 1863 年到 1875 年的 12 年间，安田以惊人的业绩一举成为金融业界的代表人物。1880 年，安田善次郎又成立安田银行，并进军生命保险、一般保险等领域。他成功的奥秘，就是善于抓住以“金钱”为中心的商机，向明治政府靠近的同时，将重点放在银行业，凭借金融业发展成为“大政商”。

如果说安田是靠经营“金钱”生意起家的，那么大仓喜八郎则是靠经营“物品”生意起家的。大仓的人生经历极为丰富，年仅 18 岁就来到江户谋生。最初他是一个打工的学徒，三年后就开始独立经营干货店。他的事业发展迅速，1865 年成立大仓火器店时，还不到 30 岁，已经是江户的知名商人。耐人寻味的是，大仓 1872 年游历欧美各国，当时由新政府高官组成的岩仓使团正在海外考察。就这样，大仓与多名政府高官结识。异国他乡相遇，自然会感情亲近，为大仓创造了接近新政府的契机。所以研究者认为，大仓游历欧美各国是有意为之，是深谋远虑之举。

大仓在 1873 年成立“大仓组商会”，1877 年迎来了重大商机。在明治政府和西乡隆盛的西南战争中，大仓充分发挥商人的头脑，通过认识的岩仓具视、大久保利通等政府高官，承担了兵员、粮草、弹药运输等业务。他凭借拔群的才能，在这场战争中圆满地完成了明治政府委托的任务，积蓄了巨额的财富。当然，战争只是一时的，但大仓借此开始尝试拓展其他业务。

大仓首先进军对外贸易业务，为此成立“大仓商事”。“大仓商事”非常成功，在日本对华贸易业务中一枝独秀，颇受日本政府的重视。据说，日本政府向中国北洋政府提供借款时，幕后往往是“大仓商事”在居中斡旋。显然，这是大仓将“政商”逻辑延伸到了国外。此外，大仓还向土木建筑业进军，与该领域的竞争对手合作成立了土木公司。该公司最初计划以垄断的形式承包政府工程，但是后来政府颁布会计法，所有工程都需经过招标竞拍，大仓独揽政府工程的计划被打乱，但他继续坚守土木建设，成为那个时代的建筑业巨头。

在明治初期，并没有所谓支撑资本主义经济制度的“经营自由”。无论是物品还是金钱的流通，这种经过明治政府掌控的体系较以往时代都大大增强。在政企关系的框架下，政府在经济活动中所起到的作用非常大，因此产生了一批与政府关系密切的“政商”。

从幕末到明治时代初期，企业的兴衰变化极大。贸易的起步、需求的变化、新制度新技术的引进、价格体系的巨变等，促进新老富商的交替。在明治初期政府所主导的殖产兴业、富国强兵等国策中，“政商们”为推进日本经济社会的近代化和中央集权国家体制建设，发挥了重要作用。即使这些“政商”接近政治并牟取了暴利，但是问题出在谋取利益的商人身上，还是出在给商人牟利空间的明治政府身上？

这本身也是复杂的问题，难有答案。

二、明治政府的资助与呵护

实际上，商机本来可以给另外一群人，他们就是更有实力的外国资本家。

这些外国资本家为了追求商业机会而来到日本，本来完全具有成功的可能性。因为他们都拥有发达的商业头脑，比日本人更懂得如何有效地运筹商机，不过日本政府却采取了将这些外国资本家彻底排除在外的政策。这在高岛煤矿的经营权争夺中表现得很明显。在幕府末期，高岛煤矿的经营管理权一度想转让给外国人。但是明治政府成立后不久就制定了矿山相关法令，宣布矿山国有，明确了外国人不得拥有开采权的方针，以此来阻止外国资本的入侵。最早的铁路新桥—横滨线是美国人铺设的，明治政府经过交涉从美国人手中收回，从此日本的铁道网建设便由政府来主导。如此一来，政府周围的商机排除了外国人，仅仅提供给本国商人。在此基础上，明治政府主导并推进了政商型经济的发展。

明治政府将大量财政资金投入殖产兴业政策，并向民间事业提供贷款。在此之前，贸易主要掌握在横滨、神户等地外国商馆手中，明治政府为收回贸易自主权，开始向商户和个人提供融资，培养本国的贸易商社，奖励它们同外国直接交易。

明治政府的资金大多向实业家倾斜，个人获得政府融资最多的就是五代友厚。五代友厚是从官员到“政商”的典型，经历非常传奇。他原来是萨摩藩武士出身，在 1863 年萨摩藩和英国的战争（史称“英萨战争”）冲突中曾经是海军的一员。随后，他被藩主秘密派往英国留学，同行的总计 15 人，其中就有后来成为文部大臣的森有礼、成为外务卿的寺岛宗则。回国后，五代友厚和西乡隆盛、大久保利通等人一起，积极参与倒幕运动。推翻幕府后，他担任外交官员，一度权势很大，化解了不少和外国人之间的冲突。五代是一个聪明人，明治维新开始不久，他就辞掉官职，在大阪成立了金银分析所，以提炼旧币中的金银聚敛了财富，很快就成为一名成功的政商。

五代友厚以关西地区[①]为中心，建立了几个从事国际贸易、经商和航海的大型公司，又向矿业进军。仅仅七八年的时间，他所拥有的矿产品生产量就跃居国内第二，直逼拥有 200 多年矿山经营史的住友。后来，五代又涉足繁荣的纺织业。纺织品是明治政府的出口重点，需要大量从外国进口染料。五代认为这是一个巨大商机，就制订了在日本制造优质染料的计划。政府也很重视这一事业，于是提供融资 69 万多日元，支持五代友厚创设染料制造公司，期望他能够获得成功。但是，五代生产的染料在质量上无法超过进口货，价格又比较高，因此销路受阻，最终失败。五代友厚仅仅偿还

① 关西地区：日本历史上沿袭的习惯名称，通常指本州以京都、大阪、神户为中心的地区。

了政府 5 万多日元，相当于政府只收回了投资的 8%。

五代友厚并非个例。明治政府的支持资金是借贷型的融资，但除了那些知名度不太高的实业家规规矩矩地偿还了明治政府的融资，最后有相当一部分的企业和个人没有足额偿还。即使如此，对于明治政府而言，作为推行近代化政策的重要一环，向这些企业和个人的融资仍然必要。政府在工业化的进程中并不能担任全部角色，所以对实施主体的民间企业进行保护并提供援助。接受援助的商人利用明治政府的保护和培育政策积蓄利润、拓展经营。例如，日后成为重要贸易商的海运业龙头的三菱商社在发展早期，就得益于政府的融资。

三菱商社的创始人就是在第 7 讲里提到过的岩崎弥太郎。他利用明治政府废藩置县、各藩国纷纷将官营商业卖给个人的机会，以非常有利的条件继承了土佐藩的藩营商业。例如，在 1871 年藩营汽船变卖一事中，土佐藩将估价约 255 万美元的两艘汽船以 40 万两白银（当时一两白银约值一美元），也就是六分之一不到的价格卖给了岩崎成立的商会。岩崎预见到海运业将是这个岛国发展的命脉，就成立了三菱商社，开始了自己的海运事业。

最初，三菱商社主要从事贡米运输。当时日本是以米纳租税，需要船队把贡米从地方输送到中央。作为私人企业，三菱商社勇敢地与有官方背景的邮政蒸汽公司展开激烈竞争。邮政蒸汽公司虽然受到大藏省庇护，把许多民间的弱小船运公司挤到破产的边缘，却被三菱商社打败。当时主管财政的大隈重信是很开明的。既然民间的三菱商社业绩更好，与其照顾常年亏损的邮政蒸汽公司，不如让三菱商社发展。于是，在大隈的推动下，明治政府将邮政蒸汽公司的船只以低价转让给了岩崎弥太郎。

1874 年，三菱商社又一次迎来了可遇而不可求的机会，就是日本侵略中国台湾。日本距离中国台湾遥远，需要轮船运输兵力和粮草辎重。三菱营运政府所购外国汽船，成为政府军的运输主力，圆满地完成了任务。大久保利通看到了三菱商社出色的业绩后，顺势提出将“海运保护”纳入殖产兴业、富国强兵的政策范围。如何支持海运业发展？大久保在提案中列出了放任、补助和官营三个选择项。最终，他说服其他阁僚，选择了向民间运输会社提供补助，并予以保护培育的政策。

三菱顺理成章地成为海运业保护的对象。实际上，在明治政府发出“海运保护”命令时，已经向三菱提供了 60 万日元，政府认为还不够，又将已经购买的十几艘外国汽船全部转交给三菱无偿营运，同时提供补助金每年 25 万日元。三菱凭借这种方式，从政府那里获得了巨额资金援助。据统计，政府为三菱的海运业总计投入近 250 万日元，可谓倾尽全力支持。对于这笔巨额财政资金，三菱最后仅仅偿还了 77%。

在明治政府的支持下，三菱先后与英、美两国的汽船公司展开激烈竞争，最后都赢得了胜利，独占了通商口岸间的定期航线。在 1877 年的西南战争中更是如此，三菱负责政府军粮运输，又获得巨额的补助金，海运事业实现了质的飞跃。西南战争结束后，三菱商社共拥有 61 艘汽船，吨位高达 35464 吨，占日本全国汽船总吨数的 73%。就这样，三菱靠着政府的巨额财政资金，迅速地拓展海运事业，几乎垄断了整个日本的海运业。岩崎弥太郎用不到 30 年的时间，成长为日本“海运大王”。

从明治维新开始到 1880 年前后，政府一直实行彻底的保护政策，从而创造了大量的商业机会，润泽了一批有特殊关系的商人。

这些商人近水楼台，掠获了丰厚的利益。但是 1881 年发生的一个事件，给明治政府和“政商”带来了大转折。

西南战争之后，明治政府财政困难，大隈重信为应对通货膨胀，开始向紧缩财政的方向转变。一个重要举措，就是将大量的官有产业卖给民间。北海道开拓使黑田清隆计划将北海道的官有产业，全部出售给关西贸易商会。北海道官产总投资 1400 多万日元，售价仅有区区 38 万，而且是无息分期 30 年支付。这等于白送，于是引起舆论的质疑。关西贸易商会是五代友厚组织成立的，而且五代友厚和黑田清隆都出身于萨摩藩，因此舆论认为这是官商勾结，妄图贱卖日本国有资产。自由民权运动人士对这笔交易进行强力批判，后来发展成为批判“藩阀政府”的反政府运动。政府内外一致认为这是明确的违法行为，最终变卖一事被迫中止。伊藤博文借机将大隈重信赶出政府，酿成了“明治十四年政变”（1881 年是明治十四年）。

这是明治政治史上非常重要的转折性事件。在事件背后，一直有五代友厚的身影在活动。五代友厚原想通过廉价收购北海道官产，达到起死回生的目的，结果变成一场空，继染料事业投资失败之后再遇重大挫折。但他一直身兼大阪商法会议所会长一职，继续发挥其影响力。直到 1885 年，五代友厚溘然病逝，五代家的事业才戛然而止，也没有留下值得称道的产业。

随着大隈重信被逐出政府，原有的“政商”保护政策开始发生变化。明治政府采取彻底的通货紧缩政策，新设立日本银行，将纸币发行权收回日本银行，以此来稳定纸币的价值。这种以中央银行制度为中心的金融机制，将政府存款等权限收回日本银行，“政商”随之失去了生财的门路。同时，明治政府放弃对特定“政商”采取的针对性扶植与保护政策。

经济环境发生了重大变化，“政商们”面临新的抉择。

三、“政商”蜕变为“财阀”

作为最大的“政商”之一，三井在 1882 年陷入困境。

这一年，作为中央银行的日本银行成立，它是从属于政府的银行，也是唯一的货币供给机构，其他银行所代行政府职能的业务被转移到日本银行。长期以来，三井充当政府银行职能，现在却被要求将所从事的明治政府存款业务转给日本银行。此时政府的存款占三井总存款的 55%，而且三井的借贷方中有大约四成是不良借贷，短期内难以收回，因此没有能力马上全部返还。多年来吸收政府存款的路线被截断，三井很快陷入经营危机，四面楚歌。幸亏除了银行业务，三井还有另外的支柱物产。三井在苦苦支撑的同时，开始思考重建方案。

三菱也面临严峻的转型问题。“明治十四年政变”后，政府着手调整对三菱一边倒的“海运保护”政策。政府联合大阪等地的小船舶公司，成立“共同运输会社”，开始挑战三菱的海运垄断地位。本来，在政府通货紧缩政策的影响下，海运业务不景气，三菱的经营已经开始恶化。为了与共同运输会社竞争，三菱下调运费，与对手展开了激烈的价格竞争。1885 年，坚持对抗的创始人岩崎弥太郎病逝后，三菱开始寻求妥协方案。最后，三菱与共同运输会社合并，成立日本邮船会社。虽然两家公司的竞争以和平的方式解决，但是三菱失去了作为其主业的海运经营权，只保留了大股东的地位。如果说，三井在日本银行成立后是逐渐缩小并最终取消政府存款业务的，那么三菱在合并之后，马上完全放弃了海运业的经营主导权，转型所面临的形势更加迫切。

明治政府实行的官产变卖政策，为这些“政商“提供了机会。因为明治政府将所持有的工厂、矿山以低价变卖的形式民营化，游离于政府之外的商机开始增多。不过，受到“明治十四年政变”和紧缩财政政策的影响，官产变卖政策的推进并不顺利。民间企业的资金非常有限，有实力购买官产的企业不多，所以最初几年并没有哪家企业愿意出手购买这些政府企业。直到 1884 年通货终于稳定下来之后，紧缩财政告一段落，才真正开启了民营化进程。

三菱出手收购了政府变卖的长崎造船所。长崎造船所是连年赤字的官营企业，工部省认为，三菱有能力继承这个最初以修理业务为中心的造船所。三菱对于这笔收购相当谨慎，最初只是以整体承包租赁的方式，三年后才完成正式收购。三菱凭借其在海运领域的天然优势，抓住机遇涉足造船业，很快就实现了经营收益。三菱还收购第百十九国立银行，成立三菱银行部，最后成立三菱银行。在造船、银行之外，三菱还向矿业扩张，相继从地方上有实力的商人手中购得几座矿山。三菱还进军煤炭开采业，在东京购买地皮，进军房地产业。就这样，三菱从最初的海运业一举实现经营方向转型，在造船、矿山、煤炭、房地产等领域多元化发展，到 1895 年事业重组基本完成。从此，三菱成为巨无霸型企业集团，几乎涉足所有的重要产业。

三井的转型要困难得多。它拖了好几年，才终结政府存款业务，撤销各地的办事处。这也意味着对“政商路线”的否定。作为代替方案，就是转向从民间吸收存款。这些存款是需要付利息的，做什么才能得到足够的回报呢？三井意识到在产业革命背景下，制造业部门发展迅速，于是增加对制造业的投资。它从政府手中廉价收购三池煤矿，向产业部门扩张。三井银行的存款也投资到以制造业为中心的工业部门，培养新型制造业企业。许多具有发展潜力的企业悉数被纳入三井旗下，涉及棉纺织、生丝、造纸、煤炭、电气机械等行业，其中多家企业后来成长为日本近代企业的代表。最终，三井的业务范围涉及银行业、煤炭业、制造业和商业，形成了一个康采恩。[①]

还有住友和安田。住友的经营重心一直都是金融业和铜矿，明治维新后，它引进采矿、冶金的新技术发展炼铜业，并在神户和朝鲜半岛釜山开设经营铜产品贸易的分店。后来开设住友银行，涉足仓库业、煤矿业。最终，住友以采矿业、银行业为中心，控制了铸铜、铸钢电线以及仓库业等一系列产业部门。安田在 1876 年开设第三国立银行，1880 年又开设私立安田银行，逐渐控制地方银行。1882 年安田充任日本银行的理事，在银行业确立了地位。安田收买东京电灯公司，不断向股票投资、股票投机业发展。后来，安田又设立帝国海上保险公司，吞并东京火灾保险公司，甲午战争后还向铁路、港口建设投资，并经营制钉等企业。安田的经营范围最终扩大到金融、保险、铁路等多领域。

明治政府以官产变卖的形式，将官营企业出售给有经营野心的

---

① 康采恩：由不同经济部门的许多大企业联合组成的垄断组织，具有垄断市场上金融机构和工业相结合的特点。

企业家，也意味着给予他们壮大企业的机会。同时，政府开办一些特殊银行，为产业投资提供资金援助。官产变卖对这些企业家而言算是捡了个大便宜，因为政府的大多数投资，最后收回的资金不到投资额的一半。企业家抓住机遇，相当于以低廉的价格抄底接盘，然后采取裁员和追加投资等措施，私营化后的大部分企业都扭亏为盈。

对于民间企业而言，这些官营企业为适应时代的需求，已经进行了比较成熟的新技术引入试验。而且，明治政府已经为初期试验的失败买单，未来在新技术的应用上具备比较光明的前景，这是民间企业看重官营企业的重要原因。例如，在购买三池煤矿时，三井的经营责任人益田孝指明要将三池煤矿中一个名为“团”的技术人员“打包出售给三井”。这个人就是后来成为三井理事长的团琢磨，是 20 世纪初期叱咤风云的商界人物。在官产变卖的过程中，有留学经验的技术人员和工部大学校出身的年轻技术人员，继续留在企业中担任技术骨干，这对民间企业的发展具有重要价值。

明治政府在 19 世纪 80 年代前期的政策调整，确实给许多商人带来挑战。在明治初期诞生的“政商”，为了适应变化了的新环境而尝试重新调整其事业。有些企业专心于一个领域，有些企业以关联领域为切入点向多元化发展，而有些企业则是以随机投资的方式开展多元化经营。换言之，在经济环境快速变化的背景下，逐利心强的企业家理所当然地认为对某领域的投资“或可赢利”，在这种时代氛围的笼罩下开始了多元化投资的热潮。当然，多半以失败告终，成功的只是少数。但是在经历了初期的错误尝试之后，在多元化经营的竞争中获胜的一方就成为“财阀”。

所谓“财阀”，就是以家族或同族出资的母公司（控股公司）

为核心，且母公司下属的子公司涉及多领域经营的企业集团，同时这些子公司在各自所属的产业部门中居于寡占地位。日本的“财阀”和西方国家的垄断财团相比，有两个突出的特点：一个是“政商”出身，是在国家大力扶植保护下成长起来的，不像欧美各国的财团，是在自由竞争中成长起来的。因此，日本的“财阀”对国家的依附较强，同官僚的勾结也比较紧密。另一个是日本的"财阀"同族支配的组织牢固，虽然发展到金融垄断资本阶段，但多半具有封建色彩。因此，“财阀”是日本近代经济史的独特现象，这个词汇也和日本紧密联系在一起。在英语中，往往直接使用源于日语音译的 zaibatsu 一词表示“财阀”，在法语、德语、西班牙语等其他世界主要语言中，也不约而同地移用该词。即便是常常被提及的韩国“财阀”（chaebol），也被认为与日本的影响难脱干系。

从 1875 年和 1888 年两份富商等级排行榜来看，富商名单变动极大。有些成功地从“政商”成长为“财阀”，有些则告别了历史舞台。1888 年的排名里，有相当数量的富商已经没落。在激烈的竞争中存活下来的富商中有三井、三菱、住友、安田、鸿池、古河、大仓、藤田等，其中三井、三菱、住友、安田是最有名的“四大财阀”。三井、三菱、住友是综合性“财阀”，以银行、信托、保险等金融资本和工业部门的产业资本相结合为基础。安田是金融“财阀”，以银行资本为主体，通过银行资本来控制产业部门。从历史来看，三井和住友在幕府时代就已经发展成为巨商，三菱和安田则是明治时代新兴的集团。这些新兴集团仅用十几年的时间，就集聚起巨量财富，跃升榜单前列，可以视为明治维新以来的一大变化。

从 19 世纪 80 年代到 90 年代中期，也就是到甲午战争时，正是“政商”向“财阀”转型的关键时期。借着明治维新的历史大潮，“财阀”不断学习西方企业管理理念和制度，积极改良企业管理制度。等到国家制定宪法的时期，“财阀”也纷纷效法制定“家宪”（家族宪法），增加对家族内部人员的约束，将经营与家计分开，对企业经营各方面进行规范。同时，随着“财阀”的多元化经营、企业巨型化，许多“财阀”开始了康采恩化，建立控股公司，控股公司不干预下属各事业公司的自主经营。许多“财阀”还针对经营的迅速扩大化，引入职业经理人制度，企业实现了经营权和所有权的分离，推动了家族企业社会化。

从“政商”到“财阀”的转变背后，是明治政府从相信权力向相信市场、相信民间力量的转变。对于“财阀”的功过是非，历来众说纷纭，莫衷一是。不可否认的是，“财阀”通过多元化经营，实现规模迅速扩张，带动了日本经济的发展。反观同时期大清国的洋务运动，尽管进行得如火如荼，但李鸿章等洋务派大臣认为民间资本本小利微，没有实力搞现代化大工业，始终坚持现代化工业应该“官办”，顶多“官督商办”。由于拒绝自由经济，不让民间企业参与到工业化建设中来，因此无法克服官办企业经营混乱、贪污腐败、效率低、利润薄等缺陷。这正是大清国尽管开展洋务运动时间比日本早，进展却比日本慢的重要原因。

第 9 讲

启蒙：一场宏大的思想解放运动

启蒙运动在日本播下了自由、平等、法治的种子，
让日本民众能够迅速地接受一种完全不同的文明，
推动了国家走向现代化的进程。

1873 年 7 月，驻美公使森有礼任职期满，回到日本。

森有礼出生在萨摩藩，1864 年被秘密送往英国留学，当时年仅 17 岁，20 岁时又从英国到美国学习。学成回国后，他被藩主推荐为公议人，在东京参政议政。其间，他提出“奉还版籍”的议案，引人注目。他还提出“武士废刀”的建议，引发众怒，受到免职处分，返回鹿儿岛。1870 年，日本政府首次设立驻外机构，向各缔约国派出使节。23 岁的森有礼被任命为驻美使节——当时这并不是一个令人羡慕的美差。

在美国工作期间，森有礼陪同岩仓使团进行考察，力主与美国进行修改条约谈判。任满回国后，他被安排在外务省工作。这时已是明治维新第 6 年，但是在旧制度旧文化的束缚下，各项改革进展并不顺利。这就需要学者们发挥作用，通过思想解放来推动国家进步。但是日本的学者仍然像以前那样，埋头书本，互不往来。森有礼认为，日本学者也应像美国学者一样结成社团，互相切磋学问，举办公开演讲，推动民众的思想解放。

在森有礼的推动下，1873 年 8 月一个史无前例的学术团体成立，

因为这一年是“明治六年”，所以命名为“明六社”。这是日本最早的启蒙学术团体，它的成立标志着日本思想启蒙达到了一个新高潮。

一、一个国家的启蒙老师

思想启蒙的源头，最早来自在日本传播的“兰学”。

所谓“兰学”，就是通过荷兰传入的现代科学文化知识。在德川幕府时代，荷兰人被允许与日本进行通商，逐渐将医药学、测量学、枪炮制造等科学书籍带入日本。个别日本知识人努力学习荷兰文，与荷兰人交流，得以了解当时欧洲科学革命的成果。最典型的就是医学，因为现代医学对于人体的认识更真实客观，对于医治病人更有效果，部分传统医生改而学习从荷兰传入的现代医术。这些人被称为“兰方医”，逐渐形成一个共同学习的小圈子。1774年，几位“兰方医”根据解剖尸体的经验，将荷兰人体解剖书籍《解体新书》翻译出版，引起日本科学史上的一大革新。“兰方医”把科学知识看作一种新学问，称之为“兰学”。那些热衷于翻译和研究现代科学知识的学者，就被叫作“兰学家”。通过“兰学”，日本开始悄然吸收现代科学知识。

此后，“兰学”范围逐渐扩大，但影响最大的仍然是“兰方医”。“兰方医”代不乏人，其中承上启下的就是绪方洪庵。绪方曾在长崎跟随荷兰医生奈曼学习，后来在大阪开办“适塾”传授“兰学”。这所学校为明治维新培育了许多人才，最杰出的就是福泽谕吉。很多去过日本的朋友都知道，日本一万日元钞票上面的头像曾经是福泽谕吉。由此可知，福泽对日本的影响有多么大。

福泽谕吉出生在一个下级武士家庭，生活非常贫困。他的父亲喜欢儒学，福泽出生时，父亲恰好得到了一本清乾隆年间的《上谕条例》，于是给他起名谕吉。父亲经常对他说，希望他将来去庙里当和尚。为什么？幕府时代的日本是一个等级森严的社会，流动性非常差，就像罐头里的沙丁鱼一样，没有人能够有翻身的机会。父亲深知儿子改变身份无望，将来只能继承自己的下级武士身份，穷困潦倒一生。如果儿子当了和尚，将来反而可以一步一步地熬到住持，再熬到全国大寺庙方丈的地位。父亲去世以后，福泽谕吉继承了武士身份，家里的生活更加潦倒不堪。

福泽谕吉不甘于这样的生活。他痛恨严格的门阀制度，在 18 岁时就离开家乡，前往长崎寻找新的人生。正是在这一年，佩里推开了日本的国门。后来，福泽进入大阪的适塾，投入绪方洪庵的门下。经过艰苦学习，他掌握了"兰学"，到江户一家小规模的"兰学"塾里担任老师，教授荷兰学。福泽谕吉很自负，但当他来到刚刚对外开放的横滨观光时，如同被迎头泼了一盆冷水，因为他完全听不懂这里的语言。这时他才知道，世界上最通行的不是荷兰语，而是英语。

福泽认识到，随着国家逐渐开放门户，作为一个西洋学者，若是不通晓英语是行不通的。他发愤图强，利用字典自学，还四处拜师，很快就掌握了英语。1860 年，为了交换 1858 年签订的《日美修好通商条约》的批准文本，日本使团乘坐咸临丸前往美国。当时航行到外国被视为拿生命当赌注，可是福泽谕吉自告奋勇，要求作为舰长的随员到美国，被顺利接受。美国之行让福泽谕吉大开眼界，他回到日本后受聘于幕府的外交部。他的主要工作就是翻译外国公使、领事或幕府大臣的书信，不但英语水平大大提高，对世界大势也有了更深入的了解。

后来，福泽谕吉又获得两次亲眼观察欧洲的机会。幕府派使节到欧洲各国考察，他作为随员参加使团远赴欧洲，深入了解欧洲的各种制度，包括银行制度、医院制度、征兵制度、选举制度等。通过海外游历，他敏锐地察觉到未来世界的潮流是积极引入西洋文明，深感在日本普及“西学”的重要。于是，他执笔写下了 10 卷本的《西洋事情》，通俗一点儿可以叫“西洋那些事儿”，全面介绍西洋地理、兵法、科技、航海等知识。

1866 年，《西洋事情》出版，数年间发行 25 万部。这是一个什么概念？当时日本的人口可能只有 4000 万，25 万是非常惊人的数字。这部书打开了日本人了解世界的大门，忧国爱民的人士几乎人人一部，把它当作金科玉律一般看待。后来，《西洋事情》还被明治政府指定为教科书。在《西洋事情》里，福泽谕吉不仅详细介绍了欧洲事物，而且独具匠心地引入了许多现代名词，包括政治、税法、国债、纸币、博物馆、蒸汽机等。思想需要借助词语，这些新鲜的词汇给日本人打开了一扇观察和思考世界的窗口，启迪了人们对先进文明国家的认识。值得一提的是，后来这些名词也传入中国，至今仍然在使用。

福泽谕吉不但是一位作家、翻译家，同时也是一位教育家。他一方面埋头翻译著述，一方面开办庆应义塾，教书育人。庆应义塾就是今天著名的庆应大学的前身。当时日本仍然是儒家学说的天下，西洋学问是行不通的。人们提起荷兰学书生，总是恶言多于美言。福泽谕吉拒绝“陈腐”的汉学，指导学生研读原版英文书，学习现代知识。他深信，“在日本开国之际，若是陈腐的汉学占据了少年的脑子，日本则无法进入西方文明国家的行列”。庆应义塾的许多毕业生当了教师，将新的知识带到了日本各地，也将福泽谕吉的思想传播开来。就这样，他作为一位启蒙思想家走上了历史的舞台。

1868 年，维新军逼近江户城，只有庆应义塾仍继续正常教学。在炮声隆隆中，福泽谕吉坚持上课，用英文讲经济学。明治政府下达征召令，邀请福泽谕吉加入，但是他托病不出。后来明治政府又要他负责政府的学校部门，也被婉言拒绝。他说，自己该做的事情是，将自己所学的“西学”教给学生，尽最大的努力著书翻译，引导日本国民向文明之国迈进。他认为，在富国强兵、为最大多数人民谋求最大幸福方面，东方诸国明显落后于西方国家，原因就在于教育。自己致力于提倡“西学”，就是想办法让日本成为西式文明富强之国。

福泽谕吉并不是一个“两耳不闻窗外事”的书呆子，而是热切地关注着现实。他注意到，虽然维新已经进行了数年，可是底层社会仍然如故，人们没有独立意识，畏惧权力，活得卑微而懦弱。他深感启蒙的重要性，于是发起一大宏愿，要靠一支纤笔来推动社会启蒙。1872 年，福泽谕吉发表《论人与人平等》一文，大声呼吁，“天不生人上之人，也不生人下之人”，“如果大家不分贵贱上下，都爱好这些学问，并有所体会，而后士农工商各尽其份，各自经营家业，则个人可以独立，一家可以独立，国家也就可以独立了”。福泽这样明确的宣言，并且用传统道德的“天”的观念使之正当化，在日本是史无前例的。这篇文章振聋发聩，引起极大的社会反响。从此，民众开始认识到人人应该平等，“大名的生命和脚夫的生命都同样贵重”。

此后，福泽谕吉又先后写下一系列文章，抨击封建社会的身份制度，提倡自由平等、婚姻自由等进步思想。他强调“一人之自由独立关系到国家之自由独立”。如果个人没有自立精神、独立地位，怎么能够向外国人主张独立权利呢？要达到个人的自由独立，就必须立志钻研学问，具备现代科学知识。他也吸收了西方的社会契约论，提出要使国民和政府的力量相对均衡。他肯定人民为国家的主人，同时号召人民舍身卫国，使日本文明追上先进国家。1880 年，这些文章结集为《劝学篇》出版，总计出版 300 万部，除了 20 万部是正版，其余都是盗版。福泽恼怒于此，创造性地把英文 copyright 译成“版权”。

在出版《劝学篇》的同一年，福泽谕吉也出版了《文明论概略》。这本书对日本走上现代化道路产生了深远影响，因为它回答了“日本向何处去”的时代命题。福泽认为，一国文明程度的高低，可以用人民的德智水准来衡量，世界各国分为野蛮、半开化和文明三种。西洋文明为当时的最高文明，日本落后于西方。所以，他主张日本摆脱东亚文明的束缚，努力学习西洋文明，以便迎头赶上并最终超越西洋文明。显然，这是一种“全盘西化”的观点。但是知人论世，在当年日本极端保守的思想环境下，这种决绝的思想确实起到了打破思想束缚、引入现代文明的作用。“全盘西化”是断然不可能的，可是“取法乎上，仅得其中”，福泽谕吉的主张至少在策略上是成功的。在具体学习路径上，福泽主张先难后易：

汲取欧洲文明，必须先其难者而后其易者，首先变革人心，然后改革政令，最后达到有形的物质。按照这个顺序做，虽然有困难，但是没有真正的障碍，可以顺利达到

> 目的。倘若次序颠倒，看来似乎容易，实际上此路不通，恰如立于墙壁之前寸步难行，不是踌躇不前，就是想前进一寸，反而后退一尺。①

他主张先难后易地学习西方文明，认为如果颠倒顺序必然“此路不通”。在某种意义上，明治维新践行的正是福泽所指出的学习策略。而有些国家采取“先易后难”的机会主义策略，最初依靠所谓“后发优势”，进展似乎很顺利，但最终还是会遭遇“天花板”，结果很可能前功尽弃，摆脱不掉“后发劣势”。

福泽谕吉影响很大，明治政府一度想邀请他担任文部大臣，都被他拒绝。福泽一生没有入过官场，对启蒙却不遗余力。他认为知识分子的责任就是传播知识，因此积极参与“明六社”的活动，和其他启蒙思想家一起以开启民智、文明开化为己任，传播先进思想。福泽说过这样一段话：“我也不能认为大功告成，干脆趁势打开更大的窗户，让西方文明诸国的空气吹袭日本，将全国的人心彻底推翻，在远东建立一个新文明国，使日本与英国并驾齐驱，东西遥相呼应。”一句话，他认为自己的使命就是把文明带到日本来，让整个国家发生彻底的改变，变成一个远东的新文明国家。

福泽谕吉坚定地主张学习西方文明、呼吁民主自由，成为那个时代最杰出的启蒙思想家。他影响了整个时代，启蒙了一代日本人。所以我曾经写过一篇文章，称赞福泽谕吉是“一个国家的启蒙老师”。

---

① 〔日〕福泽谕吉：《文明论概略》，北京编译社译，北京：商务印书馆，1959 年，第 14 页。

二、官场里的启蒙思想家

如果说，福泽谕吉是立足于民间的启蒙思想家，那么其他许多启蒙思想家却没有离开官场。最典型的就是加藤弘之。

加藤弘之比福泽谕吉小一岁，早年跟随“兰学家”学习西方军事，后来进入蕃书调所任助教。这是幕府设立的洋学培训机构，专门用来研究洋学。加藤阅读了蕃书调所内收藏的荷兰语和英语的政治学、道德学、哲学等书籍，发现西洋各国的风俗、政治等情况大大优于东洋，尤其是由人民掌握舆论的立宪政体，更是东洋专制国家远远不及的。他转向研究政治学，比较东西方政治的优劣，在此基础上撰写了一本政治学著作《邻草》，提出日本不仅要进行军事技术的改革，而且要仿效西洋政体，改革传统政体。加藤设想，由大小诸侯分别派出的官员代表聚会，来实现幕藩体制之下的上下分权。为了阻止幕藩体制的分裂和瓦解，应该以“朝廷”作为诸侯表达忠诚的对象，重整因遭受外来冲击而发生动摇的幕藩体制。

这是日本国内最早介绍欧美立宪思想的著作。由于担心幕府的审查，这部书稿并没有出版，只有少数人通过手抄本阅读过。不过，加藤论述政体具有划时代的意义。在幕府末期，他站在了日本思想界的前沿，思想之先进远远超过同时代的绝大多数学者。

后来，加藤弘之进入幕府领导层，官阶不断提升，最高时相当于幕府的财政和民政监察首长。在幕末的最后阶段，他为了挽回颓局，竭尽全力地为幕府的复兴献计献策。幕府被推翻后，加藤为了实现自己的思想和学问，很快就在新政府任职。像他这样的知识人还有一大批。由于他们学识渊博，几乎所有的人都被幕府拔擢，后来又都作为新政府的官僚担负起推进文明开化政策的工作。启蒙思想家一起去当官，这也许是日本的特殊现象。他们首先是官僚，其次是启蒙思想家。虽然幕府变成了朝廷，但在政府中作为官僚，同时又作为思想家而成长的这些人，对于在新政权中任职几乎不感到矛盾。

这类启蒙思想家的活动在两个方面最显著：一是在明治政府中充当制度的起草者，从编纂法典、制定学制到创设征兵制度，都参与其中，竭尽全力；二是推动创立新式大学，并在大学里负责传授"西学"，推动西式教育在日本的发展。加藤弘之在这两个方面都发挥了重要作用。他在担任大学大丞期间，研究德国的大学制度，引进西洋学制。与此同时，他先后写作《立宪政体概略》《真政大意》等书，致力于系统地引进西欧政治思想。他还参加有天皇出席的国法会议，与政要们一起讨论日本的政体问题。

加藤弘之仕途顺畅，历任学界与政界官职，成为明治政府最重要的御用学者，尤其是 1871 年他被任命为侍读，走进皇宫，为天皇讲授欧美政体，为皇后讲解历史风俗概要。这种侍读的工作持续了数年，让他成了天皇的亲信，也为他赢得了极高的社会声望。

值得注意的是，加藤在为天皇讲授时，首先用启蒙思想家中村正直所译的《西国立志篇》作为教材。中村正直过去也是幕府的学者，曾作为带队老师率领幕府公派留学生赴英留学。新政府成立后，他在大藏省担任翻译，将英国学者斯迈尔斯的名著《自助论》译为《西国立志篇》，出版后立即成了供不应求的畅销书，书坊白天黑夜地印刷，卖掉上百万册。《自助论》之所以在日本受到欢迎，是因为它倡导的价值观让变革中的日本人找到了方向，对当时日本社会的各个方面带来深刻的，甚至是决定性的影响。所以《日本文学大辞典》评论说，如果说福泽谕吉使明治青年看到了“智”的世界，那么中村正直则让人们看到了“德”的世界，让人们知道了新价值观。

在幕府统治终结、新政府建立之初，日本应该建立什么样的国家？曾发生一场激烈争论。一些国学者提出，应该回到封建国家之前的专制时代，把国民作为天皇一人的私有臣仆。他们极力鼓吹日本是“皇国”，由万世一系的天皇统治，臣民应该永远敬爱天皇，以天皇之心为心，不能有任何违背。国学出现于 18 世纪，在江户时期出现过国学派，在政权鼎革的时候进入全盛时期，在朝野影响很大。加藤弘之站在天赋人权的立场，坚决反对国学的论调，强调人民必须抛弃卑屈心而具有自由精神。他质问道：“吾辈人民若抛弃自己之心，只以天皇之心为心，岂非与牛马几无差异？天下之人民若皆如牛马，其结局将如何哉！”

加藤弘之认为，唯有国民精神自主自立，才能推进社会开化，“百工技艺、奇器，良巧由此渐渐开发，随之，厚生有用之术亦渐具备，国家财富渐渐增加”。也就是说，国民的自主自立是国家财富的基础。在担任幕臣时期，他把立宪政体描绘成理想的国家统治形式，但是现在他认为，在开化文明还不发达的国家，一举采用立宪政体或共和政体是危险的。他主张在这种国家里应该先采用君主专制，国民权利也要进行一定的限制。不过，他强调的君权绝不是指允许君主政府恣意妄为，天皇专制必须是为了亿万民众，而不是违背民意。他注意到欧洲历史上出现的两种专制政治，一种是法国的路易十四，一种是德国的弗里德里希二世。路易十四口吐狂言说，“朕乃天神现身”，极其暴虐。弗里德里希二世则说：“我辈为人君者非敢以天下为私有，以人民为臣仆，只不过国家第一等高级官员而已。”加藤赞赏弗里德里希二世，希望日本建立类似的君权政体。

据考据，日本最早表达“天赋人权”思想的文献，来自 1873 年启蒙思想家执笔写成的《大日本政规》，其中有“保护各人固有的天赋的权利”的内容。但是，把“天赋人权”作为一个完整概念予以表述的，则是加藤弘之。1875 年，他在著作《国体新论》中首次把“naturalright”（自然权）译为“天赋人权”。加藤由此被尊为日本“天赋人权”说的首倡者。

从天赋人权的理念出发，加藤弘之主张，日本要从传统向现代转型，建立一个现代政府。加藤弘之先后撰写了多部著作，探究这一时代命题。他认为，政府的首要责任就是为使国民各自不受他人屈害，保护国民的生命、权利及其私有财产。要达到这些目的，首先要制定宪法，用宪法保护臣民的权利和义务，然后再用相应的理念和实践教育民众，使民众通晓并认同自由民主的理念。这意味着，加藤弘之的思想从“天赋人权论”发展到如何保障人权。他甚至提出：“国家存在于人间，苟与人间道理不合，则宜断然不取。”他的著作一直是日本的宪政理论资源，为第二次世界大战后日本顺利实现宪政转型奠定了重要的理论和思想基础，因此被誉为“日本版的《政府论》”。不过，当时社会上的“皇学者”“勤王家”抨击加藤弘之，指责这些书蔑视日本传统天皇制国体。

加藤弘之没有退缩，他积极参与“明六社”的活动，致力于介绍和传播“天赋人权论”，传播民权、平等的启蒙思想，介绍立宪政治。作为思想启蒙运动中的一员健将，加藤弘之备受尊敬。而且由于他的特殊身份，他在体制内外都发挥了重要影响。他在 1872 年出版的译著《国法概论》，就是在向天皇进讲过程中完成的成果，对日本建立国家学起了很大作用，在官方教育体系里有极大影响，在民间同样影响深远。人们通过他的文章接受“天赋人权”观念以后，认识到日本国民应走的道路。

随着自由民权运动的兴起，主张举行大选、经民选产生国会的呼声高涨的时候，加藤弘之却与其他启蒙思想家产生了分歧。在他看来，人民知识不够，设立民选议院为时过早，时机尚不成熟。他说，让没有完全开化的人民共议天下之事，并根据民意制定制度、宪法，无异于缘木求鱼。他担心的是，在民智未开的情况下，如果赋予民众大量自由权利，民众不知道如何使用自己的自由权利，反而会陷入自暴自弃，极有可能损害国家的长远发展。显然，他是一个“民主尚早论”者。

此后，加藤弘之急速地从自由、民主、立宪的思想圈中退出，开始寻找新的思想资源。他的思想转向与明治维新中后期转变有密切联系，因此我在后文中会谈到他的思想转变。

三、民心之改革

“明六社”成立后第二年（1874）的 10 月，福泽谕吉给在英国留学的一位爱徒寄去一封信，信中这样写道，“方今日本兵乱已平息，然思想之躁动未止”，“此后亦有日益持续之势。乘此旷古未有之好机会，一扫惑溺之旧习，开辟新环境，以图民心之改革”。

这一年，福泽谕吉和他的同道们制定章程，规定“明六社”的宗旨：和有志之士一起商议办法来推进日本教育，增加社会共识。

经常聚在一起讨论的正式社员称为“定员”，最初有森有礼、福泽谕吉、加藤弘之、中村正直等 10 人，后来又增加了 5 人，都是当时第一流的学者。此外，还有一些不在东京的“通讯社员”和“特别社员”。

“明六社”发行《明六杂志》，每月一期至五期不等。这是日本最早的思想杂志，创刊号的扉页上说，希望能够为国人启迪知识提供帮助。结尾处印着这样的话：“人皆谓：卓越奇伟之论，千古不磨之说，必发自此社。如何以诸先生之卓识高论，醒愚蒙之目，立天下之模范，不误识者所望，是为至祈。”就是说，作者们相信自己能够发表卓识高论，起到启蒙大众的作用，显示出启蒙思想家们的抱负与自信。

《明六杂志》刊登的文章涉及政治、法律、经济、社会、伦理、外交、历史等各领域，可谓海纳百川、包罗万象。它不遗余力地批判和清算封建社会的意识形态，引进西方的思想学说，为日本开启了一扇了解世界的窗口。杂志销路很好，无论是在朝官吏，还是在野青年，都希望从《明六杂志》中寻求知识源泉。等到杂志创刊一周年时，每期平均发行量为 3200 多册。当时最大的报纸《东京日日新闻》的发行份数是 8000 多份。《东京日日新闻》是大众喜闻乐见的新闻报纸，《明六杂志》则是一份内容硬核的思想杂志，竟然发行 3000 多册，当然是一个令人吃惊的数字。

在“明六社”里，不到 30 岁的森有礼是最年轻的成员，却被推选为社长。他不但承担组织重任，而且在《明六杂志》上发表《开化第一话》《妻妾论》等文章，从社会、文明、妇女等方面，向国民进行思想启蒙宣传。最引人注目的是，他对日本的传统社会制度和价值观提出了挑战，激烈批判封建时代的“三从四德”和纳妾现象，提倡婚姻自由、禁止男子重婚等。他批评日本的夫妻“丈夫是主人，妻子是奴隶”，主张夫妻平等，互相敬爱。

森有礼本人站在思想解放运动的前沿，为推动启蒙运动而尽力，思想和行为都很激进。他一度主张日本不仅有必要废止现行汉字，改用罗马字，甚至还要废止日语，改用英语，理由是仅靠日本民族本身的语言无法将西方文明接纳为日本的，不如直接采用英语。他还以身作则地实践男女平等的口号，与第一任妻子结婚时，双方缔结契约，明确约定夫妻双方的权利义务。契约第二条标明“认可夫妻双方的义务”，第三条则确立“夫妇的财产权”。然而，森有礼在婚后强迫妻子按照自己的生活方式生活。他是一个典型的理想主义者，每天生活都过得井井有条，凡事一丝不苟。晚餐是欧洲式的正式晚餐，必定穿戴打着蝴蝶领结的无尾燕尾服，吃西餐时必须有厨师伺候。妻子忍受不了，最后与其他男人私奔。

和森有礼相似，哲学家西周也主张废除汉字，以罗马字替代，还在《明六杂志》创刊号上发表文章阐述自己的主张。西周早年也在蕃书调所任教，后来被派到荷兰留学。西周回国后，翻译国际法学和自然法学著作，出版了《万国公法》，将国际法观念引入日本。他还第一个把 philosophy 翻译为汉字“哲学”，被一直沿用至今。除此之外，诸如“主观”“客观”“理性”“归纳”“演绎”“义务”“权利”“科学”等术语的汉字译名，都是西周反复推敲翻译的。幕府崩溃后，他出仕新政府，在兵部省供职，竭尽平生所学从事征兵制度方案的起草工作。同时，他自办私塾“育英社”，利用公务之余讲授“西学”，继续从事思想启蒙和学术研究。他的讲义《百学连环》被誉为日本近代第一部“哲学百科全书”。

作为“明六社”成员，西周不断在《明六杂志》上发表文章，介绍西方哲学，进行启蒙活动。这时候开设民选议院的呼声已经起来，但是西周担心民众的素质难以适应时代要求。他发表文章《国民气质论》，指出国民中奴性浓厚，虽然通过废藩置县，破除了封建制，但仍然没有彻底改变。在他看来，“上有专制之政府，下乃有此人民”，但这种国民风气又是最适合专制政府的风气。他呼吁对国民风气进行自我改造，只有这样，才能适应未来开设民选议院的要求。

启蒙思想家中村正直也发表文章，从思想上追溯根源，呼吁改造人民的气质。他严厉批判民众的各种弱点，断言明治维新以来人民仍是“旧人民”，并未前进。应该利用艺术和教化来改造人民的气质，才是发展民选议院政治的前提。如果人民仍是从前的人民，即使改变为民主政体，也将无济于事。他深刻地认识到，如果不能形成现代意义上的国民，而是社会上继续充斥没有独立意识的臣民，日本就无法达到建立现代文明国家的目标。

不过，启蒙思想家津田真道的观点不同，他主张发展民选议院才能改造国民风气。津田真道和西周的人生轨迹非常相似，幕末时期他们同时去荷兰留学，幕府垮台后又一起进入新政府。津田在司法省工作，担任新法律的编纂工作，为法制建设贡献很大。他在《明六杂志》上发表文章，提倡民主主义，倡导废除残酷的刑讯逼供、禁止娼妓，以及推进贸易和出版自由等社会改革主张。他认为，日本人民长期屈居于压制之下，人性自由遭受挫折，国家元气萎靡不振，导致国威不振。振作国家元气的最好办法，就是创立民选议院，让人民干预国事。

尽管存在分歧，但是集结在“明六社”的启蒙思想家都认识到，塑造国民是当时日本最紧迫的课题。他们还提出了其他许多重要问题，核心都是如何建设新国家。明治维新以来，日本社会掀起了翻译西洋书籍的热潮，其中“明六社”翻译出版了 20 多部介绍民主、共和、自由、平等、法治思想的书籍。“明六社”每月举行两场公开讲演会，官员、学者等前来听讲者很多。由于听众越来越多，为了控制人数，“明六社”不得不印旁听券，而且采取收费制。在启蒙思想家们的影响下，“人人竞讲欧美之学，户户争读英法之书”，各种新思潮层出不穷。“明六社”成为一个思想的策源地，在社会启蒙方面居功甚伟，对于解放民众的能量产生不可估量的影响。

然而，随着民智开启，自由民权运动日渐兴起，一系列政治事件接连发生，要求改革政治、还政于民的呼声越来越强烈。明治政府转而对言论采取严厉的管制措施，制定《谗谤律》和《新闻纸条例》，对民间言论加以镇压。面对压力，明六社何去何从？成员们的意见分成两派，激烈争论。福泽谕吉认为，法律与学者的自由言论不能同时并立，“明六社”成员要么立即改变原来的思想，屈服于法律，杂志迎合政府意旨；要么自由撰文发表见解，从而触犯法律条例，成为政府的罪人。“明六社”既不能屈节服从，也无法实现言论自由，因此福泽主张停止出版杂志，其他人纷纷附议。于是，《明六杂志》在 1875 年 11 月宣告停刊，“明六社”同时结束了作为启蒙团体的活动。

“明六社”尽管只存在了两年时间，但它启迪了一代人。启蒙运动在日本播下了自由、平等、法治的种子，让民众能够迅速地接受一种完全不同的文明，为明治维新的顺利推进奠定了基础，对于一个国家走向现代化产生了积极影响。英国学者巴基尔・霍尔・简伯伦在日本生活 30 年之久，他后来曾带着讽刺的口吻评论日本眼花缭乱的变化，“从梳发髻一下子跳到文艺复兴，瞬息万变”，“好像自己活了四百岁”。

“明六社”虽然结束活动，但是思想启蒙运动并没有终结。在“明六社”的示范效应下，各种社团如雨后春笋般出现。进入 19 世纪 80 年代后，各种结社遍布全国各地，十分活跃，民众在社团里可以感触到新时代的气息，认识自治的含义，设计自己的人生未来，构思日本的理想社会。许多社团都受到了“明六社”的影响，或者受到其中的启蒙思想家的影响。

影响最大的，当然还是福泽谕吉。他教给日本人摆脱岛国根性、奴隶意识，教会人们从世界视野观察问题的方式。同时，他也教给日本人怀疑一切权威的精神和合理主义的生活态度。他热情呼唤民族独立、自立自尊、人性解放，打碎封建制、扫尽官尊民卑的风气。无数的读者悄悄地接受福泽的思想，决心让全国充满自由独立风气，勇敢地投入自由民权运动。

“明六社”的活动结束后，福泽谕吉仍然坚持推行思想启蒙的工作，没有停息。1881 年，明治政府明确提出 9 年后开设日本国会，令福泽倍感欢欣。他认为，这一时节最需要有一个不偏不倚的言论平台，发表公正持平之论。为此，他创办《时事新报》，将“独立不羁”确立为办报方针，遵循不偏不倚的立场。他亲自撰写社论，评论时政，察人之所未察，言人之所未言，引导社会舆论。

因此，福泽谕吉一直保持着强大的社会影响力。许多私塾、小学校争先恐后地把他的著作当作教科书，甚至很多农家都有他的著作。东海道一所乡村私塾，每次上课时都把学生带到海滨，对着大海高唱福泽的《世界国尽》（译著的世界地理入门书）。

这种情景，不正是日本走向黎明的象征吗？

第10讲

洪波涌起：自由民权运动

在自由民权运动的强大推动下，
明治政府不得不启动政治改革，
把开设国会、制定宪法作为国家的目标。

1874年1月17日，左院收到一份《设立民选议院建白书》。

左院是1871年设立的立法机关，职能是创设制度条例，审议各项法律制度。但实际上，在明治初期行政与司法的区别并不明确，因此左院并不是独立的司法机关，而是受到许多限制。左院收到过各种各样的建议书，唯有《设立民选议院建白书》（后文简称《建白书》）最为激烈。

《建白书》指出，天皇和人民都没有政治权力，原因在于明治政府官员寡头专制，导致民意阻塞。为了挽回这种困境，《建白书》呼吁兑现《五条誓文》的承诺，设立议会，让日本国民能够参与政治，建立官民一体的国家。它驳斥了民智未开、时机不成熟等言论，直言不讳地说，只要人民对政府有纳税义务，那么人民对政府的作为就有知情权和裁判权。

虽然《建白书》没有被左院采纳，反而被驳回，但是新闻报纸和杂志将其刊登了出来，它很快就被广为人知。一场宏大的自由民权运动由此开始，并成为明治维新的一条历史主线。

一、自由民权运动的勃兴

《建白书》提出的背景，就是 1873 年围绕征韩发生的争论。

在那场争论中，站在西乡隆盛一边的有好几位留守政府高官，其中包括板垣退助、后藤象二郎、副岛种臣、江藤新平四位，都是相当于国务委员级别的参议。争论失败后，西乡隆盛愤然辞职，四位参议也随之下野，离开中央政府。明治政府演变为大久保利通主导的寡头政治，开始以铁腕推动日本的近代化。

板垣退助等四位参议聚在一起议论时局，一致认为大久保利通等人垄断权力，形成“有司（寡头）专制”，是所有问题的根源。明治七年（1874）1 月，这些人组织“爱国公党”。这是日本最早的政治结社，此时维新刚刚起步不满 7 年，日本就出现了反对派。之所以称为“公党”，主要是为了和存在已久的私党或朋党相区别，表明以天下政治为使命。

“爱国公党”在成立时强调，要达到富国强兵、发扬国威的目标，就要消除数百年来的封建专制。要消除封建专制，就要弘扬天赋人权的理念，引导人民摆脱奴隶状态，成为自主自由的独立者。应该说，爱国公党的理念还是非常先进的，使用的语言很明显受到了西方思想，特别是天赋人权思想的影响。在这样的观念指导下，爱国公党向左院提出《建白书》。

结果，《建白书》被驳回，因为大久保利通等政治寡头不愿意与人民分享权力。大久保利通当时说得很清楚，现在不是搞议会的时候，最重要的是谋发展。日本要在列强环伺的世界里实现富国强兵的目标，必须集中权力，由强有力的领导掌握改革的方向和速度，通过实行一定程度的专制主义推进工业化，日本国民素质太低，如果事事和他们商量的话，什么事情都干不成，效率太低。

“爱国公党”成立不到一周便解散了，四位参议开始分化。江藤新平回到家乡发动叛乱，不久就被镇压下去。后藤象二郎转入实业界，副岛种臣则到国内外漫游，只有板垣退助回到家乡，继续推动自由民权运动。

板垣退助生于地处边陲的土佐藩（后改为高知县），23岁时参加藩政，主管军事。后来，他被派驻江户，开始广结天下英杰，视野大开。1868年，维新派与幕府之间的决战爆发，在板垣等人的推动下，土佐藩举兵加入讨幕派。板垣本人被任命为总督府参谋，率兵转战各地。因为拥有赫赫战功，他成为排名仅在西乡隆盛之后的军事英雄。在攻打德川家族老家日光市时，板垣说服幕军与政府军，避免在德川氏家庙日光东照宫交战。后来日光东照宫中专门设立了板垣退助的铜像，以表彰他为保护贵重文物做出的贡献。

戊辰战争中的一场战役，对板垣退助产生了关键性影响，最终推动他走向了和其他维新领袖不同的人生道路。战役发生在会津藩的若松城，板垣指挥的土佐藩兵是攻城的主力。会津是天下首屈一指的强藩，若松城城高池深，易守难攻，板垣以为会遭遇一场恶战，决心葬身若松城下。出乎意料的是，敌方并没有顽强抵抗，而是携带家人钱财四散逃生，或者乖乖投降。板垣由此认识到，不以人民为基础的政府和国家是怎样的脆弱。万民不能共享乐，国家就会灭亡，因而必须实现“四民平等”。

和隐居不出的西乡隆盛不同，板垣下野回到家乡高知县后，仍然关注政治。他认为，实现工业化的过程也是日本实现社会、政治变革的大好机会，民众不应该被摒弃在外，否则民众的权利得不到保障。这时西方人文思想在日本得到广泛传播，鼓吹万民平等、独立自主的学说对精英人士影响很大。法国思想家卢梭的《社会契约论》被介绍进来，影响极大。“天下朦胧皆梦魂，危言独欲贯乾坤。谁知凄月悲风底，泣读卢梭民约论”，这首诗就反映了当时人们对卢梭学说的追捧。

卢梭深刻地影响了板垣，也为他所推动的自由民权运动提供了理论武器。板垣在家乡组织成立“立志社”，研究和普及西洋思想。立志社的章程宣称，所有日本人都被平等地赋予生存权、自主权、财产权、营生权和追求幸福的权利，这些权利“没有任何人能够剥夺”。立志社成为一个开端，从此地方政治团体纷纷成立，进行各种活动。

在立志社的号召下，1875 年 2 月，日本国内要求设立民选议院的力量在大阪召开大会，决定成立政治团体“爱国社”，本部设在东京。成立大会宣布，爱国者先爱其身，各自扩大其自主权利，然后互相联系，集合力量，才能使国家发展起来，取得和欧美各国的平等地位。爱国社的目的，就是要把提出《建白书》的爱国公党扩大到全日本。不过，爱国社并不是抱有具体目标的运动团体，而是一个协商讨论的团体，代表们定期到东京聚会，观察时局发展，相机提出建议。

大久保利通等当政者也意识到，有必要建立一个良好的政体，于是成立“政体取调局”。同时，明治政府也感受到来自立志社等政治团体的压力，决定顺应形势，掌握改革的主动权。在这样的形势下，1875 年 4 月 14 日天皇颁布诏书，宣布“渐次建立国家立宪之政体”，强调既不能泥旧拘古，也不能急躁冒进。这是自由民权运动的一大成功，因为明治政府朝着“国家立宪政体”迈出了决定性的一步。在时间上，日本又比大清国早了 31 年，1906 年清政府才颁布“预备仿行宪政”的诏书。

板垣退助决定与政府合作，建立立宪政治，可是立宪之路绝非一帆风顺。对于到底建立什么样的政体，政府内部有分歧，岩仓具视就是一个反对立宪者，甚至为此辞职。原来设想成立负责立法的元老院，政府认为元老院通过的议案必须经过天皇准许，但是板垣主张，元老院应该是真正独立的议会，不受任何外来干涉。另外，在行将引进的立宪制度的性质问题上也有对立。

随着天皇宣布“渐次建立国家立宪之政体”，要求开设国会的舆论蓬勃兴起，报纸上各种言论越来越多，引起明治政府的警惕。为了取缔言论，明治政府颁布《谗谤律》和《新闻纸条例》，规定不论是不是事实，凡是揭发或公布有损他人荣誉的，都要予以取缔。随着《新闻纸条例》的颁布，出现了“言论恐怖时代”。但是，明治政府的这种做法反而导致要求设立民选议院的运动高涨起来，而且向各地蔓延。

在自由民权运动里，也有一些人是激进分子。1877 年，西乡隆盛在鹿儿岛率领武士叛乱，就得到许多立志社成员响应。他们图谋武装起义颠覆明治政府，结果遭到政府的拘捕。作为自由民权运动的领袖，板垣退助与立志社举兵计划有关系，因为他看到与明治政府合作无望，就打算以反政府运动为动力，实现立宪政治。在西南战争高潮时，立志社所提出的建议书中说，为使人民自动奋起承担国家安危，应让人民参与政权。只有设立民选议会，确立立宪政体的基础，才能让国家独立、人民安宁。

可是，西乡隆盛率兵起事不顺利，半年后就兵败自杀。正如后来的国民党元老戴季陶在《日本论》里所评论的那样，这些举兵的即使算得上勇敢和洁白，却是不识时务的傻瓜，“因为他们在一方面既看不见国际政局的关系，一方面又不晓得有立宪政治民权运动这一条最适当的新路。不晓得把藩阀的团结，变成民众的团结去组织政党，顺应时代的需要，造就自己的新生命。”

西南战争结束以后，形势发生了变化，武力推翻明治政府已经不再有可能。板垣放弃反政府运动，把主要精力转向言论和宣传，谋求体制内改革。用中国学者李泽厚的话说，就是“不要枪的自由，要笔的自由”。立志社的机关刊物发表社论向明治政府发出呼吁，必须把明治第一次改革推向第二次改革，确立君民共治的新体制。

自由民权运动开始转变方式，以讲演会、恳亲会、学习会等形式在各地逐渐开展起来。武士们绝大多数不得志，对当时明治政府的专制不满，就云集到板垣退助的家乡高知县。他们效仿立志社的模式，纷纷在各地组织类似的政治社团。据统计，民权派的政治结社和学习结社达到数百个，甚至超过 1000 个。即使在偏远的乡村里，人们也效法英美传阅图书的做法，创立“读书会”，传阅翻译书。有人还专门写了一本书——《译书读法》，指导人们如何阅读这些带来新思想新观念的西洋书。各地的社团纷纷邀请城市新闻界前来讲演，分享时政信息和新思想。可想而知，1000 多个结社给国家带来何等巨大的思想文化的潜在力量。因此，自由民权运动不仅仅是狭义上的政治运动，更是全体日本国民的学习运动。

明治维新的一大魅力，就是造就了许多人才。正是在自由民权运动的熏陶和激励下，许多年轻人的才能被唤醒和激发。植木枝盛就是其中的卓越一员。

二、开设日本国会请愿运动

植木枝盛是板垣退助的同乡，不过二人年龄相差 21 岁，正好是两代人。

板垣回到高知县后，曾组织一个演讲会，17 岁的植木枝盛听到他的演说后，深受感动，确信必须促进开设民选议院，从此开始专心研究政治。他撰写文章普及民主思想，参与组织地方自治机构“小民会”，练习议会政治的运作。后来，他又到东京开阔视野，满腔热情地参加“明六社”主办的演讲会，聆听福泽谕吉等启蒙思想家的演说。植木通读了福泽的著作，还拜访其他启蒙思想家，当面请教各种问题。

在这里，要谈一谈启蒙思想与自由民权运动的关系。启蒙思想家的文章与演说对自由民权运动有启发作用，也有推动意义。例如，板垣退助创立的“立志社”，名称就取自启蒙思想家中村正直翻译的《自助论》。植木枝盛就是在启蒙思想的影响下，培养起现代的民主思想。但是，启蒙思想家虽然主张风俗、习惯、知识和学问的现代化，但是基本不会对政府进行正面批评。例如，爱国公党发表《设立民选议院建白书》后，有的启蒙思想家就与自由民权论者展开争论，主要理由是民众素质不高，开设议会时机尚早。福泽谕吉发表《劝学篇》后不久，植木枝盛发表《猿人政府》《论自由不可不以鲜血换取》等文章，遭受压迫，被捕入狱。这时，民权派的道路已经和启蒙派的道路分道扬镳。启蒙思想家们仍然致力于思想的教化，寄希望于渐进式的改革；民权派在接受“天赋人权”“社会契约”等革命观念以后，为实现这些理论而与政府进行针锋相对的斗争。启蒙思想家们也没有想到，自己的思想培养出许多自由民权运动的勇猛斗士。

西南战争结束以后，以立志社为中心的民权运动家们决定重建爱国社。此时，植木枝盛已经加入立志社，成为自由民权运动最有力的理论家。他虽然受到启蒙思想的影响，但又超越了启蒙思想，陆续发表观点鲜明的文章，竭力鼓吹民权思想。他还到各地发表热情的演讲，进行游说活动。当时恰值大久保利通遭遇暗杀，明治政府当局对民权家很警惕。有一个时期，植木枝盛不管走到哪里，都会有密探跟随。

在民权家们的努力下，1879 年爱国社在大阪先后召开两次大会。在第二次大会上，植木枝盛起草的《告全国人民书》指出，虽然幕府变成了明治政府，但是专制政体未变，要谋求人民独立和国家独立，只有成立国会。大会决定向天皇请愿开设国会，并在各地征集签名。第二年，100 多名有志之士出席爱国社第四次大会，成立了“国会期成同盟”。到此时为止，签名要求召开国会的人数已经达到 8.7 万人，人数增长速度非同寻常。如果说，自由民权运动过去只是失意官僚和进步的士族知识分子的运动，那么这时已经扩展到广大民众中间。

明治政府开始感到事态严重，迅速制定集会条例，对集会结社加以限制，取缔以演讲、议论有关政治事项为目的的公众集会。但是，“国会期成同盟”仍然顺利完成预定日程，起草请愿书，并选出代表，向明治政府提出了《请求批准开设国会书》。请愿书根据天赋人权理论，指出人民具有承当国会的政治能力，专制政体会毁灭人民的爱国之心，只有开设国会，才能唤起人们的爱国之心，因为国会与爱国之道是相通的。“人民若无自主自治之精神，无作为人民之权利，则国家即不能独立自主，国权即不能伸张。”

但是，当代表们携带请愿书到东京，要向天皇请愿时，政府拒绝受理，给出的理由是人民在政治上没有请愿权。虽然没有达到请愿的目的，但是运动进入高潮，从此更加汹涌澎湃。在此前后，各地的有志之士和政治社团也纷纷提出请愿书。据统计，仅 1880 年，请愿书就有 54 份，签名者将近 25 万人。其中一份请愿书这样写道：

> 陛下还不知道，从去年夏初开始，也许因为时机已经成熟，日本全国各地群情激昂，无处不在高喊五条誓文，朗诵关于渐次开设国会的明治八年颁布的诏书。全国上下，不分男女老幼、士农工商，均异口同声，要求开设国会。人们不惜散尽家财，奔走呼号，四方游说。志同道合者结社建党，争先恐后，其势蓬勃，方兴未艾，大有维新革命时尊王倒幕之势不可挡。……日本全国 700 多万户之大半要求开设国会，可谓日本全国之一致舆论。①

1880 年 11 月，“国会期成同盟”在东京举行第二次大会，签名者已经达到 13 万人。代表们顶住集会条例的压力，作出决议，宣称除非开设国会成功，否则不管花费多少年月，绝不解散。出席者约定，在下次召开大会时，各自携带自己的宪法草案到会上来研

---

① 〔日〕色川大吉：《明治的文化》，郑民钦译，长春：吉林人民出版社，1991 年，第 77 页。

究。于是，日本出现了私拟宪法的热潮。

据统计，民间提出的各种宪法草案数量超过 40 部。可以说，这是日本历史上第一次真正的由被统治者自由讨论“国家的理想状态”，并为实现这一理想状态而开展行动。令人不可思议的是，后人评价最高的一部宪法草案不是出自知名的专家学者，而是出自一个山村教师之手。此人名叫千叶卓三郎，出身于一个下级武士家庭，曾参加旧幕府军队，对抗维新政府军。战后，由于担心遭到迫害，他辗转各地，艰难谋生，最后来到距离东京一日行程的五日市村担任小学教师。

五日市村位于多山的偏僻地带，却深受自由民权思想的影响。村里建有新闻阅览室，摆着全国各种报纸杂志，还有几百本和国家事务有关的书籍和抄本，村民可以自由阅读。村民受到自由风气熏陶，自发组织起来“学艺讲谈会”。会员阅读西方经典著作和二手作品的译本，热忱地吸收新的知识，进行自我教育。每个月开三次学术讲演会，交流知识，包括研讨宪法问题。要知道，1873 年启蒙思想家箕作麟祥才把法文的 Constitution 译为现代意义的“宪法”。六七年之后，“宪法”已经成为广为人知的词汇。至今保留的五日市“学艺讲谈会”的一份讨论清单，让今天的学者们都感到吃惊。因为它开列的问题非常广泛，包含了 15 个与起草国家宪法有关的题目、9 个与法律制度有关的题目、7 个与公民权利有关的题目。为了提高讨论水平，村民们邀请城市里的民权家出席演讲会。实际上，像五日市村这样学习热情高涨的农村还有很多，自由民权运动这时已经深入民间。

千叶卓三郎积极参与“学艺讲谈会”活动，对自由民权的认识不断深化，从一个拥护旧幕府的传统武士，转型成为一个具有现代思想的知识分子。五日市村“学艺讲谈会”产生了多位农民演说家，千叶卓三郎是他们当中杰出的一员，他相信天赋人权论，认为子孙万代都应该享有民权自由。得知“国会期成同盟”的请愿书被拒绝后，他猛烈抨击明治政府的专制统治，用了不到半年时间，就起草了一部完整的国家宪法。

千叶卓三郎把自己起草的宪法称为《日本帝国宪法》，它由 5 篇 9 章 204 条构成，重心就是民众的自由权。第 45 条规定“国法保障日本国民拥有权利自由并不受他人侵害”，这一条款与现行的《日本国宪法》相同。第 47 条规定“国民自由权利不受侵害、国民在法律面前一律平等”。第 48 条规定“凡日本国民在日本全国使用同一部法典，受到同一部法典的保护，不给地方及门阀或一人一族以特权”。另外，国民权利中的言论自由权、出版权、财产保护权、诉讼权等都规定得十分详细，可以说这是一部彻底保障国民权利的宪法，也是对自由日本的总体设计。

评价一部宪法是否先进，应该看宪法对人民的权利作了哪些规定。以此衡量，千叶卓三郎起草的宪法得到的评价最高。由于提出鲜明而成熟的公民权利的要求，该宪法草案被称为“民众宪法”“草根阶层的人权宪法”。1889 年，明治政府颁布《大日本帝国宪法》；1946 年，在美国占领下的日本政府颁布《日本国宪法》。和这两部宪法比起来，千叶卓三郎起草的《日本帝国宪法》更接近于后者，可见其惊人的先进性。由于它是由地方民权论者起草的，出现前后矛盾或不成熟的地方在所难免。但是这些瑕疵并不影响这部宪法的民主性，也没有影响后人对它的评价。

作为自由民权运动的理论家，植木枝盛也起草了一部宪法。植木主张，应该由代表人民的制宪会议来制定宪法，赋予妇女参政权，废除死刑。他起草的宪法规定了主权在民、一院制议会、男女普选权、天皇在议会之下等内容，甚至明确提出，日本人民有权抵抗一切非法行为，政府违反国家宪法时，日本人民有权不服从政府。如果政府恣意破坏宪法，摧残人民的自由权利，违背建国的宗旨，日本人民有权推翻现政府，另建新政府。

值得注意的是，关于民众的抵抗权，当时的报刊上也有公开的讨论，这都是自由民权运动的思想成果。

三、限期立宪

所有的私拟宪法都有一个共同特点，就是主张君主立宪制。对君主立宪制进行深入研究的，是杰出的自由民权思想家中江兆民。

中江兆民也是武士之子，1871 年作为司法省的留学生，跟随岩仓使团到欧洲，然后留在法国学习，深受启蒙思想的影响。回国后，他在东京开设“法兰西学塾”，宣传法国的民权思想。他的学生前后达 2000 多人，许多学生成为民权论者。中江本人没有走那么远，而是进入体制内，一度担任元老院书记官。1875 年，明治政府发布建立宪政政体的诏书后，他草拟意见书《策论》，希望借助体制内的英杰之士实现立宪。遗憾的是，希望很快破灭，中江就辞去公职，走上了自由民权运动的道路，成为自由民权思想家。

中江兆民翻译的卢梭著作在民权派的圈子里流行，因此他被称为“日本卢梭”。中江反对君主世袭，鼓吹“君民共治”。他形象地说，“民主”的“主”字，就是在“王”的头上钉一个钉子。1881年年初，曾留学法国十年的政治家西园寺公望创办东洋自由新闻社，邀请中江担任《东洋自由新闻》主编。中江在杂志第一期上发表文章，论述君民共治就是共和政治。可惜的是，不久西园寺公望就被勒令退出报社，杂志也很快就停刊。

因为明治政府一直对自由民权运动心怀戒备，总是试图限制舆论的自由表达和公民的结社权利，而且毫不犹豫地使用警察和法庭来扰乱和恐吓反对他们的人，压制持不同政见者和新闻记者。随着自由民权运动的发展加快，被捕的新闻记者人数也在增加。明治政府发布的《公众集会条例》要求，所有的协会组织都必须提交成员名单和组织章程，召集公共集会之前必须获得政府批准。警察被赋予相当大的权力，可以调查和管制政治团体的活动。警察会参加所有的集会和演讲，如果演讲者偏离了经过核准的题目或演讲内容不利于当局，警察就会进行干预。该项法令也否决了士兵、警察、教师乃至学生出席政治集会的权利。

由于警察简单、粗暴地拒绝予以批准，许多政治集会根本无法举行。此外，编辑和记者对明治政府的批评，也会遭到罚款或监禁，有时连表面上看来羞羞答答的建议书也会遭受处罚。东京的一份报纸《吾妻》的编辑被送进监狱关押两年，并处罚款 200 日元，原因仅仅在于他发表文章称，天皇与其他政府官员一样，都是民众的公仆。

全国不断发生各种请愿事件，就连东京的牛肉批发商们也行动起来。原来，东京的警视厅提高了手续费，对牛肉商的生意造成极大影响。牛肉批发商们高呼“私人契约”的自由，向东京府上呈请愿书，抗议警视厅的手续费上涨，要求东京府向警视厅发出指令。

在天皇居住的首都，竟然发生这样的抗议事件，当然引起政府的警惕。最后，警视厅作出妥协，事件才平息下去。

潮流浩荡，明治政府的强权阻止不了自由民权运动。在强大的社会压力下，它最终同意让步。因为它认识到如果不制定宪法、开设国会，政权很可能会被推翻。1881 年 10 月 11 日，御前会议讨论确定了开设国会的方针，决定“以明治二十三年（1890）为期召集议员，开设国会”。第二天，明治政府发表了天皇关于开设国会的诏敕，明确宣布了宪法钦定的意思。同时警告说，“若仍有故争躁急、煽惑事变、危害国安者，将绳之以国典”，表明明治政府要牢牢地把握制定宪法、开设国会的主动权，毫不留情地取缔民间的激进行为。

颁布开设国会的诏敕是为了应对开设国会运动的冲击，明治政府的迅速反应使自由民权运动陷入混乱。因为就在御前会议讨论开设国会的方针时，“国会期成同盟”正在东京召开第三次大会。同盟向着组织强有力的政党发展，大会变成了自由党的成立大会。自由党组织方案的起草委员规定“以制定国宪并开设国会为当前急务”，并于 10 月 12 日提交自由党党章审议会。就在同一天，明治政府颁布了开设国会的诏敕，自由党突然失去了建党目标，会议不得不中止预定讨论的“宪法草案”，与会者里产生了思想混乱。为了应对形势变化，党章审议会立即修改党章，将建党目标改为“谋求扩充自由，保全权利，增进幸福，改良社会”，“致力于确立良善的立宪政体”。

自由党推举板垣退助为总理，决定集结地方政党，组成全国性政党。为了争取更多民众的支持，板垣也在各地进行演讲。1882 年 4 月 6 日，他来到位于日本中部的岐阜市。当天晚上，他面对 300

多名听众，进行了2个小时的演讲。演讲完毕退场时，一个壮汉手持白刃直刺板垣胸部，板垣翻身与之格斗。当时他浑身鲜血，仍然毫不畏惧，高声喊道："板垣虽死，自由不死！"自由党员们感到愤怒，从日本各地汇集到岐阜，人心汹汹。明治政府一面命令驻在当地的陆海军做好出动准备，一面迅速派遣救使慰问板垣退助。板垣退助感谢皇恩，事态才平息下去。

当时，板垣在日本毁誉参半。有人视其为自由民权的圣人，有人认为他是破坏日本国体的"国贼"。时人怀疑凶手是政府指使的，其实凶手就是一位误认板垣为"国贼"的小学教师。他被判处无期徒刑，在北海道劳改，宪法颁布时得到大赦才出狱。他立即赶到东京，向板垣道歉。板垣原谅说："你的行为是爱国，我不责备你。但在行动前仔细观察我的行动，就明白我不是'国贼'。今后如果发现我有害国家，你可以再来刺杀我。"

"板垣遇刺"的新闻被各报争相报道，由此改编的戏剧也被搬上舞台，经常上演。英勇表现使板垣成为自由民权运动的象征，成为人们崇拜的偶像。100多年后的今天，岐阜市仍然树立着一尊板垣的铜像，基座上就镌刻着日本自由民权运动史的那句名言"板垣虽死，自由不死"。

在日本应该建立什么样的宪政体制问题上，日本国内有多种不同意见。有人主张学习法国宪法，有人主张学习英国宪法，还有人主张学习普鲁士宪法。为了更清楚地了解欧美宪法，板垣远赴欧洲考察西方各国的立宪政体。在法国期间，他还与当时考察欧洲宪政的伊藤博文交换制宪意见。虽然板垣退助主张在立宪问题上与政府合作，但是自由党内部的年轻党员们也酝酿着变乱的冲动。政府看到自由党的倾向，决心加强取缔。1882年6月修订集会条例，禁止政党在地方建立支部，地方组织必须作为地方上的独立政党。让明治政府想不到的是，地方上的民权家们仍然在活跃，他们不断与地方政府发生冲突，最终酿成了“福岛事件”。

事件发生在日本东北地区的福岛县，当地的自由党势力强大，民权派在县议会里过半数，尽力限制政府的权力。县令三岛通庸作风强悍，为了修建通往东京的公路，强制当地民众出夫役。修路提案被县议会否决后，三岛县令对县议会不予理睬，声称已经从中央政府获得许可，强行按照原来提交的议案开工，还对不出夫役者征收“代夫费”。自由党党员呼吁对三岛通庸进行不信任投票，得到公众的支持。三岛县令不肯让步，反而禁止举行政治集会，而且一有批评政府的声音，就立即予以干涉。

为了阻止三岛县令的蛮横做法，自由党发起了抵制活动，并呼吁抵制税收。三岛通庸派出警察镇压，福岛县自由党遭到大逮捕，许多人被拷打虐待，还有人在被关押期间死去。福岛自由党的首脑们也以颠覆政府、阴谋内乱的罪名，被判处有期徒刑。这就是自由民权运动史上著名的“福岛事件”，当时震惊了整个日本。三岛通庸却没有受到任何惩罚，反而得到高升。自由民权运动受到巨大打击，从此陷入低潮，直到国会成立前夕才再次活跃起来。

自由民权运动虽然暂时被镇压下去了，但它作为一次以争取自由民主权利为中心的社会运动，在日本历史上第一次普及了民主权利的思想。从 1874 年到 1882 年的 8 年时间里，这场宏大的社会运动不但席卷大城市，而且深入影响五日市村那样的偏僻山村。遗憾的是，自由民权运动长期被历史忽视，鲜为人知。人们都知道，当时明治政府力推殖产兴业政策，整个国家都在致力于工业化。实际上，在明治政府积极推进经济改革的同时，民间还有一股要求实现政治体制改革的强大力量。在两股力量的共同推动下，明治维新不断地改变着这个国家。

如果看同时代的大清国，就会发现，在明治维新之前开始的洋务运动，只有经济方面的一些改革，建工厂、修铁路、买轮船等，没有任何人，更没有像日本的自由民权运动那样的政治运动，来推动清政府进行政治改革。清王朝的政治改革一直要推到30多年后，也就是1898年戊戌变法时有一丝萌动，但真正的政治体制改革还要等到1901年以后的晚清“新政”。

如果这样比较起来看，就会对明治维新时的日本有一个更新、更全面认识。在明治维新推动经济现代化的同时，日本国内还有一场宏大的自由民权运动。在它的强大推动下，日本政府不得不启动政治改革，把开设国会、制定宪法作为国家的目标。虽然开设国会、制定宪法是“后发国家”走向现代政治文明的必由之路，但是假如没有自由民权运动，政府就可能只专注于经济和社会改革，而忽视启动政治改革，日本近代史就会呈现出完全不同的面貌。

第11讲

宪政考察：伊藤博文欧洲取经

华族制、内阁制、文官考试制等制度改革，
为下一步制定宪法、开设国会奠定了坚实的基础。
这场行政改革象征着日本与过去告别，
是走向现代国家的一大步。

1882年8月28日，伊藤博文在驻德日本公使的陪同下，走进柏林的波茨坦离宫。

波茨坦离宫又被称作无忧宫，是18世纪普鲁士国王弗里德里希二世营造的。在这座著名的宫殿里，德国皇帝威廉一世与皇后热情款待来自日本的客人，共进午餐。席间，威廉一世对伊藤表示，明治维新以来日本政府的改革过于激进，尤其是废除诸侯、剥夺士族特权等改革措施太过急剧，令人担忧。改革应以日本历史和社会现实为基础，循序渐进。急于制定立宪政体、开设国会，对于日本天皇来说并非可喜之事，整顿宪法及行政法则是当务之急，军事及地方自治方面贵族的作用不可小觑。即使日本不得已开设国会，也不能采取征集国税须经国会允许之“下策”。

对于威廉一世发出的谆谆告诫，伊藤博文只能点头称是，虽然他的内心并不认同，因为对方根本不了解他到欧洲来的目的，更不了解日本国内的形势。

一、立宪渐进论 VS 激进论

要了解日本的国内形势，还是要回到 1878 年“大久保利通遇刺事件”。

大久保死后，留下了巨大的权力真空。伊藤博文继任空缺出来的内务卿，跻身核心领导层。其实，大久保很早就看好他，把他视为自己的接班人。1873 年岩仓使团回国后，32 岁的伊藤博文升任工部卿，成为大久保推进殖产兴业政策的得力助手。在大久保到大清国谈判期间，伊藤还代理过大久保的内务卿。在西南战争期间，伊藤也站在大久保一边，积极配合调动军队。

如果说“维新三杰”是明治维新的第一代领导人，那么伊藤博文就是第二代领导人。和手腕强硬的大久保比起来，伊藤更倾向于合作与妥协。大久保死后，他和大隈重信、井上馨三人一起，组成“三驾马车”，成为明治政府的三个主要决策者。伊藤博文和井上馨都出身于长州藩，在幕末相遇相识，而且都是吉田松阴的弟子，二人还曾一起偷渡到英国留学，最终成了一生的挚友。大隈重信既不是长州藩的，也不是萨摩藩的，而是出身于肥前藩，早年和伊藤博文一样，投身于尊王攘夷运动。不同的是，大隈很早就在明治政府占据高位，当他担任大藏大辅的时候，伊藤博文是他的手下。大隈是以新知识派技术官僚的身份，快速升为实力层领袖的。大隈重信和伊藤博文二人关系很好，都以新文明的开拓者自许，并一起推动了日本第一条铁路的修建。

伊藤博文跟随岩仓使团出访欧美的时候，国内留守政府的领导人是西乡隆盛，但西乡不是一个干具体事务的人，真正当家的是大隈重信。大隈推动了一系列改革，特别是通过征兵制、俸禄改革，彻底瓦解了武士特权，显示出高超的政治才能。

大久保死后，大隈重信和伊藤博文、井上馨三人团结合作，领导班子比较稳定，也干了好几件大事。但是，问题也开始慢慢地暴露，主要原因是自由民权运动。由于民权家发起了开设国会运动，要求在日本实现立宪政治，给了明治政府巨大的压力。日本下一步怎么办？这成为政府不得不考虑的问题。为了对抗自由民权运动，明治政府必须对国会和宪法问题提出设想。最初，明治政府想让福泽谕吉出面办报纸，操纵舆论，福泽也答应试一试，可是报纸还没有办好，伊藤博文和大隈重信之间就产生了裂痕。

原来，当时天皇下诏，要求高官们发表对于立宪政体的看法。伊藤博文、井上馨以及军方的山县有朋等人，分别上书阐述自己的意见。伊藤博文的报告最为详尽，他列举了武士对废藩以来诸多改革的痛恨，警告说法国大革命早晚会影响每个国家，因为明治政府分权于民的观念已经进入日本，在武士和平民中广泛传播。他说了一段非常精彩的话：

> 一乡之心易制，一国之物情难治；一国之形势易转，宇内之风气难回。现今之世界乃宇内大势之所推致，而非一国一州之事端也。[①]

---

① 〔日〕久米正雄：《伊藤博文时代》，杜其模译，北京：团结出版社，2007 年，第 203 页。

作为大久保利通的继任者，伊藤博文上任不久，就遇到了一件棘手的事情。明治政府曾明令禁止相扑这一日本的传统运动，理由是相扑手丑陋而愚昧。但是，一位名叫高砂的相扑高手挑战政府禁令，要在东京举办公开的相扑表演。支持高砂的民众和前来干涉的警察相持不下。为了避免对抗升级，天皇不得不亲自举办并出席了相扑表演会，恢复了这项运动。相扑手的挑战和民众的不满，让伊藤博文不得不仔细思考国家的发展方向和改革方式。前文 这段话表明，伊藤博文是一个很有见识的人，已经认识到立宪思想为世界大趋势，无法阻挡，只能顺应形势。但是他同时强调，不能像一些人主张的那样匆忙地开设国会，而是必须一步一步地来，"渐次进步，以完成大局"。

大隈重信一开始不愿发表自己的观点，天皇让人去劝说，他才向天皇提交意见。他主张本年（1881）就颁布宪法，在明年年底之前选出议会成员，1883 年年初召开议会。在未来宪法框架之下运作的议会应体现民意，任命高级官员时应考虑人民的支持度，议会的决议也应符合大部分成员的愿望。允许成立政党，让获得大部分民众支持的政党领导议会，天皇从该政党中选出一名首相组阁。政党如果因不称职而失去民心，政权将移交给新获得最大支持的政党。

大隈重信的建议公开以后，在明治政府内部引起轩然大波。很显然，大隈要学习英国搞国会，实行三权分立、政党内阁，而且两年后就要日本开设国会，对大家来说有点儿太激进了。更令人生疑的是，在大隈提出建议书不久，《交询杂志》就刊登了一份《私拟宪法草案》，同样呼吁建立英国式的立宪君主制。和千叶卓三郎的宪法草案一直雪藏在民间不同，这份宪法草案被广泛传播，在社会上影响很大。《交询杂志》里有不少人与福泽谕吉有密切联系，而大隈和福泽二人关系密切，所以有人认为，大隈在政府内部，和在民间的福泽二人相互呼应，想将英国的立宪政治引入日本，以激进的方式改变国家政治，架空君主制。

伊藤博文对大隈重信产生了严重不满，因为他主张学习德国，在渐进改革中坚持日本特色，反对搞三权分立、政党内阁那套西方制度。渐进论与急进论明显对立，由于政见分歧，二人之间产生了隔阂。就在这时，又发生了“开拓使廉价出售公产事件”。

1869 年，明治政府在北海道设置开拓使，负责北海道的开发事业。明治政府先后投入 1000 多万日元，着手兴办各种官营工厂。可是，这些官营工厂无法盈利，反而成为政府的包袱。根据政府制定的变卖官有产业方针，计划将北海道的官有产业变卖给民间。作为北海道开拓使长官，黑田清隆打算以 38 万日元、无息分 30 年支付，把全部官产出售给大阪巨商五代友厚。黑田清隆和五代友厚都出身于萨摩藩，因此这笔交易引起一些非议，但是黑田坚持出售。

民权派获知开拓使出售官产的情报后，在报纸上质疑这是萨摩派政治家与商人勾结，妄图贱卖国有资产。这时候这些报纸很多都掌握在自由民权派手里，攻击明治政府非常激烈，把问题集中到开设国会上。报纸强调，这是由于没有国会才会发生的怪事，没有国会是因为权力都被萨摩藩和长州藩的人把持了。同时，各地都爆发了反对政商勾结和要求民权的演讲会，听众爆满，人们义愤填膺，纷纷指责政商勾结，攻击藩阀政府，呼吁尽快开设国会。

是谁向媒体泄露的消息呢？萨摩藩和长州藩的人都怀疑是大隈重信。因为掌握这些信息的人，肯定是中央政府的人。大隈重信既不是长州藩的，也不是萨摩藩的，又掌握内部信息。自由民权派炮轰萨、长政治家，如果明治政府最终倒台，大隈重信就会在政治上成为最大的受益者。于是，萨、长政治家开始集体把矛头对准大隈。一种阴谋论迅速蔓延开来，说是大隈重信故意把消息透露出去，而且和福泽谕吉相互勾结，制造舆论，目的是让他喜欢的公司获得北海道官产。这种传言引起天皇身边侍读们的不满，他们也攻击政府。在内外夹击下，明治政府处境艰难。

伊藤博文等人在幕后操作，草拟颁发大政的诏书。1881 年 10 月 11 日，天皇巡行北海道后回到东京，当天晚上就召开御前会议，几乎所有的重要大臣都参加了，只有大隈重信缺席。会议确定了开设国会的方针，决定 1890 年开设国会，同时决定取消北海道官产出售的措施，罢免大隈重信。第二天，大隈提出辞呈，他的部下也纷纷辞职。大隈的势力从明治政府中消失，伊藤博文开始独揽大权。政坛发生的这场地震，就是"明治十四年政变"。需要指出的是，在日语里"政变"更多是指政局动荡，和中文有很大差异。

"明治十四年政变"是"明治六年政变"之后的又一次政治动荡，但是这次的结果对国家的政治走向影响更大。耐人寻味的是在德川幕府倒台后的 15 年里，日本政府内部没有为立宪与否争论，而是聚焦于到底学习欧美哪一个宪政国家的问题上。

"明治十四年政变"后，自由民权派成立自由党，下野后的大隈则成立改进党。从那以后，日本政坛就出现了两个真正的政党。如果说，自由党受到法国革命的话语和热情影响，那么改进党则更多地受到英国宪政思想和实践的影响。改进党的目标就是建立一种英国式的议会民主制，由立宪君主担任领导。大隈担任改进党总理，成为反对派领袖，党员除了跟随大隈下野的官吏，还有新闻记者出身的民权派。

大隈重信离开了明治政府，政府暂时风平浪静。但是问题又来了，天皇已经承诺 1890 年要开设国会，制定宪法，但到底怎么开设国会，如何制定宪法？明治政府还是一头雾水。就是在这一背景下，天皇命令伊藤博文出访欧洲，去做宪政调查。

二、取经欧洲

1882 年 3 月，伊藤博文离开横滨，乘坐英国“格里克号”轮船前往欧洲。

将大隈逐出政府后，伊藤很快就在调查与制定宪法、如何让“宪法政治”在日本扎根这些问题上，感到了极大的压力。在明治初年，伊藤就对英国的君主立宪制、美国的共和制表示出强烈的关注，是对欧美社会最为了解的日本人之一。不过，他对于宪政问题缺乏深入的研究。伊藤博文后来回忆说，他这次出访就是为了研究立宪政体的策划实施，同时进行包含 31 个子题目的研究项目。子题目包括宪法及其运作、皇室制度、内阁制度、议会制度、司法制度、地方制度等，涉及范围相当广泛，并十分注重各组织之间的关系等具体运作。这是典型的日本人作风，做事严谨细致、一丝不苟。

这次调查不是以英语圈为主，而是以德语圈为主，所以伊藤的第一站就是德国首都柏林。他找到著名的宪法学教授格耐斯特，但是格耐斯特对日本制定立宪制构想持否定、怀疑态度。格耐斯特认为，一个国家的法律是在历史中形成的，日本现在实行立宪制度为时过早。如果一定要现在实行立宪制度的话，也不能给予国会预算审议权。总之，宪法的运用和行政的状况比宪法条文本身更重要。

格耐斯特的弟子莫斯为伊藤讲课，宪法课程持续了两个多月，因为伊藤不懂德语，也没有学过与德国相关的知识，所以一开始相当艰难。尽管如此，伊藤在给日本国内的信里面兴奋地说，自己和德国学者探讨宪法的优劣得失，如入废寝忘食之境。作为天皇一人之下、千万人之上的大政治家，伊藤博文到德国当了一个小学生，学习态度很认真，详细地记笔记，遇到不明白的地方就向学者请教，不断地提问和讨论。德国首相俾斯麦就在柏林，伊藤感觉与其和公务繁忙的俾斯麦等政治家见面，不如与学识渊博的老师们闲聊收获更多，所以他在柏林待了近两个月，都没有去拜访俾斯麦首相。

伊藤在柏林听完课后，又找到维也纳大学教授施泰因，请他给自己上课。施泰因认为，所谓的立宪政体是一种由君主、议会和行政机关相互牵制和协调的政治共同体。他否认政党内阁制和君主专制，极力主张国家建设的关键在于确保行政的有效运作。施泰因是记者出身，经验丰富，而且用英语讲授，明白易懂，加上他直爽的性格，引起伊藤的极大兴趣，施泰因也解答了他心中的许多疑惑。

通过学习和交流，伊藤对德国的政治与君主之间的关系有了体系性的了解。尽管德国是君主专制国家，但也采纳国会的多数意见，国会与政府发生对立时，最终决定权在君主手中。但是，君主国家也可以不是君主专制，立宪国家里的君主是受国家制约的一个机构。君主受到行政机关的制约，不可以完全无视行政机关的意见而恣意妄为。这是当时欧洲君主制中最为先进的学说——“君主机构说”，它否定了君权神授、君主专制的思维方式，对伊藤博文的启发非常大。

伊藤博文向来反对天皇亲政，担心这样会导致天皇个人意志左右政治，从而被追究政治责任。通过在德国的学习，伊藤对国家组织有了一个大体上的了解，对既能确保天皇大权、又能避免天皇被追究责任的目标心里有数。君位、君权应该建立在立法之上，这样君主国家就能够和专制国家区别开来。宪法规定君主拥有主权，但该权力委任给各个机构，且无法随意剥夺。一旦政府与议会发生对立，新法即便在议会决议中通过，如果无法获得政府认可，君主也不会允许发布，该法律就不会成立。终于找到了制定符合日本国情和传统的宪法突破口，伊藤博文深感喜悦。在他看来，日本天皇自古就不亲政，不是天皇专制，"君主机构说"符合日本的实际情况。大约 30 年后，东京帝国大学教授美浓部达吉提出的"天皇机构说"，就是这一学说的延续。

伊藤尽管因不懂德语和德国情况而遇到了许多困难，但他在短期内就开始取得成果，是因为他在内务省、工部省、大藏省等各部门任职，从中层到上层，拥有丰富的行政工作经验。所以，虽然德国与日本在制度上存在差异，但对于熟悉政治和行政的伊藤来说，解决这一点并非难事。而且伊藤曾利用英语学习过美利坚合众国的宪法、宪法制定史、英国宪法形成史等，所以能够把握法律和行政在学术方面的重点。另外，"明治十四年政变"前他对各种私拟宪法案进行过探讨，并研究过分歧焦点。这些都对他理解德国宪法等发挥了重要作用。

伊藤完全为施泰因的学说倾倒，提出邀请施泰因教授到日本担任明治政府的顾问，指导日本宪法的制定。但是施泰因年事已高，不愿意到遥远的东方去。伊藤博文回到日本以后，"到处逢人说项斯”，宣扬维也纳大学的教授施泰因了不起。后来日本的很多政治家因公务到欧洲时，都专程跑到维也纳去见一见这个施泰因。所以说，施泰因对日本影响非常大。

在柏林期间，伊藤和德国皇帝威廉一世夫妇进餐，就有了这一讲开头的故事。威廉一世之所以对日本提出劝告，是因为 18 世纪至 19 世纪末，欧洲各国大多数实现立宪政体，但是宪法制定与运作的过程往往伴随着暴乱与流血事件。除了英国平稳实施立宪政体，其他国家尤其是法国、西班牙、意大利等拉丁系诸国，到 19 世纪 70 年代末，暴乱都有增无减，立宪政体基本上无法正常运作。但是，伊藤一行本来是为了实现立宪政治而进行调查活动，威廉一世的告诫虽然使伊藤感到困惑，却没有改变他的初衷。建设在国际社会上与欧美先进国家并肩齐驱的强国，是明治维新以来日本政府的最高目标。在伊藤博文看来，为此实行立宪政体势在必行。

伊藤博文在出发前就深刻认识到，调查研究宪法，不应只停留在纸本上的法律条文，应更重视欧洲立宪政治先进诸国的宪法实际运作方式，以及支撑其宪法背后的社会、风土的实际情况。伊藤多次强调，无论制定出怎样完美的宪法或制度，如果不能适用，那么都将无济于事。因此，他调查活动对象不仅仅局限于狭义上的宪法典章及附属法令。

伊藤在德国和奥地利的宪法调查告一段落之后，开始访问德国各地。直到德国立宪政治调研接近尾声时，他才礼节性地拜会了德国首相俾斯麦。当时，俾斯麦正为实现烟草专卖制度而绞尽脑汁。为了确保帝国财政有直接的财源，俾斯麦政府计划推行烟草专卖制度，却在议会被压倒性票数否决。和十几年前以崇拜的心情拜访俾斯麦不同，现在伊藤博文能够理性冷静地看待德国政治，私下里还对俾斯麦的领导方法提出严厉批评。

宪法调查原定为期一年，伊藤申请延长，明治政府允许他在1883年6月中旬前回到日本。伊藤离开德国后，相继访问了比利时和英国。他并不排斥与德国几乎相对的英国宪政，在伦敦停留了约两个月，听取专家讲课，对英国的宪政运作开展研究。伊藤特别向英国著名社会学家斯宾塞请教，因为斯宾塞在当时的日本鼎鼎有名，他的书已经被翻译成日文，在自由民权运动家间获得广泛阅读，掀起了“斯宾塞热”。斯宾塞的原著 *Social Statics* 被译为《社会平权论》，畅销几十万部，成为自由民权运动中最畅销的书籍，被板垣退助誉为“民权教科书”。当时的文章有这样的描述，“试看我东京府下以及地方所开设的政论演说会，许多演讲者所言及者，不是模仿基佐、米尔的论调，就是假以斯宾塞的学说”。

所以，伊藤博文也想了解斯宾塞对于日本搞宪政的看法。实际上，斯宾塞绝不是激进派，把 *Social Statics* 误译为《社会平权论》，而且因书名的翻译而引起极大轰动，也是另一种形式的“橘生淮南则为橘，橘生淮北则为枳”。伊藤博文在斯宾塞那里听到了类似威廉一世的忠告。斯宾塞以开着鲜艳花朵的植物如果移植到风土不同的国家就会枯萎来比喻，告诫日本切勿激进地制定立宪政体，阐述“保守改革”的必要性。但是这样的忠告无法改变伊藤的决心。对于他来说，日本实现立宪政体的时机已成熟。

伊藤通过考察得出结论，英国宪政模式十分重要，将来日本宪政时机成熟时，可以像英国宪政那样运用日本宪法。具体而言，就是对天皇的政治参与进行控制，行政部门以尊重立法部门意见的方式，形成政党内阁制，天皇对此进行认可即可。实际上，19世纪末至20世纪初，日本政治在现实中的运用与其说是倾向于德国式的君权主义议会政治，倒不如说更倾向于英国式的立宪主义议会政治。

就像杜甫所说的“转益多师是汝师”，伊藤博文在欧洲考察也是转益多师，找了很多人去学习，深入探讨交流，还要实地去看。他这次在欧洲学习了一年半，一直到 1883 年 8 月才回到日本。这让我们想起 1871 年岩仓使团的考察。伊藤博文在欧洲进行的宪政考察，其意义不亚于 11 年前岩仓使团对欧美的考察。对于刚刚摆脱封建制度的日本来说，岩仓使团考察的收获是明白了未来发展的方向。而伊藤博文的欧洲宪政调查，足迹遍及普鲁士等德意志诸邦，以及奥地利、英国、比利时和法国等多国。通过对欧洲社会和政治各个方面的考察，伊藤收获了许多真知灼见，对于宪法制定、立宪政治、宪政运作有了清晰的了解。

所以说，伊藤博文回到日本时充满了自信，一切了然于胸。回国后，他设立制度调查局，亲自担任长官，这样就掌握了制度改革的主导权，开始启动一系列改革。

三、为制宪做准备

首先，伊藤博文改革华族制度，建立日本的贵族制度。

早在 1869 年，也就是明治天皇迁居东京不久，明治政府就废止公卿、诸侯的称呼，改称华族。当时有 427 个家族获得华族的身份，其中公卿 142 家、诸侯 285 家。讽刺的是，一方面明治政府宣布四民平等；另一方面天皇又降旨说，华族立于四民之上，应该是众人的表率。华族被称为皇室的屏障，一律定居东京。这些人应该安享富贵尊荣，还是应该参与政治，明治政府内部曾有讨论，但一直没有定论，华族对参与政治也不积极。

考察欧洲宪政后，伊藤认为英国立宪政治最稳健，原因就在于君主、贵族和庶民三者的和谐与合作。数年后，日本一旦开设国会，那些自由民权派肯定涌进去，伊藤希望华族担任未来的议员，在国会里对抗民权派。但是，华族已经失去了原来的政治势力，也不具备担负近代国家建设和立宪政治运作所需的见识和力量，于是伊藤考虑把士族阶层的有识之士纳入华族。

1884年7月，制度调查局颁布《华族令》，总计509个家族（到1947年废除华族前总共有1011家）列为华族，分为公、侯、伯、子、男五等。对维新事业有过突出贡献的人也被纳入华族，被称为“功勋华族”。西乡从道、黑田清隆、伊藤博文、山县有朋等被封为伯爵，大久保利通、木户孝允已经去世，他们的儿子受封侯爵。作为维新功臣，民权派领袖板垣退助也被封为伯爵，但是他拒绝了爵位。他认为，华族这一特权阶级的存在，不仅违背维新事业的精神，也不符合四民平等的原则。虽然在天皇三次下诏封爵后，他不得不接受，但他依旧向政府提交了批判华族的意见书。而且他在1919年去世前留下遗言，不允许子孙世袭爵位。板垣一生都与权力保持了适当的距离。第二次世界大战后华族制被废除，华族便悄无声息地消失在日本社会里。

根据伊藤博文设计的制度，华族被赋予政治特权。公爵和侯爵可以自动成为终身制贵族院议员，但没有报酬。伯爵、子爵、男爵通过互相选举，成为贵族院议员，可以获得报酬。华族在享受特权的同时，必须宣誓效忠于皇室与国家，而且必须承担起他们作为皇室之屏障的义务。总之，贵族院都是从华族这个池子里边选出来的，这些人都是忠诚于天皇的，因此肯定会支持明治政府，从而对众议院形成制衡，这就是伊藤博文的深思熟虑之处。他认为，虽然授爵的做法看起来是逆潮流而行，与民众的想法背道而驰，但通过贵族阶层，封建时代对天皇的最后一股敬畏之情得以留存，时机到来便可以派上用场。

建立华族制度后，伊藤博文又把目光投向中央政府的机构。根据尊王攘夷时的口号“王政复古”，维新派废除幕府制度后，最初建立的是太政官制度。这种制度是唐朝时从中国传来的，在历史上曾发挥过重要的作用，进入幕府时代后被废除。维新派恢复了太政官制度，而且把它确定为政府中枢，由太政官和六省组成。具体来说，组成太政官的有太政大臣一名、左右大臣各一名、参议若干名，下面设民部、大藏、兵部、刑部、宫内、外务六省。太政大臣和左右大臣由公卿和旧领主担任，向天皇负责。强藩出身的实力派担任相当于日本国务委员的参议，同时兼各省长官，掌握实权，但不能直接辅佐天皇。作为复活的旧制度，太政官制是以身份等级制和天皇亲政为基础的，结构复杂，权责不清晰，经常引起内部的权力争斗，矛盾不断，致使国务的处理迟滞、缓慢。

在“明治十四年政变”后，伊藤就一度想进行制度改革，引进近似西欧内阁制的制度，但没有成功。现在权力到他的手里，他就决心废除太政官制度，将日本和西方国家纳入同一轨道上。1885 年 12 月 22 日，太政官制结束了自己的使命，内阁制度正式创立。皇室由另外的官僚机构保护，即宫内省和玺印掌管人，二者被稳妥地移除出政治领域。总理大臣执掌政治领导权，他和大藏省、陆军省、海军省、文部省等九个省的主管大臣组成内阁，总理国政。政令和敕令由内阁起草，没有首相的副署则不具有法律效力。天皇不能直接介入政策决策，因此不负政治责任。内阁总理大臣以各大臣首位的身份，向天皇报告请示，协调政府政策的制定，统帅行政各部。这样就理顺了权力与责任，有利于增强效率。

伊藤博文组织了首届内阁，萨摩、长州出身的各占一半，只给“外人”留了两个位置。内阁里都是能力出众的人才，此后的 10 多年里，出任总理大臣的人选都来自伊藤第一届内阁，萨摩和长州的人几乎轮流掌权。伊藤内阁颁布《政纲五章》，明确官员职责，同时限定官吏的定额，指出了使官僚制度合理化、近代化的道路。内阁制改革清除了朝藩体制的残渣，创造出了适应制定宪法和开设国会的主体。

伊藤博文不但创设了近代内阁制度，还决定将支撑内阁的官员从藩阀私情决策，变更为以法律规则、考核制度为依据的近代人事制度。1886 年 3 月，伊藤内阁颁布了帝国大学令，对东京大学进行改组扩充，设立帝国大学。帝国大学的目标是教授国家需要的学术技艺，重视法科大学，在组成帝国大学的法、医、工、文、理的分科大学中，唯法科大学校长的职务由帝国大学总长亲自担任。帝国大学的职能就是培养官僚。以前的官员从哪儿来呢？日本没有科举制度，明治政府成立之初也不搞什么考试，基本上就是任用私人。由于萨摩和长州的人掌握大权，造成整个政府里充斥着出身萨摩和长州的人。这种按原藩籍出身结成的派系，飞扬跋扈、趾高气扬，被自由民主家们斥之为“藩阀专制官僚”。明治政府由于充斥藩阀私人色彩，显得特别得不公正，而且官员专业性特差，效率很低。伊藤博文学习欧洲国家的经验，通过帝国大学培养官员。

伊藤内阁还制定文官考试规则，规定要成为文官，必须高等考试合格。高等考试的应试和帝国大学的入学不限于“萨、长人”，只要有能力，谁都有资格。因此，高等考试和帝国大学成为非“萨、长人”的青年登上官僚阶层的龙门。在此之前，没有任何培养官僚的专门教育设施。只有一些传授洋学的私塾，主要集中在东京。没落的武士和农村子弟到东京的私塾学习，他们当中产生了一大批律师和新闻记者，许多人成为自由民权运动家。随着明治政府打开考试的大门，许多优秀的年轻人不再追求无秩序中的机会，而是转向大学，希望通过考试进入政府工作，寻求秩序中的机会，按照确立的官僚制一级一级地晋升。这样一来，政府官员的素质就比原来高得多，而且整个政治体系也显得更加清晰，不像以前都是各种各样的私人关系。帝国大学在培养官僚方面拥有压倒性特权地位，最初法科大学和文科大学毕业生有特权，可以不经高等考试而获得文官资格，直到 1893 年才废除这项特权。

对于日本的新内阁制，大多数西方观察者给予热情的称赞，因为它体现了当时最受尊敬的近代官僚机构的观念，职位都规定了特定的职能，大臣以下的所有官员都经过考试并在自己的部门受过专门训练。当然，也有人批评说，新制度使得萨、长藩阀加固了他们的权力基础。不过，大约过了 20 年，日俄战争结束后，从帝国大学毕业的官员逐渐升任各省次官、局长，慢慢地取代了藩阀官员。

伊藤博文也很关心府县制的问题，山县有朋提出，稳定的地方政府能培育民众的忠诚和促进国民团结，是宪法成功颁布的一个必备先决条件。在山县有朋的主导下，明治政府出台了一套地方自治制度，形成县、镇、村政府进一步向中央政府负责的更全面的组织结构。新制度一方面允许当地居民选举一些当地的官员，另一方面要求下层民众绝对顺从，而且让每一级行政当局都接受上一级官员的监督。盘踞在金字塔顶端的是内务省，具有制定政策和分派义务等广泛权力，导致地方自治几乎失去空间。

伊藤博文通过一系列行政改革，解决了原来太政官制度的诸多矛盾，重构了整个国家的治理体系，便于推动各项改革与建设。与此相反，同时代清王朝的治理体系仍然是过去的延续。上面有慈禧太后，下面是皇帝，还有恭亲王奕䜣，又有李鸿章这样的权臣，还有各位大臣，这种多头政治安排互相掣肘。慈禧太后不断地利用各个大臣之间的矛盾来控制局面。这对加强个人专制独裁是非常有用的，但是对于整个国家建设几乎没有任何正面意义，反而起到了阻碍的作用。曾国藩、李鸿章、张之洞等洋务运动首领在各地建工厂、修铁路，每一步都受到守旧势力的怀疑和抵制，很多事情根本办不成。洋务运动的成效之所以很差，一个重要原因就是整个国家治理体系非常落后。

伊藤博文行政改革更重要的意义在于，通过建立华族制、内阁制、文官考试制等制度安排，为下一步制定宪法、开设国会奠定了坚实的基础。正是在这个意义上，这场行政改革象征着日本与过去告别，是走向近代国家的一大步。

第12讲

立宪：东亚第一个宪政国家

1890年，宪法开始实施，
被视为创立新国家的成功标志。
明治维新的一个核心任务宣告完成。

1886年春天，神奈川县的一家菜馆发生了一起盗窃案。

菜馆里没有丢失什么东西，只有一位住客的皮箱不见了。客人名叫金子坚太郎，是内阁总理大臣伊藤博文的秘书官。皮箱丢失后，他大为惊恐、脸色变青，因为皮箱里装满了有关宪法起草的重要书籍资料。当时，伊藤博文受命起草宪法，为了避免干扰，专门带着起草小组躲到东京附近的神奈川县来。为了防范在野党的奸细，还特地在周围布置了护卫巡警。

是谁偷走了皮箱呢？众人怀疑是那些在野党，因为在野党想尽方法要将宪法草案弄到手，以便大做文章。伊藤博文并没有在场，众人东找西找地乱跑一通，希望能够在他回来前找到。结果，竟然发现皮箱被抛弃在附近的大豆田中，里面的现金被偷走，书籍资料已经被露水打湿。幸运的是，盗贼的目的不在书籍，而在金钱，否则后果不堪设想。

一场虚惊之后，宪法起草小组转移到东京南面一个近海小岛夏岛上，秘密从事宪法起草的大业。

一、起草宪法

实际上，在明治政府里最早提出立宪问题的，是木户孝允。旧体制瓦解后，他一直在思考，新国家的“基轴”是什么？1871 年，伊藤博文从美国考察关税问题回来后，根据从美国学到的知识，向木户提交官制改革意见书，其中谈到的立宪君主制，引起木户对于立宪问题的关注。

在岩仓使团访问美国期间，木户孝允花了很多时间调查研究立宪问题。在欧洲了解到的情况使他相信，立宪政体和代议制政府有实际功效，认定国家的“基轴”就是立宪制度。在木户看来，西方政治制度的巨大活力源于人民自愿给予政府的普遍支持。假如明治新政府能制定一部宪法，让负责任的公民也加入政府，同样也可以鼓起人民的干劲和热情。同时他也相信，一个国家如果没有一部有效的宪法，就永远无望实现内部的统一，从而也就总是处于遭受外国干涉的危险之中。因此，木户在柏林期间，专门召见在德国学习的留学生青木周藏，委托他起草日本宪法草案。青木周藏根据嘱托，执笔完成《大日本法规》，这一法规成为日本最早出现的私拟宪法，其中有“保护各人固有的天赋的权利”的内容。

木户孝允相信立宪政体有许多好处，回国后就写了关于制定宪法的“建议书”，交给同僚参阅。木户指出，文明国家的宪法是君主获得人民协议而制定的，属于君民同治的宪法。但是日本人民的文明普遍尚未开化，要获得人民的协议还需要时间，天皇应该通过自己的英明决断来制定宪法，然后再用这部宪法来限制自己的权力。等到人民文明开化后，最终制定一部君民同治的宪法。

木户的设想得到大久保利通的支持，大久保认为立宪君主政体可以促进治者与人民之间的协调一致。1875 年，明治天皇颁布立宪政体诏书，宣布要渐进地建立立宪政体。为了制定宪法，专门成立元老院，只是元老院成员地位比较低，并没有权威性。后来爆发西南战争，制定宪法的事情就被搁置起来。不过元老院并没有停止工作，不但翻译了各国宪法，而且先后完成三份国宪草案。1880 年完成的第三份草案，是根据德国、比利时、荷兰、意大利等国家的宪法条文编撰而成的，但是没有通过元老院全体会议的审议，国宪调查局也正式关闭。当时木户孝允已经病逝，掌握权力的伊藤博文不信任元老院，也不相信自由民权家们的意见。因此，他才亲自到欧洲考察宪政。

伊藤博文考察归来后，先是建立内阁制、华族制等制度，为未来的宪政运作打下基础，然后才开始组织人马起草宪法。宪法的执笔者是井上毅，此人从小就有“神童”之名，后来进入司法省工作，成为一名法制官僚。1872 年，他到欧洲考察过各国司法情况，回国以后参与政府文件制定，是大久保利通等人信任的一个笔杆子，后来又成为伊藤博文的智囊。井上毅通晓法语，翻译了大量西方法律书籍，而且是第一个向日本国内翻译介绍普鲁士宪法的。伊藤建立内阁后，任命井上毅为法制局局长。由内阁的法制局局长领衔起草宪法，倒也是名正言顺。最早的宪法草案就是井上毅根据讨论执笔起草的，同时得到了两位德国顾问的指点。

1887 年 5 月，伊藤博文带着这样的宪法草稿，从东京郊区转移到东京南面一个近海小岛——夏岛，那里很隐蔽，而且能看到富士山的美景。和他一起的，除了井上毅，还有两位助手，一个就是皮箱失窃的金子坚太郎。此人也很传奇，18 岁的时候跟着岩仓使团出访欧美，并在美国留学，最终获得哈佛大学法学院学士学位。回到日本以后，他首先是在东京大学工作，一度参与自由民权运动；后来回到体制内，进入了元老院。内阁制度建立以后，他担任了内阁总理大臣秘书官。另一个助手是伊东巳代治，也就是伊藤博文的秘书官，在三个助手里最年轻，但是和伊藤博文关系最铁。他一直跟着伊藤博文辗转任职，是一个非常有才干的秘书。伊藤博文到欧洲考察各国宪法的时候，伊东巳代治一路陪同，负责记录。

伊藤博文的三个助手，有懂法语的井上毅，有在美国留过学的金子坚太郎，还有通英语的伊东巳代治，都是当时的人杰。伊藤博文本人也是一个喜欢读书的人，即使是非常忙碌的时候，也绝不荒废读书，尤其是对外国的报章杂志，他一直十分用心地浏览。他还经常乘坐马车到东京的外文书店购买图书，有时直接从国外订购图书。他和助手们一起封闭在夏岛上，对宪法草案进行逐字逐句的讨论，耐心推敲每一个条款的细微差别和含义。他们花费了整整四个月的时间，才带着一份相对成熟的宪法文本回到了东京。

可是，伊藤博文发现，东京的形势很紧张。一年前，自由民权运动家们又发动了“大同团结运动”，运动的核心人物是星亨。此人曾留学英国，并获得了英国的律师资格，回国后投身自由民权运动，而且还给予自由党资金支持。他对政府解散自由党一直耿耿于怀，1886 年，他和中江兆民等民权派志士发起“大同团结运动”，呼吁全国志士求大同、存小异，团结起来，以准备开设国会。“大同团结运动”得到了农民和学生的热情支持，因为农民要求减轻地税负担，学生要求更多自由，他们都寄希望于即将开设的国会。明治政府看到自由民权运动将东山再起，谋划采取分裂政策，但是没有成功。

1887年夏天，当伊藤博文在夏岛集中精力修改宪法草案时，自由民权运动家们在东京召开日本志士恳亲大会，与会者200多人。板垣退助出席会议，呼吁为了迎接即将到来的国会和宪法而主动作好准备。“大同团结运动”攻击明治政府的欧化政策，要求修改条约、减轻地税、言论集会自由。为实现这些要求，在全国展开建议运动。先是派代表前往当地政府，要求将建议转送元老院，当地政府签注证明后，再推选赴京总代表，前往东京的元老院请愿。元老院为了处理地方政府不断转来的建议书，甚至设立了专任职员。各地代表遍访大臣、元老院成员和其他官员，向他们陈情。他们还决定要求会见伊藤首相，并在他面前静坐。星亨主办的《醒钟新闻》发表了《革命不可怖》的社论，强调暴政的危害数倍于革命，以废除弊政为目的的革命，对于防止国家灭亡来说是必要的。声势浩大的“大同团结运动”持续了三个多月，让明治政府越来越担心。

伊藤首相回到东京后，为了使宪法的制定不受干扰，决心坚决取缔“大同团结运动”。他在宫中召集地方长官，发表演说，强调制定宪法过程中互相探讨在所难免，在欧美各国也是常见的正常现象，但是日本情况不同。因为制定宪法在日本是从来没有过的大事，是关系到皇室永远继续下去的大问题，应该由天皇裁定，任何臣民都不应该私议和妄议。在宪法颁布前后，如果有人胆敢对天皇亲裁宪法提出异议，应断然按超出言论集会及请愿自由范围者处理。如果有人借此为名唆使暴动，就必须及时处置，维持治安。

恰在这时发生了一件事情，为明治政府镇压“大同团结运动”提供了借口。原来，天皇的弟弟伏见宫贞爱亲王在德国听宪法学者格耐斯特讲课时，跟随的宫内官员记录了一本笔记。自由民权运动家们得到笔记后，就将其秘密出版，题名为《西哲梦物语》。明治政府拘留了秘密出版嫌疑者数十人，而且为了彻底取缔“大同团结运动”，制定了《保安条例》。《保安条例》的核心是第四条，“皇宫或行宫周围三里[①]以内之居住者或滞留者，倘阴谋或唆使内乱，或被认定有妨害治安之虞，警视总监或地方长官经内务大臣批准，得限时限刻令其离开，三年以内禁止在同一距离之内出入、滞留或居住”。

1887 年 12 月 25 日，尽管这一天是星期日，但明治政府仍以《官报》号外公布了《保安条例》。第二天，政府引用该条例第四条，命令 570 人立即离开东京。被命令离开者的名单中，有星亨、中江兆民等民权论者的名字。政府的理由是，这些人“常常鼓吹危激言论，离间官民，暗中企图更换现内阁”。为了应对不测，政府采取了类似戒严的措施。东京各处都有宪兵巡查，严加戒备，皇宫附近增加警卫力量，各大臣府邸不断有护卫巡查。警视厅的厅员彻夜值班，警察奉有密令，对强力抗拒命令者格杀勿论。陆军省增加值班人员，军队交叉架设了军用电线，陆军医院做好了抢救伤员的准备。

毫无疑问，驱离民权家是明治时代黑暗的一页。民权派把明治政府此举比作“拿破仑第三政变”。“大同团结运动”被扼杀了，伊藤博文开始安心地推进宪法的审议。

---

① 里：指的是日里，一日里等于 3.9 公里。

二、制宪会议

按照伊藤博文的设计，应该由枢密院来审议宪法。

1888 年 4 月，明治政府设立了枢密院。伊藤博文把枢密院视为居于内阁之上的重要机构，辞去首相职务，亲自担任枢密院的第一任议长。萨摩派的头面人物黑田清隆接任首相之职，所有内阁成员留任。而且，伊藤博文作为班列大臣（现在的无任所大臣），可以继续参加内阁会议。不过，他把主要精力放在枢密院，领导宪法的审议工作。

成立枢密院是效法德国的做法，日本的枢密院由天皇任命的 12 人组成，实行终身制，枢密院顾问官必须是年满 40 岁的国家元勋人物。不过，允许内阁成员出席枢密院会议。那么枢密院的职责是什么呢？就是答复天皇的咨询，审议重要国家公务。所以，枢密院相当于天皇的国策顾问委员会。当然，枢密院的首要职责是审议宪法，后来所处理的很多事务也和宪法有关。所以，后来枢密院被称作“宪法的守护者”，不过最早它是日本的制宪会议。

天皇亲自参加枢密院的开院仪式，随后宪法草案开始审议。议长伊藤首先对草案大意进行了阐述，指出宪法政治实施之后，对国家的利害不可预测，但是 20 多年前日本已经废除封建制，与各国交往。若要谋求国家进步，除了实现宪法政治，别无良策。制定宪法首先必须确定国家的基轴，欧洲有宗教作为“基轴”来团结人心，因此宪法政治根基稳固。日本的宗教力量相当薄弱，没有形成国家基轴，缺乏施行“宪法政治”的有利条件。在日本能成为“基轴”的唯有“皇室”。

宪法第一章规定的都是天皇权力，“天皇为国家元首，总揽统治权”，从领导政府到统帅军队，几乎无所不包。这样做的目的，就是把皇室作为非宗教的对象抬了出来，确定天皇神圣不可侵犯的权威，以天皇作为团结人心和建设国家的基轴。枢密顾问官中的保守派担忧天皇大权会受宪法的制约。所以，伊藤发言的目的之一，就是要消除他们的担忧，防止他们对自己产生反感。

不过，有的顾问官针对第四条“天皇是国家元首，总揽统治权，根据该宪法条款予以施行”，提出删除“根据该宪法条款予以施行”的意见。伊藤博文坚决反对，他们要搞宪政，宪政的本意就是统治者按照宪法的规定治国，任何人不能凌驾于宪法之上。宪法最终由天皇颁布实施，天皇本人也必须遵守宪法。用宪法来限制君主权是宪法政治的基本原则，如果不限制君主权，宪法就会丧失“核心”。他说服了大家，这一条被顺利通过。真正的立宪国家一定是王在法下，伊藤的认识很深刻。

在审议第五条“天皇经帝国议会承认后施行立法权”时，围绕“承认”一词又发生了激烈争论。反对者认为，“承认”的字义是下对上求得许可的意思，这种用法使天皇与议会的地位倒置。最后伊藤妥协，决定在宪法中统一使用“协赞”一词来削弱议会的权限。“协赞”就是辅助的意思，天皇在帝国议会的辅助下行使立法权，天皇经帝国议会的承认行使立法权，两种表达意思完全不一样了。但是，伊藤认为无论使用“承认”还是“协赞”，如果法案无法在议会通过，天皇也就无法行使“立法权”，所以并不存在权限的差异。在宪法颁布后，伊藤博文在公开演讲中声明，如果天皇违背宪法，在没有议会协赞下制定法律，臣民没有义务遵守其规定。

尽管有宪法的某种制约，天皇的权力仍然是几乎不受限制的，那么天皇是否亲自领导国家呢？当然不是，除了军队，天皇将国务委托给国务大臣。天皇无须对政治、法律负责，而是由辅弼的国务大臣承担后果和责任。实际上，幕末不管是孝明天皇，还是“幼冲天子”的明治天皇，扮演的都是作为政治上“玉”的角色（尊王攘夷派当年就把争取天皇称为“夺玉”）。明治维新以来由大久保利通、岩仓具视等大臣执掌实权，明治天皇没有实际运用过权力。在起草宪法时，伊藤最费心思的是应该如何处理王权，他很清楚不应该依靠天皇的个人能力，确立制度才是根本。操纵木偶的不是某个人，而应该是宪法和国会。这部宪法的目的就是建立一个作为制度的天皇制，建立超越制度的天皇权威。正因为天皇是非宗教的存在，所以才应作为不容批评的权威而居于国家基轴上，才应是明治社会整体的黏合剂。

宪法草案第二章规定的是臣民的权利和义务，围绕这一章也发生了激烈争论。之所以不用“人民”而是用“臣民”这个说法，伊藤博文的解释是，欧美国家由于君民矛盾冲突激烈，宪法作为契约，国王不得不尊重国民权利。但是日本的传统不同，自古以来天皇就爱重臣民，民众也服从天皇，以天皇的利益为最高利益，自视为“幸福臣民”。所以日本没有公民，只有臣民。宪法草案首先规定的是臣民义务，然后才是各项权利。这些权利并不是本来就有的，而是天皇的恩赐，它一方面宣布“日本臣民的所有权不受侵犯”，同时又加以限制说“因公益需要之处分，依法律之规定”。纵然如此，文部大臣森有礼强烈地反对使用“权利”这一词汇，要求改为“臣民的地位”，理由是任何人对天皇都只有责任而无权利。

启蒙思想家竟然反对使用“权利”，出乎很多人的意料。其实也不奇怪。在担任文部大臣之后，森有礼已经走向了另一个极端，甚至超过了那些体制内的保守者。当时民权的概念已经得到普及。1872 年，启蒙思想家箕作麟祥则把法语 droit civil 创造性地翻译为“民权”，当时引起巨大争议，有人指责说：“人民怎么能够有权呢？”不过，司法卿江藤新平采用了这种译法。此后，《民权夜话》《民权大意》《通俗民权论》《民权新论》等书层出不穷，民权的观念迅速流行起来。因此，森有礼完全否认人民权利的观点，遭到了许多议员的反对，身为议长的伊藤博文也说，从宪法中把权利除去，宪法就不能成为人民的保护者。创立宪法的精神，第一就是限制君权，第二在于保护国民的权利。如果在宪法中不记述国民的权利，只记述责任，那么就没有制定宪法的必要了。只有明确规定国民的权利义务，才是真正的宪法。最终，宪法中还是写进了国民的权利——尽管这些权利有各种限制。

既然要实行宪法政治，当然要设立国会。宪法草案规定的议会职责就是“协赞”天皇行使立法权，议会虽然拥有讨论法律的权力，但是公布法律是天皇的权力。也就是说，议会不具有形成国家意志的权能，形成国家意志的是天皇。此外，天皇还拥有独立于议会之外的广泛立法权。议会的构成采取贵族院和众议院两院制，贵族院作为皇室的屏藩，任务就在于牵制众议院的“妄议”，而且不允许众议院对贵族院的组织发表意见。

天皇拥有的军事大权、外交大权以及首相的任免权，都不受议会的限制。官员薪俸以及行政费用属于确定费额，议会不能削减。从各国的宪法看，审议预算都是议会的一项重要权力，但是日本的宪法草案规定，议会审议预算不能通过时，政府可以实施上一年度的预算，这就严重制约了国会的权力。另外，议会也不能弹劾大臣，即使国会上奏请求罢免大臣，是否采纳仍然取决于天皇的意愿。如果大臣没有失去天皇的信任，就照旧任职。国会接受臣民呈递的请愿书，但有严格规定。国会举行听证会，一切材料都由政府提供，不许国会与人民直接交往。议会也没有提议修改宪法的权力，只能根据天皇的命令对修改问题进行讨论。总之，议会的权力受到了严格的束缚。

在审议过程中，大家提出了很多意见和建议。天皇出席了枢密院的所有会议，虽然没有发言，但要求呈上所有红笔修改后的条款。如果有不理解的地方，就让伊藤博文进行说明。审议一共进行了近一个月，完成后由伊藤博文和他的助手们再次修改，将草案中的“日本帝国”改为“大日本帝国”，宪法的正式名称为“大日本帝国宪法”。此后，枢密院又进行了两次审议。最后，枢密院在宪法草案上盖上了同意的印章。

作为宪法草案的起草者之一，井上毅高兴地写诗说，“巧引异国千色线，织成斑斓日本锦”。意思是日本的宪法吸取了各国宪法之长，就像利用各国的丝线编织成了一幅色彩斑斓的日本锦。

经过枢密院的校对后，正式制成宪法文本三份：一份保存在枢密院；另外两份由伊藤博文议长呈给天皇，其中一份收藏在宫中的宝库，另一份将用于宪法颁布仪式。

三、大津事件：宪政试金石

1889 年 2 月 11 日，宪法颁布仪式在东京举行。

为什么要选在这一天呢？因为根据日本古书的记载，公元前 660 年 2 月 11 日是神武天皇即位的日子，明治维新之初就把这一天定为纪元节，也就是日本建国纪念日。从公元前 660 年算起，到 1889 年 2 月 11 日，正好是建国 2549 周年。明治政府选择这一天颁布宪法，可以说是意味深长，表明要以神武天皇的创业精神为日本开万世太平。

在宪法颁布仪式上，伊藤博文身着耀眼的西服，在满朝贵族、国务大臣、县令、高级武官和外国外交官的注视下，朝明治天皇走过去，把写有新宪法的书卷呈献给坐在高台上的天皇。天皇将它交给首相黑田清隆，黑田怀着深深的敬意接受下来。天皇点点头，转过身，在新近谱曲的《君之代》乐曲声中离开了大殿。宫殿外钟声齐作，大炮轰鸣。在持续了短短几分钟的仪式中，明治天皇把《大日本帝国宪法》赐予了国民。

在 1881 年的时候，天皇曾宣布 9 年以后制定宪法。日本政府没有食言，按照之前的承诺在 1889 年颁布了宪法，这部宪法于第二年，也就是 1890 年正式实施。这是东亚地区的第一部宪法，比大清国 1908 年制定的《钦定宪法大纲》早了近 20 年。作为宪法的起草者，伊藤博文是非常推崇德国体制的，最早想学的也是德国宪法，但是实质上制定的宪法既有德国的特色，也有英国的特色，是一个杂糅的产物。一方面，它有立宪主义的特色，比如说它规定了民众权利、司法独立、民选议员等，天皇要根据宪法来实施统治权，这些都体现了立宪主义的原则；另一方面，民众的权利、议会制度等都受到了许多限制。

总体来看，在那个时代，这是一部比较先进的宪法，但是它也有保守和落后的一面。比如说它强调日本是“由万世一系之天皇统治”，“天皇神圣不可侵犯”，天皇总揽统治权，议会仅仅是一个发挥协赞作用的辅助机关。最致命的是在宪法里面明确规定了统帅权独立，军队不对议会负责，不对内阁负责，只对天皇负责。这为日本的将来埋下了极大的隐患，但是在当时很多人并没有意识到这一点，只是认为陆海军不能对议会负责，议会都是自由民权分子，有些可能是反政府的，如果对他们负责那还了得？陆海军只能听天皇的。

明治维新最重要的课题，就是创立新国家体制。从明治维新之前，这项工作就已经开始了，比如说德川庆喜搞的大政奉还，就是把原来的幕府体制变成了朝廷和幕府双重领导的体制。幕府退出历史舞台后，通过奉还版籍、废藩置县，建立了一个中央集权国家，完成了从封建到中央集权的“周秦之变”。又经过十几年，制定了宪法，日本就成为一个立宪国家。1890 年，宪法开始实施，被视为创立新国家的成功标志。明治维新的一个核心任务宣告完成。

但是，当时国际社会对于这部宪法是有疑虑的。在宪法颁布前夕，参与宪法起草的金子坚太郎拿着宪法到欧洲去，向各国介绍这部宪法。结果他发现，很多人表示怀疑。你们日本能搞好吗？宪法会不会变成一纸空文呢？白种人搞宪法是有成功案例的，但是东方的黄种人搞宪法没有成功的先例。在此之前，奥斯曼土耳其就搞过宪法，但是很快就成了废纸一张。日本怎么样才能保证成功呢？金子坚太郎回国向天皇汇报，后来去枢密院做汇报的时候，他呼吁一定要好好地落实这部宪法，给国际社会一个交代，坚决不能重蹈奥斯曼土耳其的覆辙。

很快，考验就来了。就在宪法开始实施的第二年，1891 年 5 月，俄国皇太子尼古拉到日本来访问。当时尼古拉 23 岁，三年后将登基成为俄国最后一任沙皇。他到京都附近的琵琶湖去旅游，乘坐人力车返回京都旅馆的路上，在一个叫作大津的地方，路边担任护卫的一个警察突然拔刀行凶，刺伤了尼古拉。这就是震惊一时的“大津事件”。凶手津田三藏被当场捕获，官方迅速查明真相，原来他听信谣言，认为俄国皇子此行是打探日本的虚实，为入侵日本做准备。

这一事件引起日本全国性恐慌。因为俄国已经逐渐把注意力转向东方，鼓吹东进的沙文主义情绪在彼得堡蔓延。与军事强国俄国相比，日本仍很弱小，如果发生战争，肯定不是对手。护送皇太子来访的俄国军舰，就停泊在神户，万一俄国以此为由挑起争端，后果不堪设想。天皇乘坐火车，亲自前往京都慰问，同时给俄国沙皇发私函，请其放心。

如何处置凶手津田三藏，成为摆在日本政府面前的问题。内阁成员一致认为，津田三藏行刺是有预谋的行为，而且造成了严重后果，应该尽快处以极刑，才能抚慰沙皇和俄国民众，避免更多麻烦。阁僚们担心，俄国很可能借此事件进行敲诈，甚至可能要求日本割地赔偿，造成日本国难。为国家计，必须从快处置。但是，日本毕竟已经实行宪法，必须依照法律行事。如果按照一般的行凶杀人来论处，津田三藏属于杀人未遂，不足以判处死刑。于是许多人主张，根据刑法第 116 条来判决。该条规定，“凡对天皇、皇后或皇太子施加危害，或企图施加危害者，处以死刑”，不管是既遂还是未遂，都可以判处死刑。

可是，作为日本最高法院的大审院的院长，儿岛惟谦提出异议。儿岛参加过戊辰战争，在明治政府里长期从事司法工作，直至担任大审院院长，对法律条文熟稔于心。他指出，刑法第 116 条只适用于日本皇室，不能适用于外国的皇太子。必须维护法律的尊严和权威，不能滥用法律。

不引用刑法第 116 条，就无法判处凶手死刑。时任日本首相的松方正义对儿岛惟谦晓之以理，要求他以国家为重。有国家才有法律，没有国家，法律也就没有了生命。坚持强调法律的重要性，忽视国家的生死存亡，实乃愚蠢之举。还有一位大臣狡辩道，刑法第 116 条说的是“天皇”，没有说是日本天皇，因此可以适用于所有的君主。

从首相到法务大臣，再到内务大臣，都向儿岛惟谦施压，但是儿岛拒绝让步。他召集大审院其他法官，讨论“大津事件”。所有法官的共识是，刑法第 116 条仅指日本天皇，不适用于外国君主。按照刑法规定，凶手津田三藏犯下的是谋杀未遂罪，最高刑期是无期徒刑。

宪法第 57 条规定，“司法权由法院以天皇名义依法律行使之”。也就是说，司法权独立于政府之外。内阁陷入尴尬境地。松方正义贵为首相，也要尊重法院的意见。政府无权介入司法程序，更无权直接判处凶手死刑。问题是，事件发生前，外务大臣和俄国公使约定，如果发生对皇太子的犯罪，将按对日本皇室犯罪论处。如果不判处凶手死刑，如何向俄国方面交代？现在不能践约，俄国岂不更有借口横生事端？

法律似乎成为一个迈不过去的坎，但是这难不倒政客们。有内阁大臣提议，干脆出钱收买刺客，杀死行凶的警察，然后宣布犯人病死。但是，对于这种卑鄙的做法，枢密院议长伊藤博文极力反对。虽然伊藤支持判处凶手死刑，但是不赞成用丑陋的暗箱操作方式。无奈之下，外务大臣恳求俄国公使，请对方提出死刑要求，这样就可以外交上的必要为借口执行死刑。

此时，尼古拉皇太子已经平安离开日本。儿岛惟谦大声呼吁，俄国并非蛮夷之邦，没有任何迹象表明，俄国正在策划报复行动。外国人不断抱怨日本法律和法官有问题，现在正是证实日本尊重法律的大好机会，为什么偏偏要歪曲法律，授人以口实呢？在给首相和司法大臣的建议书里，儿岛惟谦警告说：

> 如逆常识而行，让此案适用“对皇室的犯罪行为”从而扭曲法律，那么刑法制度将被侵害，宪法也将被破坏……上述扭曲法律之行为万不可取，否则定将使万世难雪之国耻留于历史。①

司法大臣威胁说，要颁布高于刑法的戒严令。一旦实行戒严，所有的法律都要暂时停止，政府就可以对津田三藏进行处置。面对政治压力，儿岛惟谦没有退缩，据理力争。他指出，不要说死刑，即使判处津田三藏无期徒刑，也远远超过其他国家的刑罚。按照俄国法律，对企图谋杀其他国家君主的处罚，要比企图谋杀沙皇宽大

① 〔日〕夏树静子:《与手枪的不幸相遇：日本司法物语》，李昊译，北京大学出版社，2017 年，第 17 页。

得多。根据德国刑法典，该罪仅判监禁一到十年。如果为了适应特殊情况，曲解法律，将有损于宪法，断不可为！司法大臣声称为了维护国家利益，大审院院长坚持维护法律尊严。在他们背后，是政府与法律的对立。而在对立背后，则是对宪法的考验。

法学家们也站出来，支持大审院的独立审判。帝国大学法科大学的教授们集中意见，向政府提交意见书，反对以侵犯皇室罪审判津田三藏，支持大审院依法审判。宪法明确保障司法权独立，也保障臣民的权利，“日本臣民非依法律不受逮捕、监禁、审问及处罚”。他们大声呼吁，作为一个实行宪政的国家，必须维护宪法和刑法的尊严。

内阁大臣通过各种渠道，向大审院的其他法官施加压力。但是大审院7名法官，仍然有5名反对枉法裁判。儿岛惟谦指出，此案不可能适用刑法第116条的规定，否则将违背宪法，在历史上留下污点，1000年也无法抹除，既亵渎天皇的美德，也会给法官留下不公正、不诚实的恶名。最终，大审院依法判处津田三藏无期徒刑。

虽然明治宪法规定司法独立的原则，但是宪法实施还不到两年。在一个专制传统深厚的东方国家，法官要坚持原则何其困难！可是，他们没有被政治、民意、国家利益等压服，以巨大勇气坚持司法独立，维护了宪法尊严。难怪70多年后，日本首相吉田茂在《激荡的百年史》里还感佩地写道：“这些审判官们胸怀‘日本是一个法治国家’这样的自豪感，本着独立精神而做了他们认为非常正确的事情。”

“大津事件”彰显了日本司法的独立性，日本法治受到欧美各国的信赖。世界各国从这一事件中看到了日本立宪的决心，怀疑日本能否搞宪政的舆论从此衰退。难怪外相陆奥宗光于1893年末在帝国议会上发表演讲时，充满自豪地说，从幕末以来，日本的进步不胜枚举，“其中有一个特例值得特别指出，那就是立宪政体的建立。试问今日之亚洲还有哪个国家能像本大臣与诸位这样讨论国家的重要政务？”

第 13 讲

富国强兵：建立强大的国家军队

富国强兵的目的是什么？
完成富国强兵目标之后国家应该向何处去？
这些问题似乎没有人考虑。

1893 年年末，也就是甲午中日战争爆发前一年，日本外务大臣陆奥宗光走进国会议事堂，在第五届帝国议会上发表演说。他回顾了明治维新以来的艰难历程，总结了殖产兴业政策取得的非凡成就：

> 诸位，让我们试着对比一下明治初年的日本帝国和现在的日本帝国。首先，从经济的角度来讲，明治初年的内外交易额有 3000 万日元的赤字，可是到了明治二十五年（1892），则有大约 1.6 亿日元的盈余。并且，陆地铺设了将近 3000 英里的铁路，架设了将近 1 万英里的电线，内外海域航行着数百艘西洋制式的商船。

国家富裕起来了，那么军队呢？陆奥宗光不无得意地说：

> 从军备的角度来看，我们拥有 15 万名常备兵，在将士训练和器械精锐方面几乎可以与欧洲强国的军队匹敌。海军也有将近 40 艘军舰，将来只要国家经费允许，我认

为军舰数量还会继续增多。[1]

随着一支强大的近代化军队建立起来，明治维新的一个梦想实现了。

一、征兵制与“血税”

戊辰战争胜利后不久，明治政府就开始构筑国家层面的军事力量，期望建设一支强大的近代化军队。

在西乡隆盛的主导下，首先建立了保卫皇室的近卫军，并建立起驻守各地的镇台军。不过，这些军队仍然由各藩国派出的武士组成。废藩置县之后，军队的来源就成为一个问题。历史上，当兵是武士的特权，但是武士作为士兵难以管理，参加过戊辰战争实战的武士们态度更加粗野，让他们服从管理非常困难。在经过讨论之后，明治政府决定效法西方国家，废除武士的垄断，实行征兵制。

1872 年 12 月底，明治政府颁布《征兵告谕》，严厉批判武士阶层“抗颜坐食”、不劳而获，并提出了四民平等、全民皆兵的理念，“世袭坐食之士，许减其禄，脱刀剑，使四民渐得自由之权，是乃上下平均，人权齐一之道，则兵农合一之基也。于是，士非从

① 〔日〕坂野润治:《未完的明治维新》，宋晓煜译，北京：社会科学文献出版社，2018 年，第 197 页。

前之士，民非从前之民，均系皇国一般之民，报国之道亦应固无其别”。

征兵制不仅仅是从否定身份等级制、四民平等的理念出发的，也有财政上的考虑。如果由武士编成军队，由于军务是他们的职业，所以仅仅支付支撑他们生活的工资，就需要巨额的经费。如果采用征兵制，由于兵役是国民的义务，因此只需要发放少量的津贴。如果将结束了必要训练年限的士兵作为预备役储备起来，那么战时可以动员相当数量的兵力。征兵制的好处就是可以减少常备军，控制经费，增加预备役，以备战时动员。

征兵制从1873年开始实施，不出意料地遭到了不少人的反抗。武士们被剥夺了垄断性功能和职业，也失去了这一功能所附带的各种特权，他们当然会反抗。各地发生的武士叛乱，其中一个原因正在于此。具有讽刺意味的是，在四民平等的理念下，平民被赋予了对国家做军事贡献的权利，但是征兵制也遭到了他们的反抗。说起来可笑，一部分原因是《征兵告谕》引起了人们的误解。

原来，《征兵告谕》里说：“凡天地之间，一事一物，无不有税，以充国用。然则，为人者，固应尽心尽力而报国。西人称之为‘血税’。以其生血报国之谓也。”将兵役称为“血税”，引发了荒诞无稽的流言。坊间流传各种说法，有的说“血税”就是真的取士兵的鲜血卖给外国人，有的说是用士兵的血酿造葡萄酒，有的说用它染红毛毯、军服和军帽，诸如此类，不一而足。明治政府感到吃惊，便修改《征兵告谕》，发布了通俗易懂的《征兵通知》，但是似乎起到了相反的作用。这个时候，由于明治政府推行的建立学制、强制剪短发等现代化政策，增加了人们的负担，引起民间的不满。有人就利用这种误解和流言蜚语，煽动民众反抗政府。

1873 年 5 月下旬，由于有人利用农民对“血税”的误解进行煽动，日本东南地区的冈山县一带，数万农民起事，发生了长达六昼夜的暴动。富豪的宅邸、学校、受歧视的部落被烧毁，官吏、教师等被杀，多达大约 400 户的房屋被损坏、烧毁，造成 10 多人死伤。暴动被镇压下去，相邻地区也人心惶惶。20 多天后，当地的一位农夫看到陌生人，误以为是征兵者，大声叫喊：“来榨血啦！”随即引发 2.2 万农民起事，暴动长达 5 天。暴动农民发出的请愿书中，除了要求废除征兵，还包括废除小学、废除阳历等内容。不久，另一个农村地区的数万农民再次起事。这些起义的持续时间很短，都被迅速地镇压下去。

即使没有因“血税”一词产生误解，平民也不会对征兵表示欢迎。他们并不理解获得服兵役的权利这件事情的意义，只是觉得服兵役是一项沉重的义务。人们这样理解也无可厚非，从日本国民方面来看，兵役并不是被赋予的权利，而是明治政府强制的任务，是另一种形式的赋役。有人编创了“兵役惩役，一字之异，一佩军刀，一锁铁链”这样的话，就充分表达了这一点。因为原本他们一直认为，防御外敌是武士的工作，而不是平民应该参与的事情，而且他们害怕兵营生活的严格纪律。另外，他们担心因为征兵而失去主要劳动力，家庭生活将会变得更加艰苦。

征兵令规定，缴纳替代金的人可以免除兵役。这样，富人便可免除兵役。这件事情更加让人们感到征兵制不公平，增加了人们的反感。直到西南战争结束后，明治政府每年实际上征召的现役兵只有 1 万人左右。为什么只征召这么少的现役兵呢？一个重要原因就是许多人逃避兵役。1876 年，年满 20 周岁的征兵对象大约为 30 万人，其中 82% 符合免除兵役的条件，而 1878 年达到了 89%。符合免除兵役条件的人很多，确实是一个严重的事态，有些地区甚至出现了少量缺编的现象。当时，一般是从征兵体检合格的人中，通过抽签来挑选现役兵，但是 1879 年已经没有进行抽签的余地了，甚至不得不让体检不合格的人进入军队。

对于征兵制，军队内部也有人反对。萨摩藩出身的一位陆军少将公开宣称："把乡下佬集中起来，只能是制造人形玩偶。究竟何益之有？"他认为，农民没有能力打仗，因为他们形成不了战斗力。所以，起初所征现役兵没有进入近卫队。后来西乡隆盛在征韩论争中失败而下野，来自萨摩藩的近卫队官兵大批回到鹿儿岛，明治政府为了补充兵员而不得不让征兵出身的士兵进入近卫兵。

1877 年的西南战争最终证明，被西乡隆盛的军队蔑视为"百姓町人"的政府军，如果经过充分的训练，熟练掌握先进的武器，也能够与士族兵一样作战，从而消除了民众对政府军和征兵制的怀疑。在西南战争中立下赫赫战功的是近卫兵，尤其是近卫炮兵。据说，当时西乡隆盛的军队赞扬近卫炮兵的精锐说："如果没有红帽子（近卫兵）和大炮（近卫炮兵），就冲进美丽的江户了。"

然而，不久之后，正是这些近卫炮兵发动了叛乱。因为他们对西南战争后的论功行赏不满，另一个不满的理由是待遇降低。由于西南战争中花费大，陆军省相应地削减了官兵的薪酬。并且为了节约经费，兵营的日常生活开支也被迫缩减。1878 年 8 月一个闷热的夏夜，西南战争结束还不到一年，100 多名近卫士兵杀死大队长和一名士官，离开驻地竹桥兵营，奔向皇居门口，强行向天皇提出要求。这就是著名的"竹桥事件"。在近卫兵的意识中，这是向天皇请愿，而不是叛乱。但镇压部队迅速出击，到第二天凌晨，事件就被平息下去了。

军纪一直是日本军队的大问题，武士们向来无视军纪，代替武士兵的普通士兵也缺乏纪律意识。在征兵制实行的前一年，兵部省制定《读法八条》，明确规定军人应该遵守的各种规范，士兵入伍时要朗读，还要在上面签字盖章，发誓遵守。后来又颁布《海陆军刑律》，规定了严厉的刑罚。尽管如此，军人的犯罪人数仍然有增无减，从 1874 年大约 70 人飙升到 1876 年的 1080 人。“竹桥事件”是一件最严重的抗命、结党罪行，因此明治政府决定加以严惩。陆军裁判所共处分了近 400 名官兵，其中对 53 名士兵处以死刑。

作为征兵制的积极推动者，陆军卿山县有朋将征兵制视为培养新一代国民意识的途径。但是军人犯罪让他意识到，必须确立和加强军纪。他指示起草一个新的军人行为规范，1878 年 10 月中旬，也就是“竹桥事件”后将近两个月，以山县有朋陆军卿的名义印发了《军人训诫》。

《军人训诫》把忠实、勇敢、服从列为军人精神的三大要素。耐人寻味的是，它不再像以前那样否定武士，反而对武士道精神作了肯定的评价，制造新的民族性神话。因为征募兵已经逐渐取代武士，所以没有必要再否定封建意识，反而想将以前否定的封建武士道作为服从的根据。《军人训诫》从武士道中提取、强调的精神要素也有忠实和勇敢。在此基础上，它相当具体地列举了各种各样的军人行为规范。例如，除了恭敬“圣上”（天皇）、遵守军队内部等级秩序、尊敬文官、礼貌对待平民、配合警察等内容，《军人训诫》还涉及如何对待部下、与同僚交往等内容。

二、天皇的工具

值得注意的是，《军人训诫》特别强调军人的服从性，“无论认为上级的命令多么不合理，都必须服从。如果认为命令不合理，在先予服从后，可以按照正当程序进行抗议。不过，抗议时，绝对禁止结党”。

《军人训诫》为什么要强调“禁止结党”呢？“竹桥事件”发生之际，正是自由民权运动的影响扩大之时，在参与叛乱的官兵中也发现一些人受到该运动的影响。军人关心政治问题，对政治问题发表意见，是明治政府非常忌惮的事情。不过，这似乎是日本的传统，因为在封建体制下，武士不仅是单纯的军事精英，而且是承担政治、行政职能的统治精英。最初，明治政府沿用幕府以来的法国式军制，但是军政两权始终未分开，结果文权未能统制武权，而且军队单独行动，经常搞乱文武两权的统一。武士们仍然常常对政治问题发表意见，甚至为自己的政治主张采取行动。西乡隆盛下野后，出身萨摩藩的近卫兵官兵不顾天皇两次亲自挽留，大举辞职，追随西乡回到鹿儿岛，就是军人介入政治问题的一个典型事例。

1874 年还发生了一起事件。事情的缘起是 1871 年，60 多名琉球人乘船遭遇台风，漂流到中国台湾南部登陆，其中 54 人被当地原住民杀害，其他人被清政府送回日本。日本以琉球漂流民被杀为借口，于 1874 年 4 月组织军队，计划向中国台湾出兵。由于英美两国公使出面干涉，日本政府发生动摇，决定停止行动。但是陆军中将西乡从道不服从命令，率舰队侵略中国台湾，导致日本与清国关系紧张，但结果西乡从道并没有受到任何处分。

从那时起，军政分离、军事与政治分开，就成为一项亟待解决的课题，尤其是“竹桥事件”的官兵们在“民权论”影响下的行动，大有以暴动颠覆政府的态势，更让政府感到实现军队非政治化迫在眉睫。恰在这时，山县有朋的部下桂太郎从德国学习军事行政回来，桂太郎建议学习普鲁士的军制，建立军政、军令分开的军事体制。在这样的背景下，山县有朋不但颁布《军人训诫》，而且在军队中引入统帅独立的制度，就是成立专司作战计划制定和军队指挥调动的参谋本部，独立于陆军省之外，直属天皇。参谋总长不仅不受陆军卿的管辖，也不受政府的管辖，他可以直接接触天皇，向天皇进行汇报，接受天皇指示。这就意味着，军权从政府手中转归直属天皇的参谋本部掌管，从而纳入天皇手中，天皇可以依靠参谋总长的辅佐下达任何命令。陆军职制第一条就明确规定，帝国陆军全员直属天皇。

从此，明治天皇被赋予军事权威，虽然他本身没有参与过任何军事行动，也没有任何军事领袖资质。这样做的目的，就是要使军队绝对服从作为政治君主的天皇的命令，防止军队的私兵化政治，最终将民权派（日后的议会势力）与军事指挥权完全分割开来，筑成对付自由民权运动的坚固城堡。

为了杜绝自由民权运动对军队的影响，阻止军队和政党势力相勾结，《军人训诫》强调军人不能干预政治。身为军人，如果对政治确实有认真思考之处，以稳妥的方法表达是可以的，但是非议朝政、私议宪法、批评政府行为等都和军人的本分背道而驰。另外，给报纸、杂志匿名投稿，谈论时事，也违背军人本分。值得注意的是，这些禁止的行为实际上都是发生过的。

《军人训诫》颁布以后，日本军队还成立宪兵队，负责审查兵营内部获准流通的书籍，但是军人干预政治的例子并未减少。相反，随着自由民权运动的兴起，还出现了受其影响、对自由民权表示赞同的军人。到了 1880 年，这样的行为变得尤为显著。东京镇台的一位下级军官就抗议明治政府不接受开设国会的请愿，要在宫内省门前以死相谏。明治政府对自由民权运动的影响感到不安，急忙颁布《集会条例》，禁止军人、警察、教师、学生参加集会和结社，讨论政治问题。

尽管如此，军人参与政治的事件并没有绝迹。1880 年 8 月，东京镇台的一位陆军步兵伍长向明治政府高官亲呈上书，还在赤坂临时皇居门前剖腹自杀，经抢救未死。他在上书中要求开设国会，声称“吾魂虽死，亦将魂附全国有志之士，非至降诏开设国会，决不瞑目”。这件事情对军方的震动之大超过“竹桥事件”。军人干政最为著名的一个例子，就是 1881 年 9 月四位将军向天皇上奏，抗议“明治政府出售开拓使官有资产事件”。这一事件是“明治十四年政变”的一环。由于此次政变，明治政府撤销了开拓使国有资产的出售，并颁布了将于 1890 年开设国会的敕谕。有意思的是，几个地方镇台的士兵本来为了建议开设国会而逃出兵营，据说在听到开设国会的敕谕后，都回去自首了。

随着自由民权运动的发展，军纪松弛会不会进一步恶化？为了应对这种情况，1882 年 1 月，明治政府颁布了《军人敕谕》。和《军人训诫》一样，《军人敕谕》也是启蒙思想家西周起草的。西周是幕府派出的第一批留学生，曾在荷兰学习法律，回到日本后进入明治政府的兵部省工作，参与征兵制度方案的起草。他是一位不可多得的人才，曾翻译出版《万国公法》，参与创办启蒙团体“明六社”。在山县有朋的指示下，西周拟订了《军人敕谕》草案。《军人敕谕》和《军人训诫》在语言风格上有相当大的差异。《军人训诫》是针对军官的，使用了有点儿晦涩难懂的语言，而《军人敕谕》为了让普通的士兵也能够理解，相当口语化。

山县有朋对西周草案进行了修订，增加了一段话，要求日本军人“不妄议政治，安守本分节操。常思义重于山岳而死轻于尘芥”。后来的正式版本里，这段话改为“唯思坚守忠节之本分，树立义重于山岳，死轻于鸿毛之觉悟”。正是这些强调“死轻于鸿毛”的文字，日后怂恿着许多日本兵走上了死亡之路。

山县有朋格外注重《军人敕谕》的颁布形式，因为日本没有与欧洲基督教相匹敌的传统宗教，不可能向宗教寻求统一人心的作用。神道教、佛教、基督教在日本都有流传，如果从中选取一个，作为寻求统一人心的宗教，反而会偏向一方，结果只能搅乱人心。为了避免这一矛盾，山县想到求助于天皇的权威，用敕谕的形式加强对军人的训诫。按照惯例，天皇诏敕都会由主务大臣进行副署，并由主务大臣代替天皇对诏敕负政治责任。山县有朋认为这样做效果会存在很大的局限，为了将《军人敕谕》打造成一份能够撼动广大将士内心的诏敕，他坚持要求打破惯例，以天皇的名义直接将《军人敕谕》颁发给陆海军。

最终，《军人敕谕》成了一份仅有天皇署名、没有主管国务大臣副署的特殊政治文件。《军人敕谕》最大的特点在于，强调国家军队是天皇的军队。它首先强调，自古以来，军队都处于天皇统率之下。显然这是不符合历史的，至少在幕府时代里，天皇根本不掌握军队。不过，这种政治文件的目的不是考证历史，而是为现实服务。它从虚构的历史推出的结论是，天皇与军人具有特殊的关系，天皇把军人视为自己的股肱，军人把天皇视为自己的首领。“朕赖汝等为股肱，汝等仰朕为首领，其亲尤深”，直到 1945 年战败前，三代天皇在军事操练和陆海军学校的毕业典礼上讲话时，常常引用这句话。

《军人敕谕》列出了忠节、礼仪、武勇、信义、朴素五项，作为军人的行为规范和精神要素。在“礼仪”里出现了一句有名的话“须知下级者承上官之命，实为直接承朕之命之义”。这样，把服从的根据归结为对天皇的忠诚，打着天皇的旗号解决问题。通过效忠天皇，服从天皇的命令，从而使得服从上级具有了绝对性。当时，天皇是具体体现“国家”和“国民”这些新观念的象征。因此，应该说，《军人敕谕》利用天皇这一象征，确立了服从原理。

近代以来，日本军队给人的形象总是纪律严明、尽忠报国，这主要归功于《军人敕谕》，因为它塑造了日本军人的精神。凡是军人，提到“天皇”两个字就要马上起立，要一字不错地背诵《军人敕谕》，背错一个字便会遭到毫无道理的肉体惩罚。所以，每一个军人都把《军人敕谕》背得滚瓜烂熟，入口、入心、入脑。山县有朋通过《军人敕谕》，对所有的日本军人进行了洗脑，使他们心里面只有一条，就是要无限忠诚、无限服从天皇。在一些关于第二次世界大战题材的电影里，很多日本官兵在自杀的时候，或者是当敢死队上战场的时候，他们喊的口号就是为了天皇，表现出一种非常盲目野蛮的勇敢，他们甚至认为为了天皇而死是光荣的。

从服从天皇的逻辑出发，又推导出军人不干预政治的结论。《军人敕谕》的逻辑是，因为效忠天皇，所以军人就应该服从天皇批准的政府政策，不议论它的是非，也不受周围批判政府的影响，勇于为国家献身。军人对政治进行上书、建议或者谈论，都要受到惩罚。在 1889 年 2 月的《众议院议员选举法》中，军人的选举权和被选举权也被否定了。《军人敕谕》不但从日本军人的内在精神抑制了军人干政，而且通过多重法律措施加以严厉禁止。

三、枪口从对内转向对外

作为军方的首领，山县有朋抱有强烈的“军事优先”思想。但是明治政府在最初实施征兵制时谨小慎微，征来的士兵只负责守卫本辖区。随着 1877 年西南战争爆发，征兵制才开始扩张加强，征兵的目的不再受到限制。直到《军人敕谕》颁布的 1882 年，征兵制实行了 9 年，但是日本的常备军只有 4 万人，没有达到定员。

如果说日本陆军是从零起步，那么日本海军就完全不同了。在幕府时代，海军就已经有了一定的发展。幕府开国后，面对欧美列强，意识到海军的重要性，于是就开始建立海军。等到推翻幕府以后，这些海军就整体被明治政府接收过来，然后以它为基础，开始建设日本海军。这时候建设海军的目的，已经和幕府时代不同了。幕府时代的海军主要目的是自卫，明治政府建立海军的目的是什么呢？明治天皇在诏书里提出了一个目标，“开拓万里波涛，布国威于四方”，就是要建立一支强大的海军，在世界上发扬日本国威。如果说德川幕府时代的海军是防卫性的，可以归结为“海防论”，那么在明治维新时代就变成了以对外扩张为目的的“海权论”。明治维新不久，日本就已经表现出了一种咄咄逼人的野心，在建设海军上表现得非常明显。

为了更好地发展海军，1872 年，明治政府废除了兵部省，一分为二，分别设置了陆军省、海军省，标志着海军已经成为一个独立的军种，走上了独立发展的道路。从历史来看，从山县有朋到桂太郎，日本陆军的领导人主要来自长州藩。可以说，一直到第二次世界大战，日本陆军里最有影响力的都是长州出身的人。和陆军不一样，海军的领导人主要来自萨摩藩。比如说西乡隆盛的弟弟西乡从道，就是日本海军建设过程中非常重要的一员。为什么是萨摩藩呢？因为明治维新之前，萨摩藩就大力发展自己的海军，还和英国海军发生过一场战役。由于萨摩藩有海军人才，所以明治政府将海军发展交给了萨摩藩出身的人。

这样就形成了非常有意思的一个现象，就是日本陆军和海军长期不和、钩心斗角，一直持续到 1945 年战败。在半个多世纪里，日本的军事史就是一部陆军和海军不断斗争的历史，根源就在于陆军由长州藩人把持，而海军由萨摩藩出身的人把持，地缘矛盾与军种矛盾搅和在一起，在分配军费上冲突不断。

建设海军是非常耗费金钱的。任何一个国家建设海军的投入都远多于陆军，因为海军要购买军舰、装甲舰等设备，对海军官兵的文化水平要求也要高得多，比如说军官一般都要会一门外语。即使是普通海军士兵要操作军舰上的设备，都需要比较精深的专业知识。从历史上来看，日本海军的整体素质都要高于陆军，也就意味着要花更多的钱。明治维新以来，日本的财政状况一直不富裕，军费从哪儿来呢？只能从农民那里去征税。由于财政紧缩，各项预算不断被削减，不管是陆军还是海军，大力发展都很困难。

1882 年是一个历史的转折点。这一年 7 月，朝鲜发生一次武装暴动，日本公使馆被焚毁，这就是“壬午兵变”（1882 年是壬午年），引发大清国和日本同时出兵干涉，暴乱被平息，从此两个国家在朝鲜明争暗斗，为十二年后的甲午战争埋下伏笔。山县有朋在兵变后不久就指出，欧洲各国距日本较远，不存在入侵的可能性，日本的假想敌应该是大清国。他认为大清国军事力量在不断增强，呼吁日本必须加紧扩张军备。

在此背景下，日本陆军当局提出计划，要增设野战炮兵联队以及骑兵、工兵、辎重兵大队等特殊兵种，加强具备在清国大陆平原作战能力的野战师团。陆军一方面改革兵役制度，扩大征兵的范围，对原来的免役条件加以严格限制，加强对逃避征兵的取缔，彻底实行严格的全民皆兵主义和普遍服役主义；另一方面加快军制改革，将镇台制改为师团编制，改组作为军制上层结构的高级司令机构，负责军政的陆军省与负责军令的参谋本部并列，并建立统管教育和人事的监军部，这三个机构的长官共同组成天皇的最高陆军参议官。陆军还设置监军，以保证在战争爆发时能够立即率领由两个师团编成的军团出征，又把补充常备军战争消耗的预备队以及第二线预备队都定为法制，这样就把日本陆军改编成为能够参加正式国外战争的军队。由于这一措施，实际兵力膨胀了 1.5 倍。到 1887 年，日本陆军就建立起能够进行近代战争的军事体制。

1886 年 8 月，清国北洋水师提督丁汝昌曾率领“定远号”“镇远号”两舰航抵横滨，邀请日本议员登舰参观。清国将领都懂英语，舰内清洁不亚于欧洲舰队。和清国的军舰比起来，巨大的差距深深刺痛了日本朝野。日本海军能够用于实战的军舰只有 3 艘，加上建造中的 2 艘，全都是 2000 吨以下的军舰，远远比不上清国。

和清国的关系紧张，使得日本意识到有必要扩充海军。日本认定，清国的军事力量不断增强，必然早晚成为日本的威胁。

所以，日本海军方面提出，要求将过去原定 20 年内建造 60 艘的计划提前实现，改为 8 年内建造 48 艘。为了适应清国大陆作战的需要，海军还要求在日本东西部建设两个军港，以准备应对与清国的战争。扩大海军所需的经费，每年需要 402 万日元。当时是通货收缩末期，明治政府 1881 年总收入为 6681 万日元，其中陆海军经费已达到 1177 万日元，要追加扩大军事预算是困难的。但是对日本来说，建设一支足以对抗北洋水师的海军成了最高命令，而且定下了目标，务必在 1894 年前拥有新的精锐舰队。于是明治政府一面加紧增税，一面扩张军备。

到了 1890 年，由于议会和政府在改革海军问题上有分歧，议会削减了建造军舰的政府预算。天皇为了解决纠纷，发布诏敕指出，国防是百年大计，不能拖延，决定节省皇宫里的开支，在今后 6 年里每年拨出 30 万日元给海军，而且命令文武官僚，在同一期间捐出薪俸的十分之一，来支持补足造舰费用。天皇的决定在朝野上下也引起了危机感，很多国民主动献金。1893 年 3 月 18 日，明治政府发表公告感谢庶民的自愿捐献，宣布建造军舰费的预算已经完成，不再接受献金。

与此同时，海军部门设立了与陆军参谋本部并列的海军军令部。明治政府公布战时大本营条例，确定了战时的统帅机构。根据该条例，大本营中参与帷幄机密、计划帝国陆海军大规模作战是参谋总长的责任，决定了陆军对海军的优势地位。

对于日本军队来说，1889 年也是一个非常关键的年头，因为这一年《大日本帝国宪法》颁布。在此之前，《军人敕谕》强调统帅权，声称军队由天皇亲自统领。1885年，伊藤博文废除太政官制、建立内阁制度时，通过规定内阁职权，明确了内阁总理大臣没有统帅权。宪法第 11 条规定“天皇统帅陆海军”，最终确定了天皇的统帅权。尽管如此，陆军的正式称谓仍然是“大日本帝国陆军”，海军是“大日本帝国海军”。这些称谓有时简称为“帝国陆军 / 帝国海军”，有时干脆就是“国军”，总之强调的是“国家军队”概念，而不是“皇家军队”。所谓的“皇军”称谓是 20 世纪 30 年代一些激进的皇道派军官发明的。

宪法第 12 条规定，“天皇确定陆海军编制及常备兵员”，确定天皇拥有编制大权。编制大权的职权是决定陆海军编制，议会无权干涉。作为统帅机关，参谋本部也独立于议会之外，超越立宪制度而成为军部的堡垒。1890 年 11 月，东京召开第一次帝国国会。为了让占多数议席的民权派通过陆海军的军费预算案，担任第三任首相的山县有朋在议会所作的施政演说中，提出国家除了防卫的主权线不容别国侵害，还要保卫自己的利益线，就是和国家主权线安全紧密相关的区域。山县有朋按照强权政治那一套看待世界，“利益线”理论带有明显的军事意义，为此他提出要将预算支出的大部分拨给陆海军。

由于议会和明治政府在改革海军问题上有分歧，议会没有满足山县有朋的要求，反而削减了建造军舰的政府预算。不过在天皇的带领下，社会各界纷纷出资支持，同时明治政府发行海军公债 1700 万日元，海军军费得到大幅提高，使海军取得长足发展。耐人寻味的是，为了能够穿透清国北洋舰队定远级战舰的装甲，日本海军竟把口径 32 厘米的大炮装在只有 4200 吨的舰体上，使这些军舰成了世界军舰史上罕见的畸形舰。这也是日本海军由于财政困难不能建造装甲战舰而处心积虑的产物。

就在 1893 年 10 月，也就是甲午战争开战前一年，山县有朋撰写《军备意见书》指出：东洋之局势将于未来 10 年彻底走向决裂，届时日本所面临的敌人并非大清国和朝鲜，而是英、法、俄等国。在山县的认知中，当时的大清国仿佛是帝国主义列强的盘中餐。面对这一东亚局势，他主张日本一方面要防止卷入大清国局势，另一方面也要做好分一杯羹的准备。几乎同时，外相陆奥宗光在议会发表演讲，扬扬得意地展示日本的国力与军力，宣告富国强兵国策的成功。但是，富国强兵的目的是什么？完成富国强兵目标之后国家应该向何处去？这些问题似乎没有人考虑。

到了 1894 年，也就是明治维新 20 多年以后，日本海军一共有炮舰 28 艘、水雷艇 24 艘，具有了和大清国海上决战的实力。日本陆军也表现得咄咄逼人，达到了 7 个师团，总计兵力 20 多万。在甲午战争前夕，日本就已经开始跃跃欲试，试图通过战争来证明“富国强兵”的国策已经成功。于是，日本在 10 年里迎来了两场对外战争，而且取得了胜利，更加鼓吹富国强兵的作用。但是从历史的角度看，这些胜利对日本并非福音，而是走向更大灾难的前奏。只有到了 1945 年战败之后，日本才真正开始反思和抛弃富国强兵政策。

第 14 讲

修改条约：一次艰难的长跑

在修改条约的漫长过程中，
民间力量也参与进来，
其中排外情绪是一股强大的潮流，
几次打断了修改条约的进程。

1889 年 10 月 18 日，外务大臣大隈重信参加完内阁会议后，坐马车驶向外务省的方向。

当时，大隈正在和各国进行修改条约谈判，已经接近尾声。但是由于舆论反对，内阁无法下决心签约，大隈也无计可施。与此同时，反对修改条约的激进分子正在蠢蠢欲动。当大隈的马车来到外务省大门口的一刹那，一个年轻的激进分子突然跳出来，向马车里投掷一枚炸弹。随着一声巨响，56 岁的大隈顿时倒在血泊中。

大隈右小腿被炸坏，一度生命垂危。虽然他最后幸免一死，却不得不截去右脚，晚年只能扶杖而行。行凶者则跑到皇宫前剖腹自裁。吊诡的是，行凶者非但未被谴责，反而被社会舆论誉为“英雄”。在这种情况下，大隈不得不辞职，修改条约再次被搁浅。

这是修改条约谈判第三次陷入僵局。自从明治维新以来，日本与西方谈判修改不平等条约的过程迂回曲折，令人唏嘘。

一、第一次努力失败

明治政府成立不久，就开始谋划修改幕府与欧美国家签订的“安政五国条约”。

1858 年，也就是明治天皇的父亲孝明天皇在世时的安政五年，德川幕府与先后与美、荷、俄、英、法五国签订五个条约。明治政府认为，这些条约属于不平等条约，因为它赋予外国人领事裁判权，关税税率也要与签约国协商，日本没有关税自主权。早在 1868 年 2 月，明治政府就在关于外交的第一个文告中宣布了修改条约的方针，但一直未能实现。随着时间的推移，修改条约越来越迫切。为什么不干脆一废了之，重新缔结条约，而一定要修改呢？“安政五国条约”的特殊性在于，日本没有废约之权，只能在一年前提出通告，要求谈判予以补充或修订。也就是说，在缔结平等条约之前，日本只能在忍受不平等关系的不利条件下，通过谈判修改条约。

与欧美各国缔结的条约，规定 1872 年 7 月 1 日为修改日期。眼看就要到期，于是从 1871 年开始，外务省组织专家团队研究对策。主要参与者神田孝平、津田真道二人是启蒙思想家，曾翻译过欧洲法学著作。他们起草的条约草案只不过把现行条约作了若干修正，距离平等条约草案很远。他们认为，日本在各项规章制度还没有充分修订的情况下，把旧条约修改成平等条约是困难的。现在即使修改，也只能是修改细枝末节，无法改变条约的主体内容，也难以让国内民众满意。他们建议，将改约日期延缓三五年，等到国力达到一定程度再说。

明治政府接受了这一建议，拟就了一条基本方针，就是避免草率修改，作好充分准备后再缔结修正条约。为此，明治政府决定先派使节去西欧各国，交涉延期修改条约问题，同时考察欧美各国的文物制度。这就是岩仓使团的由来。当时明治政府拟定的“派遣使节事由书”，阐明了派遣使节的意图，非常值得分析。它指出，由于日本陈规旧习未除，各国政府及各国驻日公使将日本视为特殊国体政俗，差别对待，导致日本无法恢复自己的主权。那么，怎么才能修改条约，确立独立自主的国家呢？“事由书”说：

> 欲修改往日之条约，则须依据国际公法。若依据国际公法，则我国国法、民法、贸易法、刑法、税法等法律，凡与公法相抵触者，均须改正修订。凡此之研究、起草及实际实施，需以一年乃至二、三年为期，非一朝一夕所能毕其事，此不可不考虑。①

也就是说，日本政府认识到，想要达到修改条约的目的，就要依据国际公法，修改日本国内与国际公法相抵触的诸多法律。这需要时间，绝不是一朝一夕能够完成的。这种尊重国际法的意识，是非常难能可贵的。可是，这样一来，修改条约的谈判就不得不暂时搁置。

在这种情况下，为什么还要派遣使团呢？第一，日本的政体发

---

① 〔日〕信夫清三郎：《日本政治史》（第二卷），周启乾、吕万和、熊达云译，上海：上海译文出版社，1988 年，317-318 页。

生变化，希望通过使团与欧美国家建立友好关系，让国际社会了解和认识明治政府；第二，向欧美各国阐明明治政府的目的和期望，争取让各国政府认识到，日本并不是一个特殊国体政俗的国家，和它们商量依据国际公法修改条约；第三，亲眼观察那些开化昌盛国家的各项法律规章，如果对日本解决实际事务有帮助，就要详细地研究考察，以便将来在日本国内付诸实施。

不能不说，面对幕府时代留存下来的不平等条约，明治政府表现得非常冷静理智。但是 1871 年 12 月下旬岩仓使团前往美国出访时，仍然试探着和美国商量修改条约的问题，遭到拒绝。岩仓使团深深感到修改条约障碍重重，不易打破，回到日本后开始致力推进富国强兵、殖产兴业等政策，修改条约问题也就被搁置起来。

进入 1875 年以后，形势发生了变化，美俄两国开始试图单独对日外交。外务卿寺岛宗则看出各国的统一步调已经紊乱，打算立即开始交涉收回税权的问题。之所以首先交涉收回税权，是因为寺岛宗则认为，一些民众对与外国交往抱有反感，甚至酿成一些排外事件，根本在于外国干预日本税法，导致日本不能靠关税收入增加国家岁收，加重了国内民众的税赋负担。当然，寺岛外务卿并没有忽视收回法权的重要性，但是他在和各国公使交流中，发现对方不信任日本的法律和法官，主张除非采用埃及那样有外国法官参加的混合审判，否则绝对不可能让外国公民服从日本的审判。因此，日本政府缩小目标，收回法权问题从缓，希望西方列强把部分关税权交还日本，而日本则答应开放更多通商口岸。

当时世界上最强大的国家是英国，修改条约的成败关键在于英国的态度。没有想到的是，和美国的谈判最顺利。美国第一个与日本签署条约，承认日本收回税权，日方则决定新开放两个港口作为补偿。外务省指示其他几位驻外公使，仿照美国的内容缔结条约，却遭到英、法、德三国的坚决拒绝，这些国家担心日本政府恣意决定税权，影响它们的对日贸易。后来，外务省决定在东京启动修改条约谈判，各国也都同意。为了便于贯彻本国的主张，日本计划在谈判时同各国分别进行，各个击破。

可是，就在谈判即将正式开始前夕，发生了两个事件，影响了谈判的进程。一个是英国人哈特利秘密携带未经炼制的鸦片，被日本海关查获，其人也被送上横滨的英国领事法庭。按照条约的规定，鸦片为禁止进口的物品。可是，领事法庭竟然判决哈特利无罪，理由是生鸦片是供药用的，所以不属于条约中的禁止进口物品，而且向日本运进鸦片并不违反英国政府的有关法令。1878 年 2 月，哈特利又因为吸食鸦片被查获。由于吸食的鸦片属于违禁品，所以必须处罚，但最后仅仅罚以少量金额了事。日本外务卿寺岛宗则对判决提出抗议，但英国方面根本不予理会。

另一件事发生在 1879 年 7 月，德国轮船不服从日本检疫规定。该轮船名为赫斯培利亚号，是从流行霍乱的大清国驶来的。为了防止霍乱流行，日本方面加强了检疫。“赫斯培利亚号”无视日本的检疫规则，仅做了所谓的“自查”，就在军舰的护航下开进了横滨港口。寺岛宗则为此向德国公使提出抗议，正访问日本的美国前总统格兰特也批评了德国的做法，认为日本即便击沉该艘德国船只也属正当行为。但是，德国方面没有表示任何歉意。

这两个事件引发了各界的不满，导致社会舆论哗然。自由民权派的《朝野新闻》登载了《英国人的横行霸道》一文，充分地反映了民众的感情，攻击英国驻日公使。日英修改条约谈判停顿下来，寺岛外务卿的交涉以失败告终，引咎辞职。第一次修约谈判夭折。

“哈特利事件”告诉人们，即使条约上有明文规定，如果不收回对它有解释权的领事裁判权，条约本身也就不会有任何实效。而且，“赫斯培利亚号事件”发生时，霍乱正从九州向关西蔓延，死亡者剧增。到年底，死于霍乱者已达 10 万。因此，日本民众认为横暴的英德两国是不讲人道的。这一事件表明，要收回国权就必须收回法权，寺岛外务卿所尝试的那种只限于收回税权的修改条约工作，已不能满足国民的要求。

自由民权运动的目标之一，就是完成修改条约。1879 年 11 月，在大阪召开的爱国社第三次大会上，产生了异常激烈的争论，有人主张先修改条约，有人主张先开展设立国会的运动。最后大会决定，排除修改条约先决论，在全日本范围内开展设立国会的请愿运动。报纸刊登的自由民权派的评论说，修改条约之所以不能实现，真正的原因是英德法三国蔑视日本，三国蔑视日本的根源在于日本没有国会，不能集中国民的舆论。因此日本要想实现修改条约，排除治外法权，就必须迅速设立国会。自由民权运动迅速扩展，势如奔流，影响了民间的舆论。要求既收回法权，又收回税权，并把修改条约的工作进行到底的呼声，在日本民众中日益高涨。

修改条约本来是一件需要谈判技术的外交工作，可是随着自由民权运动兴起，它被卷进政治旋涡。从具有民主知识的民主主义者，到只顾眼前行动的草莽之士，各色人等都参与进来，参与方式各有不同，幕末以来的排外情绪也暗流涌动，注定让修改条约之路崎岖不平。

二、鹿鸣馆外交

1880 年 7 月，新任外务大臣井上馨开始交涉修订条约问题。

修约预备会议在东京举行，井上馨向相关各国宣布，日本以允许外国人居留日本内地作为交换条件，将逐渐废除领事裁判权。其次，要求修改进口税率以增加关税收入，而不是马上恢复关税自主权。英国带头表示，如果日本政府果真能践行承诺，可以考虑使日本拥有“关税独裁权”；如果日本能健全法律体系，制定民法、商法、民事诉讼法，英国无意保留领事裁判权。

根据英国的表态，井上馨决定修约交涉分两步进行：在前两年的时间里，进行条约的部分修改，主要是增加关税的税率；在此之后，就废除领事裁判权、全面恢复关税自主权同各国交涉，全面修改条约。日本方面按照“两步走”的策略进行谈判，但是进展缓慢。

1885 年，伊藤博文成立内阁后，井上馨继续担任外务大臣。这时候，日本的殖产兴业正在快速推进，条约对关税进行限制，阻碍了日本进一步推动工业发展，治外法权的问题也越来越突出。对日本来说，它的存在如同侮辱，时常提醒着众人日本仍是低人一等的国家。井上馨认为，近年来欧洲各国进一步在亚洲发展其势力，最终会抵达东亚。亚洲真正保持独立地位的，只有日本和大清国。在这种形势下，日本的立国之道就在于加速自我进步，适应世界发展大趋势。具体来说，就是要把日本改变成欧洲那样的国家，把日本人民改变成欧洲那样的人民。一句话，要“在东洋创造出一个欧洲式的新帝国”。

如何创造“欧洲式的新帝国”呢？首先要让外国人认同日本，尤其是得到居住在日本的外国人的认同。于是，鹿鸣馆外交登场了。

鹿鸣馆最早是一个外国人的宿舍，后来经过扩建装修，变成了一个招待外宾的高级会所。外务省办公大楼总计花费 4 万日元，改建鹿鸣馆却花费 18 万日元，可以想象它的豪华奢侈。1883 年 11 月举行鹿鸣馆落成庆祝宴会，此后经常在此开办晚会和舞会。外国人在这里受到隆重的接待，日本人也在这里向外国人展示他们已经摒弃了过去陈腐的生活方式、学会了欧洲的餐桌礼仪并能够举办舞会。鹿鸣馆的飨宴精美别致，很多菜都配有法语菜单。在舞厅里，日本绅士身穿从英国订购的燕尾服，女性则身着在巴黎设计的礼服，随着陆海军军乐队演奏的欧洲最新音乐，跳着各种各样的西洋舞蹈。

井上馨明确“欧洲式的新帝国”的想法后，鹿鸣馆的作用更加凸显。包括伊藤博文首相在内的日本政府高官们，以及他们的夫人和小姐们，都纷纷来到这里展示他们昂贵的服饰和高超的舞蹈技巧，其中就包括外务大臣井上馨和他的妻子。井上希望通过这种同样的趣味与外国政要建立关系，劝说他们相信日本学习欧洲文化已经取得了非常高的成就，应对日本平等相待。他的最终目标是要取消治外法权，治外法权的存在表明欧洲不相信日本的司法制度，也是外国人优于日本人的最明显的实例。

当西方人士与日本人在鹿鸣馆的高级舞厅中翩翩起舞时，与条约有关的各国公使在东京聚首。经过近一年的努力，终于达成了划时代的成果。1887 年 4 月，各国公使最后草拟一份协议。根据该协议，日本可以取得关税自主，同时也大致取回各通商口岸的治外法权，不过日本要同意开放全国，外人可以自由居住及通商。除此之外，该草约还有两个附加限制，内容相当重要。首先列强要求日本订立一部新法典，这点本不成问题。事实上，当时日本也正在草拟一部新法典，但列强要求新法典必须先经各国审查同意后，新通商条约才能生效。其次，新通商条约规定，日本法庭必须雇用外籍法官审理有关外国人的案件。

作为外务大臣，井上馨认为，光凭欧化政策是达不到修改条约目的的，不管是将编纂的法典的英文正本送交外国政府，还是在一定的时间内任用外国人担任日本的司法官，都是必须作出的让步。这与伊藤博文首相的认识是一致的，他们都认为这是从治外法权到独立而不受制约的过渡阶段，必须分阶段逐步实现法律平等，接受外国法官参与审判、解决居留权和国际贸易等方面的纠纷。为了庆祝修约谈判的初步胜利，伊藤博文首相在官邸举办了一次化装舞会。400 多人参加舞会，伊藤博文本人装扮威尼斯贵族，严肃的内相山县有朋也化装成骑兵队队长的模样，使狂欢达到了高峰。他们没有想到，这次舞会招致了严重的后果。

自从鹿鸣馆落成以来，就遭到许多民众的反感，认为交际舞不符合道德。1886 年 10 月，正当外相井上馨推行欧化政策并召开修改条约会议时，自由民权派为了迎接国会的开设，在东京发起“大同团结运动”。首相官邸的化装舞会为“大同团结运动”提供了攻击目标，对欧化政策的批评高涨起来。社会普遍认为，靠实行欧化政策来修改条约要付出高昂的代价，一时舆论沸腾，抨击日本政府对西方的谄媚行为。民间呈递的请愿书如雪片般涌向东京，反对按照列强立场修改条约，认为列强的要求仍是继续原来对日本主权的侵犯，是可忍，孰不可忍！

除了来自民间的质疑和批评，日本政府内部也出现了不同意见。这一点非常重要，因为修改条约的方案依然在保密的面纱之下，批判必须由日本政府内部来进行。引人瞩目的是，第一个提出反对意见的竟然是一位外国人，他就是担任内阁法律顾问的法国专家巴桑纳。巴桑纳早就对鹿鸣馆外交不满，批评日本政府在国家困难时期大兴土木，指责政府高官不顾民众疾苦而彻夜狂欢。得知修改条约方案的内容后，他向内阁指出，把法典通知给外国政府会束缚日本立法权，聘用外籍审判官对日本人不利，日本人对造成屈辱性审判制度的日本政府的不满将甚于对外国人的怨恨，甚至引发对日本政府的攻击。巴桑纳向伊藤首相建议，把修改条约方案向日本国民公布出来，利用舆论来拒绝签字。他警告说，如果不向日本国民公布，把修改条约方案付诸实施，那么国民之中难保不出现侮辱外国使节的人，届时外国政府就将借口保护侨民、乘隙寻求干涉日本国权的机会，最终可能导致危及日本独立的国际纠纷。

有意思的是，巴桑纳曾向法务大臣山田显义进行申诉，但未被接受。后来，山田显义自己也转变立场，指责说采用这一方案是关系国家荣辱、决定安危之举。除了山田显义，日本政府里最有力的批评来自农商务大臣谷干城。这是一位军人出身的政治家，西南战争期间因死守熊本城著称，是伊藤内阁中保守派的代表人物，一向对外鼓吹强硬外交。他不久前刚从国外考察回到国内，看到草拟的协议后大吃一惊，立即向内阁提出意见书《时弊救匡策》，指出立法关系到日本的国家独立，在此范围内接受外国人干涉，是亡国之兆。他严厉地批判伊藤内阁的“欧化政策”，反对井上馨的修改条约方案，认为西方列强所提建议比现有的条约还要糟糕，强调修改条约应在 1890 年国会开设之后，以舆论为后盾进行。

和谷干城的主张相反，外务大臣井上馨的计划是在国会开设前修改条约。明治政府内部出现了分裂，谈判已不能进行。与此同时，谷干城的意见书和巴桑纳的意见书都被秘密出版，在民间广泛散布，掀起了民间的反对高潮。各主要报章评论火力十足，批判新条约内容，大声疾呼日本应获得完全的平等、独立与尊重。约有2000 名年轻人潜赴东京，举行示威抗议，他们举行示威及大规模造访官厅运动，用一位明治政府官员的话来说："人心已被刺激到极点，有招致内阁倾倒之可能。"

面临如此强大的压力，明治政府最后只得放弃原有计划。井上馨在修改条约会议上声明，为了改变审判管辖条约中的某些部分，会议延期到 12 月 1 日。可是，这根本无法弥补明治政府内部的分歧。谷干城愤然辞职，脱离内阁，顿时被社会视作英雄，给反对运动提供了论据。反对派要求挽回外交的失败，为此在全国掀起了更大规模的反对修约运动。井上馨被迫通告各国公使，会议无限期延期，但是仍然无法阻止愈演愈烈的反对运动。

1887 年，井上馨辞去外务大臣职务，失意地退出内阁。他曾一次次地认为修改条约已经近在咫尺，最终仍然以失败而告终，鹿鸣馆时代也随着黯然落幕。这是修改条约的第二次失败。

三、从大限重信到陆奥宗光

大限重信接任外务大臣，专心致力于修改条约。

大限重信富有外交经验。早在明治维新之初，他就参与复杂的基督教问题，和英国公使交涉时据理力争。他还和美国进行交涉，将幕府订购的装甲舰搞到手。在明治十四年的政变中，他败在伊藤博文之手，退出政治舞台。现在，他重出江湖，决心在修改条约方面建功立业。

大隈决定采取“强硬政略”，要让外国人知道执行现行条约、维持现行条约，对他们未必是有利的。大隈组织专家，拟定了一个新方案。大隈方案与井上方案相比，治外法权的存在期间从 12 年缩短为 5 年，外籍审判官的任用时间和人数都缩减。大隈方案还删去了编纂法典通告各国的规定。为了贯彻条约上的平等原则，该方案没有把任用外籍审判官和编制法典两个让步载入条约本文。

随后，大隈开始用分别谈判的方式和各国交涉。很快，日本就与墨西哥缔结了修好通商条约，互不承认治外法权和税权的拘束，相互承认开放内地，成为日本缔结的第一个完全平等条约。大隈信心大增，不久又和美国在修改条约上签了字。但是，英国对大隈方案表示不满，开始联合俄国、德国共同对付日本。大隈采取分化瓦解的策略，先后与德国、俄国签字，最后英国不得不让步，与日本达成协议。修改条约的夙愿似乎眼看就要达到了，没有想到又出现了障碍。

1889 年 2 月，《大日本帝国宪法》公布。作为日本帝国的国家基本法，宪法规定外交大权属于天皇独裁权，绝不容议会置喙。国会虽然没有监督外交的权力，却为舆论的集中提供了新的场所。在宪法颁布前，修改条约的交涉一直在完全秘密之中进行，民众对修改内容一无所知，以为是大隈重信以强硬立场，成功逼迫各国让步，因此舆论都对各国相继和日本签字表示欢迎，对大隈重信也不吝赞美。

然而，来自伦敦的一篇文章，让形势发生了急剧的变化。《泰晤士报》刊文介绍了新条约，指出要点是聘用外籍法官和编订法典，认为这是合理的。这在新闻自由的英国属于平常之事，可是日本一家报纸将该文翻译后刊登出来，揭示了大隈方案的内容，立即引燃了反对的导火线。根据新颁布的宪法，日本的所有公职只能由日本人担任。大隈方案允许聘用外国人为法官，被杂志报纸批评为违反宪法。国民认为，日本明明已经是一个先进的“文明国家”，为什么治外法权仍将存续 5 年，关税不能完全自主，洋法官竟然还要担任日本法官，这岂不仍是损害国家利益的不平等条约吗？转眼之间，大隈重信成为一个“卖国贼”。各地展开声势浩大的反对运动，要求停止改约谈判的建议书达 185 件。那些爱国愤青们更是磨刀霍霍，决心跟“卖国贼”斗到底。

反对论也发展到日本政府内部。冷静地看来，大隈方案对日本相当有利，尽管其中仍然包含一些不平等成分，不过从日本当时的国际地位来看，大隈能够争取到如此地步，已是所能达成的最好结果了。日本政府内部的反对者指责该方案违宪，实际上许多官员是出自对大隈重信本人的反感，因为他对协商细节加以保密，甚至没有对政府同僚作过简单报告。在完成谈判后，他又志得意满，引起同僚们的嫉妒。政府内部的违宪论迅速传播到枢密院，枢密院的多数派也开始持违宪论观点，支持大隈方案的枢密院议长伊藤博文被迫辞职。

到底是坚持实行修改条约，还是中止修改条约？举棋不定的内阁在皇宫举行了一次非常会议，天皇也出席，但没有作出决定。随后内阁开会讨论，也没有结果。内阁会议结束后，大隈重信退席返回外务省时，就发生了本讲开头的一幕。大隈虽然保住了性命，但不得不切除右脚。明治政府只好放弃修约计划，解散内阁。

问题是，日本提议并已与数国签字的条约，现在能否以国内情况为理由，单方面地加以废弃呢？日本政府担心，废除条约会引起签约国的不满，甚至提出更加不平等的要求。出乎意料的是，担心没有变成现实，于是再次启动修改条约的交涉。不过好事多磨，又经过两任日本首相，谈判都没有结果。众议院直接向天皇上书，称若合适的修订方案不可得，那就单方面废除条约。众议院的议员还提交了相关立法提案，导致局面更加复杂化。天皇颁发敕令，要求在修约问题上充分且慎重地考虑利害得失，等待时机成熟。

“山重水复疑无路”，直到 1892 年 8 月陆奥宗光担任日本外务大臣。陆奥宗光是近代中日关系史上关键性的人物之一，后来的马关谈判中他是伊藤博文的副手。陆奥宗光很早就进入明治政府，但是 1878 年因牵涉企图颠覆政府的事件被免官，入狱 5 年。出狱后，他在伊藤博文的支持下到国外游览。回到国内后，他公开提出，日本虽然地处亚洲，但日本人民“必须加入欧洲一伙”。当时的外务大臣井上馨一心考虑修改条约，陆奥献策说，必须使日本同化于欧美国家，努力取得欧美国家的同情，否则不可能圆满地完成修改条约工作。这种“欧美同化论”为井上馨的鹿鸣馆外交提供了理论依据。

担任外务大臣后，陆奥宗光总结以往的教训，认为历次修改条约谈判之所以失败，原因在日本国内而不是在国外，所以最重要的是要统一国民的意向。如果不能统一民意，修改条约问题就像向日本国民心里投放发狂剂一样，纷乱的舆论会再次导致修改条约谈判失败。在他看来，如果能够随意诱导日本国内舆论，或者能任意压制舆论，那么修改条约不难进行。

陆奥宗光的看法很准确，日本国内的舆论力量确实越来越强大。一些意见领袖主张以民众为主导来实现修改条约，号召制定"日本国民的修改条约方案"，凭群众运动来实现这一方案。群众运动的办法是"厉行条约"，就是严格实行现行条约。它的逻辑是，现行条约并没有得到严格执行，干脆由日本全体国民对外国人违反条约的行为广泛进行揭发，迫使政府按违反条约论处。这样，外国人感到不方便，就会不得不同意修改现行条约。

作为"欧美同化论"的提出者，陆奥宗光当然不会同意"厉行条约"，因为这样的操作很容易引起国际纠纷。不出所料，由于对外强硬派向议会提出了厉行现行条约建议案，从而刺激了院外的群众运动，对外国人的刁难和暴行不断发生。在不断发生针对外国人的暴行事件中，驻日英国公使馆的一位牧师遭暴徒袭击并发展成为重大外交事件，因为当时在场的警察居然袖手旁观不予救护。消息传到伦敦后，英国外交部立即谴责日本排外运动的发展和明治政府取缔不力，宣布在事件未得解决之前，停止修改条约的谈判。

第二天，陆奥宗光在日本众议院登台演说，认为"厉行条约"之类的建议案是锁国攘夷，简直是荒谬绝伦，只能为修改条约制造障碍。提出这样的议案是蓄意与外国发生纠纷，违反明治维新以来的日本国策，明治政府绝不能容许。随后，众议院被解散，煽动过激排外主义的团体也被取缔。由于议会被解散，又引发了反政府热潮。后来打倒明治政府的热情又转向排外主义，"伪勤皇、假爱国、保守、武断之精神弥漫全国"，对外强硬派到处举办演说会，在日本国民中散布排外气氛。在大选中，总计 300 个众议院席位中，对外强硬派仍然保持 130 个议席。

在日本国内形势日趋紧张的情况下，陆奥宗光认为只有修改条约，才有可能平息喧嚣的民意。由于牧师遇袭事件的影响，要想对英修改条约的交涉取得成功，就必须作出一些重大的让步。日本按照英国的要求，除了将居留地的租借权改为永久租借权，在税率上也作了让步。英国满意了，从此修改条约的交涉才步入正轨。

明治政府为了有足够的谈判灵活性来争取外国同意，吸取教训，严格保密，决心不让修约谈判内容成为公众话题。众议院议员依据宪法规定，要求对条约协商内容实行知情权，经过一场激烈的辩论，众议院对该方案进行投票，明治政府解散了国会。趁着这段时间，陆奥宗光悄悄做出种种必要的让步，形成了一份可以让英方接受的方案。1894 年 7 月 16 日，日本终于和大英帝国签订《通商通航条约》，撤除领事法庭，废除了领事裁判权，五年后实现关税独立。在另一份协议中，日本同意，当新法典实施之后条约才会生效。一旦处理好最重要的条约国，日本便先后同其他国家签订了类似的条约。

实际上，新条约内容是不可能真正保密的。为什么日本与各国签订新条约后，没有再次引起民众的关注，成为公众话题呢？因为在双方签约后的第九天，日本与大清国发生军事冲突，甲午战争爆发。这场战争不但成功转移了民众的注意力，也扭转了人们对修改条约问题的看法。在天皇批准《日英通商通航条约》后，《东京朝日新闻》发表社论说："我帝国将成为东亚的霸者，求得我帝国的欢心，获得我帝国的好意，是欧洲各国最必须做的。"民族自豪已经发展到傲慢的程度了。民众处于自我陶醉状态，不知道日本帝国距离完成修改不平等条约的全部任务还需要 17 年。

实际上，日本还要继续为争取结束治外法权而努力。因为在日本的外国人坚信，一旦他们听凭日本司法的处置，就会被无故逮捕，并遭受他们的严刑拷打，因此拒绝改变。直到 1899 年 8 月 4 日，日本实施新法典后，才最终结束治外法权体制，这意味着日本已经是一个与欧美国家对等的主权国家了。又过去了 12 年，直到 1911 年，也就是明治天皇去世前一年，美国带头与日本签订新条约，随后有关国家也纷纷与日本签订条约，放弃关税协定权，日本获得完全的关税独立地位。至此，日本修改不平等条约的任务宣告完成。

这是一次长达 44 年的长跑。在此之前的 50 年里，日本由于不平等条约而被打上落后的标签，直到明治时期行将结束之际，才消除了最后的印记。在修改条约的漫长过程中，民间力量也参与进来，他们的背景十分复杂，其中他们的排外情绪是一股强大的潮流，几次打断了修改条约的进程。

和明治政府比起来，清政府在要求修约收回权益方面也做了一些事情，但进展甚微。民国政府继续努力，1943 年同英、美等签订了《关于取消在华治外法权及处理有关问题之条约》，之后陆续与其他在华享有各种特权的国家签订了类似的条约。至此，100 年来中国与西方国家所签订的不平等条约全部废止。不过和日本比起来，整整晚了 32 年。

第 15 讲

天皇：从云上人到现人神

整个国家以天皇崇拜为价值准则，
形成了独特的神权式政治生态。

1912 年夏天，媒体发布了明治天皇被医生确诊为尿毒症的消息，震惊了全日本。人们对天皇居然会生病感到大惑不解，因为在他们眼里，天皇就是人间神，怎么会生病呢？

东京市区里，悲痛欲狂的人们随处可见。在皇宫前的草地上，祈愿天皇陛下康复的人群从早至晚越聚越多。《东京朝日新闻》打出大幅标题："走，去二重桥①，伟大的精神教育正在体现。"民众在那里席地而坐，跪神拜佛，有的捶胸，有的鞠躬，有的哭泣。还有小学生在夜里去皇宫前遥拜，脸伏在土地上，敬礼二三十分钟，甚至有学生吞毒药自杀。

1912 年 7 月 30 日，明治天皇去世，许多民众失声痛哭，发自内心的悲伤笼罩着全体国民。

明治天皇本来是肉体凡人，是如何被塑造成人间神呢？

---

① 二重桥：位于皇居正门前的一座石桥，平时是关闭的，只有天皇即位大典、天皇、皇后、皇太后大葬仪式等特别事宜时或外宾来访时才使用。

一、从“云上人”到神道象征

在幕府时代，天皇是一个宗教式的象征性人物，没有任何实权。但是从幕末开始，天皇就被当作可以借重的“玉”，被各种政治势力争夺。孝明天皇如此，他的儿子睦仁同样如此。15 岁的睦仁登基以后，一直被掌握在倒幕派手中。由于倒幕派主要是下层武士，更要利用年轻天皇“玉”，于是这块“玉”不断被推到前台。

推翻幕府之初，明治政府向各国政府发出通知，声称内外政事皆归天皇亲裁，今后的条约也要用天皇的名义缔结。后来的废藩置县等重大决定，同样是以天皇的名义发布的。实际上，权力被控制在几个政治寡头手中，年幼的天皇仅仅是一个傀儡而已。他的人生从昏暗的朝堂开始，没人关心他的想法，他不过是风雅、艺术、诗歌传统的继承者。他的言行举止自有规范要遵循，政坛喧嚣与他相隔万里。

既然要建立中央集权的国家，必须提高天皇的权威。明治政府打破以前的制度，实行“一世一元”，一个天皇终生只有一个年号，“明治”就成为贯穿睦仁担任天皇期间唯一的年号。这意味着民众的时间由“明治”来掌握。在以前，天皇居住的地方叫“云上”，天皇被叫作“云上人”，常人不能拜见天皇，造成了上下的隔绝。迁都东京的一个理由，就是要打破这种敝习，使天皇与象征旧体制的京都割断联系。迁都之举让天皇的形象开始出现在锦绘[①]上，天

① 锦绘：一种为平民取乐的木刻版画，浮世绘的一种。

皇“人性化”的尝试取得了部分成功，但并没有完全符合计划，因为绝大部分平民都对天皇不感兴趣。假如不改变这种情况，国内对未来的疑虑将会越来越多，成为重建国家道路上的严重障碍。

于是，明治天皇被安排到各地视察。自中古时期以来，武家一直将天皇禁锢在皇宫的高墙之内。明治政府认为，天皇应该学习欧洲君主的做法，向人民展示自己，从躲在高墙和帘子后面的神秘形象变为臣民熟悉的可视形象，乃至变成一名日本人民看得见并认得出的严厉慈父。1872年夏天，明治天皇第一次出巡，访问“中国地方”和“西国地方”[①]。他自己骑马，两名侍从捧着神剑和勾玉，官员都佩带西洋剑，步行跟随在后面。民众跪在道路两旁，仿佛是在拜神一样地拍手。明治天皇视察当地物产，参观学校，接见外国教师，观看学生上课，聆听学生们用日语和外语演讲，还到野营地视察军队。

四年后，明治天皇又进行了一次巡行。这样的巡行让天皇看到了民间，也让民间看到了天皇。当然，更多的老百姓无缘见到天皇，天皇仍然是一个遥远的传说。1877年爆发日本西南战争的时候，九州农村的老太婆们还这样议论：

> 听说天皇要得天下。天皇是什么样的人呢？恐怕像狂言里面戴着金冠、穿着金线绣花宽袖锦缎衣的大官吧……天皇的世道和今天大不一样，家家户户的纺纱机都得交上

① “中国地方”是本州西南的一个地区名，位于濑户内海北岸，在行政上包括冈山、广岛、山口、岛根、鸟取五县。“西国地方”在当时指九州地方，在行政上包括福冈、长崎、佐贺、大分、熊本、宫崎、鹿儿岛、冲绳八县。

去，一架也不许留。[①]

也就是说，人们心目中的天皇形象就像大官那样，模模糊糊，似乎要给他纳税，但总有点儿贵人派头。

明治天皇巡幸路过的那些村子的百姓把天皇视为尊贵，与乡间风俗信仰的天子混同一起。天皇无论走到哪里，都被臣民崇拜的目光注视着。他待过的地方开放给普通民众参观，凌晨便等候着的人们恭恭敬敬地接过一些零碎的草席和柳杉针叶。草席是天皇祈祷时跪过的，柳杉针叶是他夜里纳凉时平台上的装饰，人们用这些东西来驱邪。

直到这时，天皇仍然被认为是宗教人物。这也是明治政府有意塑造的结果。面对复杂的日本国内政局，在“尊皇”的口号中建立起来的明治新政权，迫切需要在意识形态领域重树天皇的威严。为此，新政府加紧构建天皇神话。第一步，就是抬高传统神道教的地位。明治政府为此颁布祭政一致、再建神祇官的布告；第二步，是在京都的皇宫里按照神道仪式，举行宣读《五条誓文》的盛大活动。这正是祭政一致理念的具体体现。

接着，明治政府加强禁止基督教传教活动，公布了“神佛分离令”。在幕府时代，占支配地位的宗教是佛教，日本大部分神社和神职人员都编在寺庙里面。“神佛分离令”把神社从佛教的统治下解放出来，排除佛教的各种影响，力求神社位居佛教之上。此后明治政府在各地开展“废佛毁释”运动，打压佛教及民俗宗教，向国

① 转引自〔日〕色川大吉：《明治的文化》，郑民钦译，长春：吉林人民出版社，1991 年，第 189–190 页。

民强制推行与皇室祭祀、神社捆绑在一起的特定神道。神职人员及其支持者趁机破坏佛教设施，一些地方当权者废止或统领寺院。一些宗教人士放弃佛教，开始投身神道。明治政府制定一系列制度，把日本的神社分为不同等级，按照中央集权方式重新编组。原本零散于民间各地的神社有了统一的规划，被一并纳入国家神道的体系。幕府时代为了打压基督教，要求所有人都必须成为某寺庙的信徒，现在则要求所有的日本国民必须在神社登记，强调对神社的归属感。各种宗教被迫处在从属于神道的地位。

到了 19 世纪 70 年代中期，明治政府为了文明开化的需要，又提倡“政教分离”，调整宗教政策，逐步开放信教自由。“废佛毁释”运动终于结束，基督教传教活动也获得重新认可，但是若要开展宗教活动，就必须配合新国家建设。只有被国家认可，才能得到进行宗教活动的自由。与此同时，整个国家并未褪去其神道色彩，日本神道的国教地位继续提升。明治政府成立推行国民教化的“教部省”，规定在举行宗教活动时必须遵守“三原则”：第一，必须体现敬神爱国的精神；第二，必须明确天理人道；第三，必须爱戴天皇，遵守朝旨。

教部省一步步将神道向日本全体国民渗透，利用神道统一国民思想。神道的核心是神社。佛教宗派等变成民间的“私域”活动，神社却成为非宗教的国家机构，由国家财政拨付一定的经费。民间团体的诸宗教集团和作为国家“祭祀”机关的神社，分别建立起了独立的体制。后来，国家还明确规定了宗教团体和神社的不同法律地位。作为专门负责“祭祀”的国家机构，神社又和皇室祭祀密切相关。“天皇亲祭”是祭祀的核心位置。这样一来，神社和“天皇亲祭”紧密结合，天皇和皇室作为国家中枢的地位被强化了，被提升为神道的象征。

明治政府把国家神祇祭祀的中心场所从京都迁到东京的皇宫。后来东京皇宫扩建时，对皇室祭祀大规模扩充，专门建造了宏伟的“宫中三殿”。在皇宫中建造这样宏伟的神殿，这在日本历史上是没有前例的，目的就是形成与祭祀天照大神的伊势神宫相对应的国家中枢机构。但并不是像古代那样把祭祀工作的大半委托给专门的祭祀职，而是必须“天皇亲祭”，由天皇亲自充当主持者。从前的皇室神道小规模，只有宫廷极少数的相关人员参与，天皇亲自担当祭司的祭祀只有 1 个。从此以后，天皇亲自担当祭司的祭祀变成了 13 个，规模空前，其中 11 个都是天皇家的祖先祭，祭祀自神武天皇以来的“万世一系”的历代天皇。

于是，新的皇室祭祀体制被创造出来，目的就是鼓动国民崇拜天皇。这一系列新的皇室祭祀和传统的祭祀不同之处，不仅仅是其数量的多少和精心的程度，更重要的是，新的祭祀在国家的法定节假日举办，这就与大多数日本国民的日常生活密切相关。与日本国民生活有重大关联的节假日，大多与皇室祭祀相关。只有新年宴会与皇室祭祀没有关联，但也需配合皇宫中的祝贺活动。日本国民一年到头的日历意识，是以皇室祭祀为中心展开的。节假日时，在小学校等各种场所广泛举办国民和皇室祭祀同时庆祝的活动。通过学校组织活动和媒体报道，皇室祭祀成为调动国民情感的场所。通过制造日常和节假日相互交替的节奏，给国民的精神生活带来深刻影响。

经过精心塑造，明治天皇兼具了“祭祀王”和“现人神”两种宗教身份。天皇通过主持神道祭祀，在皇祖皇灵的权威基础上，对国民进行所谓的道德教育，一般国民则对天皇产生敬畏和爱戴之心。然而，天皇不可能只是一个宗教身份。随着国家的构建和明治天皇年龄的增长，建立什么样的国家制度成为一个重要问题。

岩仓使团达成的一个共识，就是要在日本制定宪法，开设国会。木户孝允和大久保利通都主张“君民共治”，一方面要给天皇保留作为绝对君主的权力，另一方面又要通过宪法实现“君民共治”。不同的是，木户孝允主张通过制定宪法区分君民之间的权限，君主依法处理国政。大久保反对模仿欧洲各国的制度，主张天皇拥有执行国政的特权，不受一般法律制约。不管怎样，木户和大久保都希望按路易十四的模式把年轻的天皇打造成一位君主，以此作为君主立宪制创建过程的中间阶段。

为了完成国家体制，让天皇作为君主而耸立，木户孝允提出要“辅导君德”。政府为天皇安排老师，定期上课。教师里有加藤弘之等洋学者，也有元田永孚这样的儒学者，教材除了日本本国的历史著作，也有翻译进来的外国书。后来，木户孝允病逝，大久保利通为了解决辅导君德的问题，决定在天皇身边设置 6 位到 10 位侍补[①]，核心人物就是思想保守的元田永孚。

大久保本人也一度想辞去内务卿，专职担任宫内卿，辅导君德。不幸的是，1878 年他在街头遇刺身亡。

① 侍补的主要职责在于“君德辅导”，即负责明治天皇的日常教育。到 1878 年 3 月，共有 10 人成为侍补，分别是一等侍补 4 人：德大寺实则、吉井友实、土方久元、佐佐木高行；二等侍补 2 人：元田永孚、高崎正风；三等侍补 4 人：米田虎雄、锅岛直彬、山口正定、建野乡三。

二、从“天皇亲政”到“天皇亲裁”

大久保不会想到，他设置的侍补们在他身后开始蠢蠢欲动，酿成了一场政治风波。

侍补们作为天皇侧近，已经形成一个集团。他们认为，大臣们没有充分辅佐天皇，所有的事情都如同天皇年幼时一样对待，这对天皇不公平。日本国内面临各种危机，明治政府无力解决。即使将来制定宪法，实现君民共治，也没有什么好办法。因此，他们早就在酝酿拥戴天皇的亲政运动。

在大久保遇刺身亡的当天，侍补们就行动起来，讨论善后方针。他们和天皇直接谈论“万机出于亲裁，不要依赖于臣下”，而且警告天皇说，如果不真正地实行亲政，明治维新最终将成为泡影和画饼。若能真正地实行亲政，就会像 14 世纪的后醍醐天皇一样，实现建武中兴[①]。他们还向政府提出，要求天皇平时出席内阁会议，侍补也能够出席这样的会议。假如真的这样，日本的历史将完全不同。

作为大久保权力的接替者，伊藤博文强硬反对。他说，侍补的本职工作就是在宫中内部担当天皇的德育教育，如果参与决策机密的话，宫中、府中将失去区别。伊藤甚至强调说，如果承认侍补的要求，就会沦为中国的宦官政治。侍补和政府的对立逐渐升级。比起侍补们来，天皇更信任伊藤博文。最后，政府废除了侍补制度。

① 建武中兴：镰仓幕府灭亡后，后醍醐天皇恢复权力治国，于 1334 年改年号建武。

不过，在这一事件之后，天皇对政治的参与正式化了。他几乎每天都参加内阁会议，而且经常和政府高级官员共进午餐，只是在内阁会议上他从不发言。

1881 年，以天皇的名义颁布诏书，宣布 9 年后开设国会。此后，自由民权家们掀起了私拟宪法的热潮。从保存下来的 40 多种私拟宪法草案来看，绝大多数草案都在第一条明确规定，万世一系的皇统应继承帝位。例如，最早的草案嚶鸣社宪法第一条这样写道："日本国之帝位由神武天皇之正统今上皇帝陛下之皇裔传于后世。"实际上，在明治维新前夕，只有部分武士和乡间人士认为，天皇是神祖天照大神的直系后裔，绝对神圣不可侵犯，大部分武士并没有把现实中的天皇视为绝对权威，即使接近天皇的人也不例外。人民的普遍共识是，天下者乃天下人之天下，非天皇一人之天下，天皇的权威也不是天皇固有的东西。启蒙思想家加藤弘之就说，"天皇也是人，人民也是人"，"岂有以率天之下的国土与人民皆为天皇一人的私有臣仆之陋风劣俗为我国体之理"，猛烈抨击天皇本位的正统观念。

那么，为什么进入 19 世纪 80 年代后，自由民权家们反而普遍承认万世一系、承认天皇的地位了呢？一个原因就是想把政府和皇室分离开来，把天皇拉到国民一边来，借助天皇来批判现政府。民权家企图从日本国体内部分裂政府与皇室之间的关系，政府反其道而行之，一再强调国家与皇室的一体化观念，填埋它们之间的裂痕，企图把天皇和国家混为一体。大久保利通、伊藤博文等政治寡头在施政时，表面上还要经常采取天皇亲自裁决的方式，正是出于这种考虑。据记载，伊藤博文曾说："生为皇太子是非常不幸的。生得早，到处都被礼仪所束缚；大了，必须按照侧近人的笛声起舞。"

他一边说，还一边比画着操纵木偶的姿势。

当然，伊藤博文深知，天皇在建构现代国家中的重要性，尤其是在开设国会后，天皇要扮演重要角色。在政府内部的共识是，要建立新国家秩序，首先是确立天皇的权力，为此就要让皇室财产尽量丰裕。如果未来发生国会不批准政府预算的情况，要让皇室财产足以支付全部陆海军经费等支出。伊藤博文在出国考察欧洲宪政前，向内阁会议提出，建议把土地所有权区分为皇有、国有、民有三类，让皇室拥有更多土地。但是保守派反对这种划分，理由是天下土地都是天皇的，人民只不过占有土地上生产出来的物品而已。最后，皇有地的设立虽然没有实现，却逐步形成了庞大的皇室财产。明治政府把作为国家银行的日本银行的股金 500 万日元移交皇室管理，又把 5 万多亩土地划归宫内省管辖。

伊藤博文在欧洲考察得出的一个结论就是，西欧各国的宪法政治之所以运行顺利，原因在于那里的人民有宗教信仰。换句话说，宗教信仰是西欧国家的基轴。日本与西欧各国的历史迥异，宪法政治在日本完全属于新事物，宗教力量微弱，更没有欧洲各国基督教那种使人心归一的宗教。那么，日本的基轴是什么呢？伊藤认为，在日本能够成为国家基轴的，唯有皇室。只有利用国民尊崇的皇室，才能归拢民心。和木户孝允和大久保利通曾经设想过的“君民共治”不同，伊藤博文主张“立宪君治”，君权与民权变成上下臣属关系，“国民”以“臣民”的特殊姿态出现。

伊藤博文在起草宪法时，就把皇室确定为国家基轴，力求尊重君权，尽量不加束缚。宪法第一章就赋予天皇广泛的权力，第一条规定“日本帝国由万世一系之天皇统治之”，保障天皇的永恒统治。第三条规定“天皇神圣不可侵犯”；第四条规定“天皇为国家元首，总揽统治权”，天皇对国务、军务、宫务进行裁决，拥有国家意志的最终决定权。这便是被称为“万机亲裁”的天皇职务体制。不过，天皇不直接处理国务，国务领域的辅弼责任基本由国务大臣承担。

伊藤博文主导制定的宪法既要保持天皇权力的绝对性，又要让天皇在宪法规定的范围内行使权力，不能让日本成为一个无限专制政体。这是一件非常有挑战性的工作，要实践这种运作，必须得到天皇的理解和配合。伊藤博文原来想邀请德国宪法学者施泰因来日本，直接给天皇讲解，但是被年事已高的施泰因拒绝。于是，伊藤将天皇非常信任的侍从藤波言忠派遣到了德国。藤波言忠出身于下层公家，和天皇年龄差不多，从小侍奉天皇，深得信任，是常常跟随天皇的所谓影子。伊藤博文的计划是让藤波当传声筒，使天皇熟悉近代法学的原理。藤波言忠以“牧场研究”的名义出国，在九个月的时间里，每天花费三小时在奥地利维也纳听施泰因讲课。藤波完全不懂宪法和外语，需要通过翻译，但是听课非常认真。施泰因讲课也非常认真，每节课都要让藤波没有差错地重复之后，才进行下一节课。

藤波回到日本后，将从施泰因那里学来的宪法学讲给天皇和皇后听，整整用了四个月。天皇和皇后都听得非常认真，天皇不理解的时候就向藤波提问。天皇逐渐掌握了君主机构说，明白自己应该尽可能不干涉宫廷以外的行政、立法工作。在枢密院讨论宪法时，天皇常常出席，但是一言不发。夜里他会阅读会议记录，询问近臣。他很清楚，既然自己被定位于“国家的基轴”，那么直接进行政治性发言必须谨慎。就这样，伊藤博文通过对天皇进行再教育，培养了符合宪法运作的天皇。

在名义上，《大日本帝国宪法》是天皇制定的钦定宪法，颁布时在皇宫供奉天照大神及历代天皇的神殿前举行了奉告仪式，凸显了天皇的宗教权威。同时日本各地的神社也举办了同样的祭典。明治天皇向皇祖皇宗的神灵奉上告文，对国民发布了敕语。告文首先提到“皇朕循天壤无穷之宏谟，承继惟神之宝祚”，宣告天皇自身是神的权威的继承者。告文的结尾处写道，“朕祈祷皇祖皇宗及历代先皇的庇佑，发誓吾等现在及未来的臣民率先履行该宪章，唯愿能得众神灵庇护”。这里的“皇祖”指的是天照大神或神武天皇，“皇宗”指之后的历代天皇，意为向众皇祖皇宗及历代先皇的“神灵”发誓要履行宪法，并祈愿现天皇和国家能得众神灵保佑。很明显，告文里有浓厚的神道教色彩。

明治天皇参加完宪法授予仪式后，和皇后一起去参加阅兵式。当皇家马车出现在皇居前的二重桥正门时，道路两旁的学生和民众挥舞帽子，齐声三呼：“天皇陛下万岁！”明治天皇也频频点头致意。在日本历史上，这是民众第一次在天皇面前高呼“万岁”。千年以来，天皇巡行时，官府总是要求人们“肃静”，不许喧哗，安静地目送天皇队列走过。但是，通过呼喊“万岁”与天皇的互动，使得民众从冷漠的旁观客变成了狂热的造神参与者，对日本国民一体感的形成起到了巨大的推动作用，也提高了天皇的权威。

《大日本帝国宪法》和第二年颁布的《教育敕语》，使皇室祭祀和天皇崇拜国家制度化。《教育敕语》说，天皇继承“皇祖皇宗”进行神圣统治，臣民自国家创建以来一直服务效忠于天皇。从国家起源时的皇祖时代一直到当今天皇，代代相续的天皇和日本国民之间的深厚感情一直没有改变过，今后要继续提倡这样的道德规范。将来如果发生重大紧急事件（暗指战争），臣民要进一步为神圣的天皇统治尽忠。

文部省将天皇、皇后的“御影”（照片）和《教育敕语》送到各学校，要求在节庆的日子里，全体师生必须面向“御影”和《教育敕语》敬礼，山呼万岁。通过学校教育，国民对《教育敕语》非常熟悉，甚至能够背诵，影响深远。天皇的神圣形象越来越深入人心。

三、帝国的象征

可是，1891 年发生了“大不敬事件”。

这一年年初，东京第一高等学校举行奉读《教育敕语》的仪式。仪式结束后，教师和学生每 5 人排成一队，站在《教育敕语》前行鞠躬九十度致以最高敬礼。轮到青年教师内村鉴三时，他没有向《教育敕语》行鞠躬礼，因为他信奉基督教，认为教徒只向上帝致敬。内村鉴三此举被视为“大不敬”，遭到了在场教师和学生的强烈指责，而且在社会上激起轩然大波。

当时御影和《教育敕语》已经被神圣化。学校竞相要求第一个获得分发本地区的帝王肖像，从新校舍的投入使用仪式到毕业典礼，都体现着天皇的存在。师生在天皇及皇后的肖像前鞠躬，高唱国歌，朗读《教育敕语》，紧接着是校长和其他当地名流进行爱国主义演讲，而且随后还常常举办校运会，展览学生的创作，分发点心和糖果。国歌、糖果和爱国主义混合在一起，成为每一个学校庆典里的模式。各地方政府规定，收藏御影和《教育敕语》的“奉安殿”是神圣的场所，晚上配备负责守护人员。当发生火灾等事故时，冒着生命危险也要保护。

因此，报纸、杂志竞相报道“大不敬事件”，几乎全是“国贼”“不忠之臣”“外国教会的奴隶”之类的污蔑之词。有些学生甚至给“不敬之徒”内村鉴三写信，信封里装进剃刀，要求他“剖腹去吧”！内村鉴三成为人人侧目、避之唯恐不及的“国贼”。第一高等中学将其开除，内村鉴三成为失业者。一位同事因为维护内村，也受到免职处分。失去了生活来源的内村又患上流感，年仅23岁的妻子也不幸被传染而去世。内村生活困苦不堪，不得不辗转在远离东京的各地谋生。

“大不敬事件”平息不久，又发生了“久米邦武笔祸事件”。久米邦武是岩仓使团的秘书，全程参与了欧美考察，写下了多达5册100卷的《米欧回览实记》，详尽记录了日本走向世界的足迹。鉴于他深厚的才学，明治政府任命他为修史馆编修官，参与编写《大日本编年史》。政府希望重新纂修一部贯通古今的史书，将天皇一族描述为天照大神的后裔，突出以天皇为中心的政治系统，宣扬天皇“万世一系”。为了维持国家秩序，必须维持一个永恒不变的国家政权，而神化天皇、崇敬神灵是这一政权不可或缺的重要部分。在官方的宣传里，天皇是日本的神，“天皇制”及其配套的“国家神道”，是统合日本成为一个现代国家的主要文化体制和工具。

可是，久米邦武并不认可这种观点。1891年，他在学术杂志上发表长篇文章《神道是祭天古俗》指出，作为神道的核心，皇室和伊势神宫的祭祀是古代的“祭天古俗”，实质是与中国“玉皇大帝”之类近似的、普遍可见的共同体祭祀，是“东洋祭天的古俗”

的一种形态。神道里有许多不可靠的神话，需要历史学家以公正之心去考证，祛除国家神道的神圣性。

当时，复古国学、神道家的神国论与皇国史观甚嚣尘上，明治政府也按照《教育敕语》展开了一系列的历史教育。1891 年的《小学教育大纲》中写道："日本历史以发扬本国国体、培养国民情操为根本。寻常小学的科目中加入日本史，应自乡土历史开始，逐一讲述日本建国体制、皇统的延绵不断、历代天皇伟业、忠良贤哲事迹及勇敢的国民、文化的由来等概略，使学生能够了解从日本建国至今的大事件。"在这样的背景下，久米邦武却说神道来源于古代祓除仪礼与祭天古俗，甚至使用"襁褓"（日语中有"尿布"之意）这一带有蔑视意味的词语，说祭天源于人类在襁褓时代（原始时代）创造出的"神"的概念。这意味着对神国论与皇国史观的否定，也颠覆了国家神道的基础，甚至直接动摇了天皇制国家。

因此，神道势力和政界保守派群起围攻，在媒体上对久米邦武口诛笔伐。他们不能在学术上驳倒久米邦武，就上纲上线，在政治上进行攻击，大肆谴责久米邦武"损毁国体""不敬皇室""侮蔑国史"，似乎他是万恶不赦之徒。国家神道系统的 4 名学生还冲进久米家，对其进行了长达 5 个小时的质问，久米被迫进行应答。4 名学生又先后去了文部省、内务省，要求这些政府部门必须采取相应措施。在沸腾的民意压力下，久米邦武被文部省解除国史纂修的职务，成为失业者。内务省还命令刊登久米邦武论文的杂志停止发行。

从此以后，继承神的系谱的天皇越来越神圣化。他被说成是天照大神的子孙，作为神的后裔子孙的天皇和日本国民之间有着不同于其他国家情况的神圣纽带。天皇深爱臣民，臣民崇拜天皇，因此日本历史没有出现改朝换代，形成了世界上无与伦比的尊贵的“万世一系”传统。

天皇再次回归“云端之上”，却比维新初期增加了神圣的光环。事实上，1890 年以后，臣民们很少有接近天皇的。在明治天皇统治期间的 100 多次出巡中，有 70 多次是发生在 1889 年以前的。至于日本民众津津乐道的六大出巡，1885 年是最后一次，也就是内阁制确立的那一年。等到宪法颁布后，天皇就不再需要本人现身在大众面前了。即使出巡，也不再是为了让民众看见他，而是为了军队演习、舰队检阅或者特殊典礼，宣传目的非常明确。最早出巡时，人们夹道而立，为的是一睹天皇的尊荣。他们从田地而来，呈上稻谷，而且虔诚地叩头作揖，这表示天皇既是保护神，又是封建君主。现在，天皇面前的道路常常被清理得干干净净，空无一人。观众也要被仔细地审查，而且主要是县府官员和挑选出来的当地精英，只有贵族和有地位的人士才被允许面见天皇。天皇也不再下榻在当地贵族的府邸中，而是住在县衙、军营以及其他公共场所。他很少去造船厂访问，很少出席铁路线或者桥梁的开通典礼，也很少像以前那样去访问当地学校。

政府将一个意大利艺术家为天皇绘制的画像大量印刷，发给各领事馆、省部、县府、高等教育机构，以及全日本的地方事务所和中小学校。报刊、版画商、折扇制造商、画卷以及印有帝王肖像的纪念品，广泛地传播着天皇的形象。天皇的画像无处不在，在民众眼里天皇的形象逐渐固定成这样：他身穿制服，佩戴勋章，手握剑柄，威严地坐在椅子上，身边桌子上放着带有白色羽毛的帽子。明治天皇虽然又一次高坐于云端之上，却比以往任何时候都为民众所熟知。在他的臣民眼里，国家和他是联系在一起的。

日本国定教科书的修身教材里说，明治天皇“治理着日本，住在皇宫，深爱臣民，臣民深受皇恩，向天皇像行最高敬礼”。媒体报道说，天皇深切关心国家事务，从早上9点到下午4点勤勉地审阅内阁文件，每天早上阅读官方公报和报纸。实际上，天皇不会介入世俗的政务，而是严格地维持在礼仪层面上。他宣布议会开会，参加内阁会议，但是从不发言。他偶尔会根据政府的要求颁发诏书，以尊贵的帝王用语表达政府的意愿。失败与他无关，而国家取得的成就都归功于他。哪怕是再偏僻的山村，村舍里总会挂着他的画像，甚至出现在最卑下家庭的墙上，而学校的孩子们都会念诵他的敕语。出版物、学校、陆海空三军和警察竞相鼓吹对天皇的忠诚和效忠，日本国民越来越接受“神圣天皇统治”的政治神话。整个国家以天皇崇拜为价值准则，形成独特的神权式政治生态。

在一水之隔的清朝，明治天皇被视为建立了丰功伟绩的伟大帝王。在戊戌变法中，康有为、梁启超希望光绪皇帝效仿明治天皇，进行自上而下的改革，变法图强。其实这是误解。明治天皇脱离了政治实务和行政事务之外，处于“统而不治”的超脱状态，更多的是作为一个传统的权威象征，发挥着团结日本各种政治力量的作用。

整个明治时期都在为天皇编织“新衣”。最初，他是国家统一的象征，是国家祭祀的主持人，是拥有最高权力的人。后来，他那象征性的帝王形象越来越扩大和增强。他是天照大神的后裔，代表了神圣的日本祖先。他是日本大家族的家长，象征着和谐统一。他高高在上，与教育密切联系在一起，与战争的胜利和国际声望密不可分。他慷慨大方，经常从庞大的皇室财产中拨出专款用来救济洪灾、震灾及其他自然灾难。人们提到天皇时，就会联想到慈爱和关怀。另外，天皇具有文化魅力，写了许多首诗，代表着古老的传统。万世一系，神圣不可侵犯，一个慈爱的现代君主，一个现实中的神——具有这些特征的天皇成为帝国的意识形态核心。

到 1912 年明治天皇驾崩的时候，无论是过去的君主，还是现在的君主，几乎都被拿来与明治天皇作过比较，日本国民认为，明治天皇比他们更优秀。即使在他死后，一直到 1945 年日本帝国崩塌，他都是这个帝国的象征。

第 16 讲

农民：国家转型中的苦难群体

在建立帝国的过程中，
农民本来是被损害、被牺牲的一个阶层，
最后却成为这个帝国的坚实基础。

1918 年，明治天皇去世 7 年后，北海道的一个农民在临死前吐露了一个惊天秘密。

这位农民名叫伊藤治郎，原名叫井上传藏。35 年前，他参与“秩父农民起义”，失败后被判处死刑。但是传闻他逃进大山里，从此下落不明。实际上，他先是藏在一个朋友家中，然后潜逃到北海道，在一个偏僻乡村隐姓埋名 30 多年。井上传藏在临终前坦白：“我是秩父事件的主谋。”

井上传藏对自己的所作所为毫不后悔，认为自己和当年的战友不是暴徒，而是“国事犯”。他留给儿子的遗言只有几句：“我感到遗憾的是，明治政府没有把参加那次事件的人作为政治犯来处理，你替我到秩父向战友的坟墓祭奠。”

这一消息被媒体披露后，引起日本社会的广泛关注。人们开始重新审视发生在 1884 年的“秩父农民起义”，明治维新时期农民的生活状况也成为人们热议的话题。

一、重塑农民与国家的关系

戊辰战争爆发后，农民们并不感兴趣，仍然过着日出而作、日落而息的生活。不过，明治政府的一个决定让农民们喜出望外。

明治政府宣布，将幕府原有领地上的全部租税减半，去年未缴纳的部分也同此办理。这是争取民心、孤立幕府的策略，也取得了很好的效果。可是，这种政策无法持续下去，因为刚成立的明治政府财政十分拮据，税收只能倚赖德川原有的领地，收入根本不足以应付支出，甚至一度要向大阪的大商人借贷度日。所以，在明治政府的统治稳定下来后，租税减半的政策就被悄然取消，农民的负担又回到了往常的水平。

幕府倒台了，国家的最高主宰从幕府将军变成了天皇，农民对此感受并不深刻，他们以为还会和以前一样。没有想到的是，各种新政策接踵而至，越来越影响和改变着他们的生活。最重要的一项政策就是地税改革。1872 年，明治政府解除土地永世不得买卖的禁令，承认土地自由买卖，发行地券，承认私人土地所有制。即使此后政府需要，如果不是为了一般公益，也不得征购。

为什么要这样做呢？因为废藩置县后，如何征税是一个大问题。以前各藩国都是自己征收税赋、支付开销，现在藩国没有了，中央政府要承担的事务远比幕府多得多，支出也要大得多。明治政府希望通过制定新的土地税法，拥有一个稳定的财源，满足殖产兴业、富国强兵的要求。在当时，农业扮演十分关键的角色，是人力、粮食、税收及出口创汇的重要来源。在 19 世纪 70 年代至 80

年代初，田赋约占明治政府收入的80%。作为国家税收的一个关键财源，没有田赋收入是不可能进行大规模现代化建设的。

德川幕府时代认可土地买卖，但土地多数属于村落，并没有形成排他性的土地所有权。即使土地被典当出去无法赎回，持有者的权利仍然很稳固。有些地区的农村还根据抽签结果，定期交换土地。农民未交年租而放弃的农田，可以由村落代为耕种，并且土地最终可以返还给原有的租户。另外，当时农田和村民共有的山野海滨是配套的，野草、灌木、海草等都是土地所需的重要肥料，山野海滨向所有人免费开放。还有广袤的烧掉杂草杂木后种上作物的田地，一直延伸到深山幽谷里。

明治政府的大藏省官员认为，这样的土地所有权是不清晰的，共同拥有和共同收益会让人产生惰性，因此应该把这些早已固定下来的农村惯例抛弃。地税改革就是要确认每一块土地的拥有者，公开承认农民的土地所有权。不过，承认农民的土地私有权时并没有实行“耕者有其田”的原则，而是把旧检地账[①]上有登记的农民认作所有者。地税改革就是确认这些人是地主，在法律上承认地主的土地所有制。除了耕地的私有权得到国家承认，那些一直由村里人共同管理和使用的共有地和山林等，被认为不属于任何人，有的被划为国有土地，有的则成了有势力的农民的私有土地。富豪农商、大地主和大多数户长阶级，非常欢迎排他性私有土地所有权的地券发行政策，无地或少地的农民则感到不满，因为他们不能再自由地使用原来的共有地和山林了。

---

① 检地账：农田丈量册，日本近世以村为单位记录农田丈量结果的土地登记册，登记内容有村内每块农田的收成、面积、等级和耕作人姓名等。

在确认土地所有者的同时，也明确了地税的负担者。在幕府时代，税收不是向个人征收，税金缴纳以全村为基本单位。国家本身没有既定机关管理土地登记或契约，因此土地买卖并没有正式的政府机构监管。税率方面也不以土地价值为计算基础，而是按土地产量抽取田赋。田赋以实物缴纳，通常以米为主，因此政府收入常因物价波动受到影响。1873 年夏天，明治政府出台了《地税改革条例》及《地税改革章程》，从根本上否定了幕府时代旧的征税法，改变了整个税收的性质，并在全日本实施统一的租税制度。根据大藏省计算，参照原先的税额考虑，摊平后的地税率以 1% 最适当。但是如果征收 1% 的地租率，将无法应付政府的财政支出。当时的关税收入有限，政府更加依赖地租体制，优先考虑的是维持和原来土地租金相同的水平。于是，政府决定征收 3% 的地租，以求能把旧贡租的总税额以地税的形式收上来。每一个村庄都实际测量了每一块土地，并根据预估的土地产量计算地价。为了确保原税额，地价计算得非常不合理，有的甚至从应确保的税额出发，倒推地价。在摊平租税负担的过程中，有些地方的租税负担比原先加重，有的减轻。总体来看，加重了农民的缴税负担。

在确定土地所有权的过程中，江户时代那种“全村团结一家亲”的精神消失了，人们被诱导着认同更大的共同体——国家，但是这一目标要经过很长时间才能达到。随着小共同体的解体，农民的权利意识开始觉醒，常常对地价的计算方法和高额地税表示抗议。恰好此时，明治政府又实行征兵令，也引起农民的不满，尤其是征兵的告谕引用西方人的说法，称征兵是“血税”，导致流言纷起，很多农民对征兵产生了恐惧心理。反对地税改革与抗议征兵的活动相结合，在一些地区爆发了农民起义。

其中最具代表性的是“北条县血税骚动”。1873 年 5 月，日本北条县的一个村庄发现一个白衣男子，在村子里徘徊，传言说他要以征兵为由抽取村民的鲜血。实际上，这名男子是受人指使，指使者是当地的农民领袖，他特别难以接受上述征兵、地券等制度，希望能够恢复旧政策。不明真相的农民们拿起竹矛，开始暴动。他们焚烧、破坏了周边村落的小学等公私建筑，直逼县政府所在地。骚动还扩大到周边地区。起义农民反对征兵，反对征收地券费用、小学建设资金，反对剪发、杀牛、食用牛肉，总之反对大部分文明开化政策。他们要求拥有大批土地的富豪农商退回农民典当的土地，甚至无偿退回土地。最终，镇台派兵支援，开枪驱逐起义农民，这场骚动才被平息。

这些农民起义表明，国家与农民的关系发生了巨大变化。在德川幕府时代，每一阶层的活动范围虽受到很多限制，但并未深入日常生活。日本人口约 80% 是农民，都有一定的自主空间。按实际情况，只要各村如期缴税，幕府及藩国政府便很少介入村中事务。幕府征税以全村为单位，不向个人直接收税，因此村是一个集合体，它主宰村中一切事务，包括内部事务管理、秩序维持及把罪犯交往幕府或藩所。这类似中国古代社会的“政权不下县”。但是地税改革后，缴纳租税不再是村庄的内部问题，它成了一种国家与个人之间的法律关系。户长不再承担辖区内的纳税责任，主要负责公证买卖土地、抵押、记账等事项时，保护与国家缔结法律关系的个人，即土地所有者。农村小共同体开始崩溃，农民作为一个阶层开始分化，作为个体直接面对国家。可以说，农民起义其实是为了向征收高额税收的国家抗议。

1875 年之后，地租改革正规化，明治政府设定了府县的地租预定额，然后给土地登记册上划分的每一块土地设置强制价格。以改革前五年间的平均价格计算土地收入，再以该土地收入为基准规定地价，地价的 3% 即为地租。据推测，地租额大约减少了 5%，但因为当时物价便宜，地方税上涨，实际上地税负担和以前一样。

按照地租改革决定，地租必须使用现金缴纳。这就把农民都纳入货币经济。一直到明治七年（1874），米价都处于上升态势，后来由于粮食丰收，米价开始下跌，明治九年米价降至低位。随着米价下跌，现金地租本来应该减征，但一些地方决定按照几年前的平均价格换算，先收缴地租，日后再做结算。由于实际米价低于改革前几年间的平均价格，农民的负担一度变得沉重起来，怨声载道。因此，明治九年，也就是西南战争爆发前的 1876 年，反对地租改革的暴动发生了多次。

这些暴动不仅反对地租改革，也反对明治政府的所有政策。譬如，反对“太阳历”“解放令”，表现出拒绝所有新政的性质，明治政府应对非常困难。其中两次规模较大，一次是“茨城暴动”，一次是“伊势暴动”，后者以三重县为中心，横跨三县，是同类暴动中规模最大的。1876 年 12 月，数千人在三重县集合，举行暴动。暴动者打砸抢，放火烧掉三井银行和商家，路遇一切有官名的建筑、支厅和学校、法院、医院等通通放火烧光，并焚毁公用账簿，破坏监狱，一部分囚犯也一同参加了暴动。明治政府紧急出动镇台兵，才将起义镇压下去。对参与起义者的处决史无前例的迅速，其中一个人被绞首，五万多人受到处罚，超过了三重县全部户数的三分之一。

民众的反抗呈现比士族叛乱更严重的局面。在农民的巨大压力下，明治政府被迫将地租从 3% 降到了 2.5%，被称为“竹枪刺出的二分五厘”。即使明治政府被迫让步，它也有理由感到庆幸，因为在第二年爆发的西南战争中农民没有参与，否则后果不堪设想。

二、短暂的好时光

西南战争结束后，武士阶层退出了历史舞台，农民意外地迎来了难得的景气岁月。

在西南战争中，为了支付庞大的军费，缺钱的明治政府发行数量庞大的不兑换纸币。乱发纸币引发剧烈的通货膨胀，使得城市工人和那些靠债券生活的武士的真实收入减少，到 1880 年，债券市场价值已经低于其面值的三分之二，报纸上出现了“米价飞涨，盗窃、放火案件每天都在增加”之类引人注目的标题。米店门前拥挤着要求救济的市民，因为当时的人们还残存着幕府时代的经济观念，认为大米是基本生活物资，不可以囤积。当普通民众极端贫困、走投无路时，放高利贷者、商人和豪农应该将以前积累的钱财拿出一部分，来赈济小生产者。有些人趁机故意纵火，1881 年东京 58% 的火灾是人为纵火。为什么要去纵火呢？因为这样可以增加木匠、泥瓦匠等工匠的工作。

与此同时，1873 年出台的地税改革及其后 6 年推行的相应措施，改变了大部分农村居民的生活。土地成为一种可以自由买卖的资产，只需以金钱形式缴纳固定的地税。由于明治政府的收入以预估地价为主，地价并未自动随通货膨胀而上升，因此财政实质收入是下降的，这使得财政赤字进一步恶化。然而，这对农民来说是好事，因为农产品价格伴随着通货膨胀而上升。农民的现金收入增加，成为受惠的一方。

1878 年，明治政府统一地方制度法规，决定户长公选，设置町村会，同意开设府县会。在很大程度上，这是受了自由民权运动的影响，却给了农民更多的自由。再加上西南战争之后，自由民权运动风起云涌，也波及农村地区，乃至偏远的山村。自由民权家们深入全国各地的农村、山村、渔村巡回演说，他们在报纸发表文章，都使用“出现盛况”这种语言来形容各地自由民权运动的情形。

各村农民把城市的新闻记者请来，这些记者每到一处都卷入激烈争论的旋涡。1882 年，《东京横滨每日新闻》发表的文章指出，自由民权运动的潮流汹涌澎湃，不可阻挡：

> 现时于我社会之中，如洪水沛然泄下，以人力不可阻挡之势者乃与地方政事结合之精神。其势波及最偏僻山间之小村落如枥木县安苏、都贺二郡。
>
> 政治思想之日新月异犹如洪水泄下乎。近来各地人民认识到不可不开发知识、不可不培养政治思想，于是或举办政谈演说会，或召开政事法律讲学会。时而邀东京有识之士，询问政事之意见，以为筹谋大事之参考。余亦屡受有志之士之邀，赴邻近各县演说，足迹几遍踏八州。久望有朝一日，得以漫游远处，广交同志朋友。明治十五年三月上旬，福岛县下磐城国东白川郡植田村同志吉成谦四郎、吉成谦七郎等致函我嘤鸣社，邀我社成员出席十六日

之政谈演说会。[①]

这种现象在日本全国随处可见。政治学习结社遍布各地，小至村落自治，大至宪法起草，争论的空气十分活跃。一些乡村举办的学术演说会，听众竟然多达数百人，盛况空前。有时演说会变成讨论会，争论热烈。

农村的商品经济也在迅速发展，尤其是茶叶及丝织品的出口，为国家创造了大量的外汇收入。欧洲一度出现蚕桑自然灾害，有利于日本的蚕茧出口，为以养蚕业主的小家庭事业带来荣景。当欧洲的蚕害消失后，日本转而出口蚕丝。1868—1893年，生丝产量由230万磅增至1020万磅，增幅达5倍，主要出口欧美。在19世纪最后的25年里，生丝出口达到日本出口总值的42%。养蚕与抽丝都在农村中的小型工厂进行。不少雄心勃勃的小地主为了多赚钱，便借贷开发山间土地，大事种桑养蚕，有些人也确实发财致富。

可惜好景不长。1881年“明治十四年政变”后，松方正义出任大藏卿，为了抑制通货膨胀，他开始实施严厉的财政及货币政策。国家预算大量削减，国有企业被整顿，无利可图的被出售。货币供给也被收紧，首先是关闭造币厂，不再大量生产廉价纸币，改回原来的银本位政策。到1883年6月，只不过一年半的时间，货币供应量缩减14%。结果物价迅速下跌，由于同时期遇上全球性不景气，出口数量也大幅度减少，通货紧缩更为明显。1884年整体物价比4年前下跌约25%，米价与丝价则下跌50%。全体农民都蒙受了不同程度的灾难，米农和养蚕户损失特别大，税项并未随物价

---

① 转引自〔日〕色川大吉:《明治的文化》，郑民钦译，长春：吉林人民出版社，1991年，第177页。

下跌而减收，农民的负债情况达到历史新水平。

那些通常依赖短期高利贷的农民，遭受的打击更为沉重。他们不得不把自己的土地抵押出去，甚至连那些较为富裕的农民也陷于同样的窘境。由于土地价格下跌，光靠原来用作抵押的土地已经不能归还借款。负债农民如果走法律程序，也没有机会。他们在借款时不仅要在借据上盖章，还要注明“此乃基于自由意志之契约”，这样一旦打起官司来，法院也只能判令按照借据上所写的内容履行。对于负债农民来说，一旦失去土地和家产，就会失去生活的来源，甚至陷入灭顶之灾。当时农民、小商业经营者的负债总额达 2 亿日元（相当于现在的 2 兆日元）。仅 1884 年就有近 10 万户农业、商业家庭破产。于是，在日本各县，破产农民组成“借金党”或“困民党”等组织，要求当地债主减少债项，最好是免其债务，延期偿还亦可。这些人不仅要求银行和贷款公司同意推迟还款和分期还款，而且向当局请愿，要求郡公所和警察帮助他们说服高利贷者和银行。

在江户时代，农民如果一时交不起地租，无力还债，村公所和一些豪农会大发慈悲，同意延期偿还，甚至有的村子同意 40 年内还清。那时负债农民也会向官府请愿，因为江户时代奉行的是“仁政”理念，即“在上位者”有责任说服高利贷者这类“不德之人”，让他们多少做出一些让步。江户时代的国家是等级身份制的国家，统治者的统治方式非常重要。就像当时人们所说的“实施仁政是武士之责，缴纳年贡是百姓之责”那样，领主垄断了统治权，但是与之相应的是领主必须使其领地上的人民生活安定。如果领主懈怠于自己的职责，以残酷苛刻的手段征收年贡，或者允许“无德之人”巧取豪夺，民众就会起来造反。

但是，在明治时代的土地税制度下，村庄不再作为一个财务单位存在，土地占有完全私有化了，而税收的缴纳也成了个人的责任。在这样的情况下，小农家庭因无力承担土地税而破产，不再是村庄集体所关心的事务。此外，法律制度和治安设施的现代化强化了地主和高利贷者的地位。明治政府的各级官员抛弃旧有的“仁政”观念，认为借贷是民间交易，政府不能干预，甚至有地方官员说“借高利贷的人自己傻”。

与江户时代不同，明治时代国家在村庄一级设置了警力，加上法律保护私有财产，而法庭强迫这些法律得以施行。因此，这时的高利贷者也和过去大不一样了，不但利息高，而且逼债凶狠。借债人只好向高利贷者恳求延期偿还，态度哀怜，近于乞求。另外，由于滞纳地租者的数量增加，明治政府为了严加催收，将户长由民选改为官选，将对滞纳者的处罚扩大到了村税的范围。负债的农民三五成群地不断请愿，不被受理，后来逐渐被激怒，于是发生了 60 多起“债民骚动”。

“债民骚动”多半集中在养蚕业发达的关东地区，行动大多仅限于小规模的冲突。但是在埼玉县的秩父郡，冲突演变成了武装暴动，这就是影响极大的“秩父事件”。秩父郡位于东京西部，将近 70% 的农户都是小土地所有者，他们从事着植桑养蚕的商品经济，一度经济非常发达，但是到了 1883 年，许多农民陷入困境。当地民众不断地向秩父郡衙门和警察署请愿，但是没有人受理。合法活动一时进退维谷，陷于僵局。广大的贫民认为，法院、警察、县政府和高利贷者都是一丘之貉。

1884 年 11 月初，秩父郡山村突然涌出几千名农民军，用猎枪、木炮、刀剑、竹枪全副武装起来，举着“新政厚德”的大旗，占领郡政府，销毁债约，挂起“革命军本部”的牌子，这一讲开头提到的井上传藏就担任起义军会计长、参谋。起义者张贴布告，宣布年号改为“自由自治元年”，要求实行社会平等。起义军不断招纳群众加入，焚烧借贷者的房屋，地方警察完全被他们震慑。起义军还向东京进发，中央政府最后派出军队，花了 10 天时间才平定骚乱。

参加秩父起义的有 5000 多人（有人认为 8000 至 10000 人），从经济情况来看，几乎全部都是中农、贫农等名副其实的“困民”，但也有一些富农、地主、商人参加。在后来进行的审判中，9 人被判处死刑、142 人被判处徒刑和劳役、3600 多人被判处罚金。明治政府、社会舆论咒骂他们是“暴徒”，诬蔑这次事件是“暴行”。这使井上传藏的后半生十分痛苦，临死前还在为自己和战友辩护。这是日本历史上罕见的一次大事件，不仅卷入者众多，而且起义的目标明确，针对的就是明治国家。他们认为自己的行动是天经地义的，而国家则不仁不义。

由于各项改革已经从底部动摇了传统村社动员的社会基础，过去那种村庄团结一致的时代一去不复返了。“秩父事件”成为明治时期最后一次大规模的农民反抗，从此以后的 30 多年里，再也没有出现类似规模的农民起义。

三、农民的悲苦命运

农民的反抗不能说完全没有效果。

在“秩父事件”的影响下，有的银行同意降低利息、给予 3 至

5 年的宽限期。一些债主也不敢采取强硬的态度向法院起诉，要求欠债者还债。有些地方的债主早早地作出了让步，使得事态没有发展成骚乱。

但总体来看，很多农民破产，资产落入债权人或明治政府手中，土地落入大地主手中。地主将那些还不起借款的农民的土地拿过来，将他们变成佃农，要求他们缴纳高额的租金。地主和佃农之间的关系变得越来越紧张。从日本全国的情况来看，破产农民从 1883 年的 33845 户上升到 1885 年的 108050 户。走投无路的农民遭受了丧失土地的痛苦。农民对待米价、借款等日常生活中的经济问题的观念，从此也发生了很大的变化。“买卖自由”“契约”获得了比民众生活更加重要的地位，来自“上面”的救助和他人的善心成了可遇不可求的东西。不管是否愿意，农民们已经感觉到，一个唯有依靠自身的刻苦努力才有可能摆脱穷困的时代已经到来。

纯粹以经济的观点来看，松方正义的经济政策应该说是成功的。当紧缩政策结束时，币值和物价稳定下来，利率也在下降，国家的贸易平衡也从入超转变为出超，这些都鼓励资本投向需求不断增加的制造业部门，农村却在萧条下去。

地主们投资建设工厂，雇用农家少女纺织蚕丝，放高利贷给附近农民，如果农民无法还债则没收土地，于是出现了兼并了大量土地的大地主。至于佃农家庭，过着仅能糊口的贫困生活。农家女孩成了纺织女工、缫丝女工等廉价劳动力的来源，工作时间有时长达每天 14 个小时。工厂恶劣的通风环境是疾病的温床，特别是肺结核。工厂女工一旦染上肺病便被送返家中，坐以待毙，同时也会把细菌传到村里。不过当时生活困苦，一般妇女若不在纺织厂工作，也不会有其他更好的出路。她们若留在农村，与家人一起居住，也要帮助农事，工作量至少与工厂一样，甚至更为繁重，而且通常是无偿劳动。如果从事家庭手工业，由中间商人转发，按件计酬，所得亦不会高。于是，一些妇女主动或被迫远走他乡，沦为娼妓。

和自由民权运动时期相比，19 世纪 90 年代的日本农村失去了活力，沉寂如一潭死水。许多农民仍然生活在充满妖怪神灵的幻想世界里。神怪幻想与现代工厂的并存是当时的时代特征。人们相信深山里住着山神、山魈，女人和小孩经常被他们骗走，神秘地失踪。世家旧宅里住着“座敷童子”神，把小孩带进幽幻恐怖的世界。他们还有鼻子有眼地传播说，到处都有叫作“狼森”“天狗森”的树林。人们传说，寒冬之夜，冷月凄清，白衣女妖就领着许多童女出来活动。

不过，随着“文明开化”的浪潮遍及全国各地，建学校、兴教育、修铁路、通火车，虽然幻想世界与现代文明并存的状态还是持续了一段时间，但是变化从内部悄悄地进行。村子附近铺设了铁路，喷着浓烟、吼叫着疾驰而过的火车使村民们激动万分，火车头也成了农家子弟永远向往的一个目标。铁路不断地延伸、扩展，密如蛛网的公路四通八达，这无疑冲击和改变着农村封闭落后的状态。

明治元年，日本有 17 万个町村，十几年后只剩下 1.3 万个。江户时期的社会道德和农村共同体的自治习惯逐渐消失。在町村合并的过程中，人们走出村子，坐上火车，到外地谋生。数以百万计的农民从农村流向城镇，或从城镇流向大都市。19 世纪 80 年代末期，东京人口急剧膨胀，吸收了几百万农村人口，成为一座庞大的都市。城市里的贫民区不断扩大，来自农村的贫民人数迅速增加。这和幕府时代形成鲜明对比。那时流民和乞丐的人数较少，因为农村不管生活如何艰苦，农民在小共同体里互相帮助，总是可以吃上饭，极少有人流浪到城市里去讨生活。

人口的大量流动背后，是农村向城市输出劳动力，劳动力资源从农业转向工商业。另外，劳工输出也是日本创汇的一个重要来源。1900 年前后，不少日本人前往美国夏威夷、加利福尼亚两州，或拉丁美洲工作，再汇款给其在日本农村中的家人。这些走出乡村的人们增加了见识、开阔了眼界，原来的观念世界发生了革命性的变化。

1889 年，宪法颁布，开设国会，当选议员中的绝大多数是地主和豪农。他们在改革政策中受益，尤其是在松方正义的紧缩政策中兼并大量土地。根据选举法，只有年缴纳直接国税 15 日元以上的人，才有选举权，这在当时是很大的一笔钱，全日本只有 1% 的人才有这样的纳税能力，一些地主和富农移居城市，开始享受更舒适的现代生活和政治权利，农村里的那些贫穷农民渐渐被遗忘。

城市表现出混乱的勃勃生机，与日渐衰落的农村形成鲜明对比，令人震惊。一位文学青年向《女学杂志》投稿，对 19 世纪 90 年代的社会有这样的描写：

> 明治文明表面上显示着无可估量的进步，然而果真受到大多数人民的欢迎吗？……看看各家各户的实际情况吧：寒冬腊月，大雪纷飞，究竟有几户人家能够围火取暖、安然过冬？少女面黄肌瘦，儿童失学；流浪街头，不计其数。老母卧病，儿女不能照顾，出外谋生，亦无余钱买药，只好坐以待毙，或一家自尽。表面上社会日新月异、粉饰华丽，内囊里日益腐败、衰微、疲弊。人生本来

不能尽如人意，但贫者越贫、贱者越贱，富者益骄、奢侈无度，岂能不为国之大祸哉？[①]

这种描写显然是夸张性的。实际上，农村也在悄悄地发生着变化，只是很缓慢。对于农村的普通人来说，明治大部分时候和以前差不多。佃农依然过着艰苦、贫困的生活，忙碌终日却仅能糊口。以泥抹地的简陋房子，赤足或穿草鞋，一日三餐以糙粮为主而非米饭，鱼、肉很少见甚至完全吃不上。

对于单干的有地农民来说，直到 19、20 世纪之交，生活水平才有了显著的转变。房子造得越来越好，垫了席子的地板被抬高离地，宽大的屋檐包裹着整栋建筑，纸拉门（有时是更高级的玻璃门）令家里干净明亮。在幕府时代，民房的屋顶不许铺瓦，只允许在大梁和房檐部分使用瓦，所以都用木板或者稻草铺盖屋顶。此时，随着瓦的普及，民房的形状完全改观。瓦顶舒缓的倾斜使窗户的结构宽敞明亮，把大家从大自然的沉重压抑感中解放出来，特别是颜色发红的"盐烧瓦"发明以后，连偏僻荒凉的日本海沿岸的民房也增添了清爽明快的色调。村落开始变得缤纷，一扫此前的单调。

以前，农民的房屋室内光线很暗，农民一天中一大半的时间在室外生活。从明治中期开始，西方人称日本是"纸窗之国"，因为农家开始用纸糊窗户。对于农民来说，纸本来是一种高价商品，可是由于普遍推广国民教育，供儿童练习书法用的"和纸"、印有假

① 转引自〔日〕色川大吉:《明治的文化》，郑民钦译，长春：吉林人民出版社，1991 年，第 180 页。

名的窗户纸就随处可见了，有钱的人家还会安装玻璃窗。农民的屋子的光线变得明亮起来，可以把一间大屋子分隔成几间小屋，给青年人以独立的空间。随着整个国家经济的发展，人们可以负担得起以糙米作为日常主食，也越来越多地用酱油等酱料来调味。百姓的菜单上开始出现鱼和肉，明治早期平民以草鞋裹脚，甚至赤足而行，到这时都改穿木屐。

然而，随着城市化的发展，一些人开始认为城市是社会苦难的罪魁祸首，他们美化乡村生活，声称农村生活具有优越性。实际上，农村里贫富分化严重，佃农生活艰难，缺乏保障。由于灾年频仍，佃农常常陷入绝境，但是几乎没有人反抗。明治三十八年（1905），日本东北三县遭到严寒袭击，粮食歉收，许多农民食不果腹，生活极端贫困。再加上日俄战争，日本农民遭受直接间接的巨大影响，连自耕农兼佃农的中层农民都难以维持生计，不少人失去土地、家产，沦为贫民。众多下层农民不仅颗粒无收，而且无工可做，生活断绝，饥饿难熬。农村已经不再是农民互助的小共同体，无论是留在本村还是流落他乡，都没有人来拯救穷人。穷人忍耐屈从、默不作声地走向死亡，没有人起来反抗。因为经过教育的洗脑，他们也深深认同日本帝国，支持国家向外扩展。在建立帝国的过程中，农民本来是被损害、被牺牲的一个阶层，最后却成为这个帝国的坚实基础。

这是一出巨大的历史讽刺剧，也是值得人们认真思考的吊诡现象。

第 17 讲

明治女性：解放与束缚

否定户主对家庭成员的控制，
实现女性的解放，
这本应是明治维新的任务之一，
却被人为地大大延误。

明治三十一年，也就是 1898 年 5 月，美国“妇女俱乐部”在科罗拉多州丹佛市召开“万国妇女大会”。一位日本女士登上讲坛，以流利的英文发表演讲。她说：

> 全世界的女性必须互相携手，努力提高妇女地位。……女性问题受人瞩目的日子应该已近在眼前。……只要提高女性的教育和地位，全世界的女性应该可以自奴隶和玩偶般的不自觉中觉醒，站在男性的合作伙伴立场，获得真正与男性平等的地位。①

当地报纸称赞说，无论内容、态度、声音等，这位日本女士的演说都是当天最出色的一个。这位代表日本妇女出席会议的女士，就是明治时代女子教育先驱者津田梅子。

① 转引自〔日〕茂吕美耶:《明治：含苞待放的新时代、新女性》，成都：四川文艺出版社，2018 年，第 238 页。

在津田梅子演讲的时候，明治维新已经进行了 30 余年，日本女性是否已经脱离“奴隶和玩偶般”的境地，获得“真正与男性平等的地位”了呢？

一、女性的命运

在明治维新之前的江户时代，日本女性的社会地位很低，这可以从 18 世纪末开始流行的《女大学》一书看出来。

《女大学》详细规定了女性的行为准则、道德标准以及日常生活中的各种礼仪规范，强调女性应该遵循妇德、妇言、妇容、妇功“四德”，把品德、言语、容貌和才能作为良善女性的标准。为了论证男尊女卑的正当性，它极力贬低和贱视女性，指责女性在心性上有各种毛病，比男人愚笨。妇女被置于家庭和社会的最底层，一生的命运是“三界无家”。所谓“三界无家”，就是女人降生人世后，由父母抚养，其家是父母的；长大成人出嫁后，其家是丈夫的；丈夫死后，其家是儿子的。所以在家从父、既嫁从夫、夫死从子是她们一生必须遵守的准则。日本女人一生的宗旨只有两个字：服从。

日本上层社会普遍有让女子接受教育的传统，但是作为当时武士家庭女子必读的“圣典”，《女大学》严格限制她们的社会活动范围和自由度。这本书对中上层女性的行为规范有着深远的影响，让她们受到很多束缚。例如，各城禁止“女出炮入”，就是禁止武家女性外出、枪械输入，甚至她们需要身份证明，才能在连接江户和京都的繁华驿道上经过。至于农村地区的年轻女性，被父亲视为私有财产的一部分。在他们眼里，女儿不是“人”，而是“物”，可以被任意处置。

随着幕府崩溃，明治政府登上历史舞台，日本女性似乎迎来了一个新时代，因为 1871 年明治政府就开始在全国招收女留学生，官费送到美国学习。一个刚刚完成政权交替且不重视女性的国家，为什么要派遣女子到美国留学呢？

原来，北海道开拓使次官黑田清隆为了学习美国西部开拓史而访问美国，目睹美国女性在社会上积极发言，而且和男性平等工作的现象后，非常惊讶。访美期间，他和驻美公使森有礼交换意见，最后得出为了日本的近代化，明治政府也应该派遣女子出国留学的结论。正好岩仓使团要访问欧美，于是二人共同提案，得到岩仓具视的同意，决定让女子随同使团的男留学生一起走。

那时候人们对于美国很恐惧，认为那是一个吃兽肉、喝红酒的野蛮国家，没有任何父母愿意把女儿送出去。即便明治政府承诺负担留学生在留学期间的所有费用，也没有人报名。直到出发前夕，明治政府才千方百计地找到 5 名少女，其中年龄最小的就是那位津田梅子。梅子的父亲是幕府的洋学者，早年曾和福泽谕吉等人一起出访美国，是一位走在时代前端、相当有见地的人物。明治维新后，他成为政府设立的开拓使特约人员，因此政府招募女子留学生时，他代女儿报了名。年仅 6 岁的津田梅子就在懵懵懂懂中，和其他 4 位女伴登上远航的轮船，前往异国他乡。

这 5 位女留学生都来自武士家，都是佐幕派或“叛军”家的女儿，可见当时确实没有人愿意送女儿出国留学。美国人对岩仓使团很感兴趣，各家报纸大幅报道相关新闻，其中 5 名女留学生更是报纸的热门话题，最有人气。但是，其中 2 名 15 岁的女子因患上思乡病，健康状态不佳，最后被送回日本。留下的 3 名女子各自被美国人家庭领去接受教育。

如果说，女留学生标志着武士阶层的女性命运在悄然发生改变，那么第二年一艘来自秘鲁的商船，则改变了最底层女性的命运。1872 年 6 月，秘鲁风帆船“玛利亚・鲁士号”为了躲避台风，进入横滨港避难。一名中国人投海逃跑，被英国船只救起，送交日本政府。日本政府派员登上检查，发现船中载有从中国澳门来的 231 名中国人，秘鲁船长骗他们说送去南洋的新加坡谋生，实际上是将他们运往南美做苦力。日本设置临时法庭，判定这是一艘贩奴船，将中国劳工全部释放。秘鲁方面雇用的律师在辩护时指出，日本国内存在妓女买卖，没有权力指责其他国家贩卖人口。于是，世界对明治政府标榜的“文明开化”提出了质疑。

女性卖淫现象在日本有悠久的历史。1868 年 11 月，明治政府颁布了《卖淫女取缔令》，禁止私自卖淫，但公娼制依然存在，引起了很多人的不满。一些启蒙思想家呼吁“废娼”，社会上随之兴起“废娼运动”，但是效果有限。“玛利亚・鲁士号”事件为废娼提供了历史契机。

1872 年 10 月，明治政府先后颁布了具有划时代意义的两道法令，宣布严禁人身买卖，解放一切娼妓。司法省的法令指出，“妓女、艺妓丧失了人身自由，犹如牛马牲口一般。人断无为牛马之理。娼妓之所以失去人身自由，主要是因为债务。因此，妓女从钱庄、银号的借贷也应勾销”。当时人们把这一“解放令”戏称为“牛马解放令”，从此妓女与妓院之间的卖身契约被一笔勾销，不允许打债务官司。

明治政府的法令被称为“娼妓解放令”，解放了挣扎在社会底层的妓女。她们纷纷离开妓院，奔向自由。但是，有很多娼妓重归故里后，给原本贫寒的家庭增加了一张吃饭的嘴。明治政府为了解决被“解放”后的娼妓的生计问题，引导各地筹建教育机构，给予补贴，让昔日的娼妓学习生活技能。可是，由于一些女性没有财产和谋生能力，有的成为私娼，有的甚至自杀。无奈之下，明治政府只能再次规定，如果本人自愿，可以继续成为娼妓。自愿为娼者必须出具由其父亲、兄长签字画押的“志愿书”，并由所在地的户长签字盖章证明，报给政府后经过批准，获得执照，才可以进行卖淫活动。在 19 世纪后期，日本的娼妓行业雇用妇女之多，仅次于纺织业。在 20 世纪初，日本从事棉纺业的女工只有 6 万人，而合法娼妓约有 5 万人。

在从事卖淫的女性中，有一部分来自武士家庭。武士的特权被废除后，由于家庭生活苦难，个别武士的女儿被迫沦落风尘。当然，卖淫女最多的还是来自农村。大部分娼妓的供应源也是农村，许多父亲将自己的亲生女儿卖掉以换取金钱。有些女子的家里并不是太贫困或太多债务，而是因为在她们的父亲眼里，女儿是可以任意处置的私有财产。后来，随着工业化的发展，各地出现了许多制丝厂。许多少女以类似卖身契的形式，被家长卖到工厂当女工，从早上 5 点到夜晚 10 点都在工作，几乎没有休息时间。由于劳动环境苛刻、生活条件恶劣，一些女工罹患肺炎等疾病，早早就失去了生命。

更悲惨的是，一些贫苦山村的女孩被亲人卖掉后，被送往海外卖淫。这些人被称为“唐行小姐”。最初“唐行小姐”的称呼源自长崎。在德川幕府时期，日本只允许中国和荷兰的商船前往长崎贸易，其中，中国船员住在长崎的“唐人宅邸”，中国船员不能擅自出去，而日本居民一般也不能进来，但丸山妓馆区的妓女可以自由进出“唐人宅邸”。妓女前往“唐人宅邸”赚钱，便被称为“唐行小姐”。明治维新后，日本贫困的女性到海外谋生，一般从事妓女的职业，所以“唐行小姐”便成为到海外卖身的日本妓女的总称。最初“唐行小姐”主要被输出到中国南部沿海和南洋各地。后来，西伯利亚、夏威夷、加利福尼亚等地也出现了“唐行小姐”。直至 1894 年，《移民保护规则》才终于出台，日本政府将海外务工者称为“移民”或“劳动移民”。1896 年，日本政府修订了《移民保护规则》，正式颁布了《移民保护法》。自此，“唐行者”终于有了法律保护，但它明文禁止娼妓在海外卖身赚钱或经营妓馆。由于该法律并不承认娼妓的出海行为，这些人员自然也不受法律保护。

有学者估计，从 1870 年至 1930 年，亚太地区共有超过 10 万名日本妇女被迫从事色情业。作为背井离乡、到海外谋生的底层劳动者，她们被跨越大海的妇女买卖团伙拐卖到殖民地、半殖民地，成为被人鄙视的牺牲品。她们不但无法得到世人同情，还被污名化为“偷渡者”或“海外丑业妇”，被视为日本近代化的耻辱，是日本近代的“弃民”。20 世纪 70 年代引起轰动的电影《望乡》，反映的就是昭和时代“唐行小姐”的悲剧故事。在电影里，那些经历悲惨、客死他乡的“唐行小姐”，将自己的墓碑背向日本，以示对祖国的恨意，给许多观众留下难以忘怀的记忆。

当然，不管是国内的娼妓，还是海外的“唐行小姐”，毕竟是极少数。对于绝大多数日本女性而言，明治维新给她们提供了改变命运的可能性。

二、一夫多妻制与离婚自由

首先站出来为女性呼吁的，是启蒙思想家。

福泽谕吉在《劝学篇》中强调，“生于这世间的所有人，男人是人，女人也是人”，这是日本女性首次被有识之士公认为“人”。福泽主张，只要生而为人，不问男女贵贱，均拥有自由与平等的权利。“天赋人权”的思想给当时的人带来强烈印象，也让女性体会到开放感。福泽谕吉特别批判一夫多妻制，谴责拥有爱妾的男人，炮轰“妻妾同居”等于“家畜小房”。

江户时代的女性一旦结婚成为人妻，丈夫的家就成了她的世界，她就成了这个家的奴仆。她的职责就是小心翼翼地侍奉丈夫、公婆，操持家务，为夫家生儿育女更是首要任务。作为繁衍后代的工具，女性成了一台“生殖机器”。丈夫可以休掉不能生子的妻子，为生子而纳妾，一夫多妻成为天经地义的事情。上至幕府将军，下至庶民百姓，蓄妾之风盛行，一些文人学者公开维护一夫多妻制。当时的社会上流行着“女人和席子，都是新的好”“女人和衣服一样，可以随便换”这样的说法。丈夫可以随意纳妾、寻花问柳，而妻子必须保持贞节，这种双重道德标准却为社会所承认。

1870 年，明治政府制定刑法法典《新律纲领》，继续承认妾的存在，接纳一夫多妻的陋习。而且在社会上，“妾”成为男人夸示权力和财富的象征。有些男人以三妻四妾为傲，有时还故意让爱妾精心打扮，乘着马车在市内兜风以引人注目。明治时代的高官大都是一夫多妻制的实践者，据说伊藤博文每年都要更换女人，把“醉卧美人膝，醒掌天下权”视为风流雅事，世间不以为丑，反而传为美谈。曾两度出任日本首相的松方正义拥有 20 多名爱妾，孩子多达 26 个。据说，有一次明治天皇问他到底有几个孩子，他当下答不出，只好说日后经调查再上奏。

不过，在启蒙思想家看来，一夫多妻是落后于时代的旧制度，应该废除。比福泽谕吉更激进的是森有礼，他在《妻妾论》中抨击当时的纳妾制度，提倡婚姻自由，禁止男子重婚。他抨击日本的夫妇不是真正的夫妇，丈夫是主人，妻子是奴隶，丈夫除了娶一位妻子，还纳一妾或数妾，妻妾同居有违人伦大道。森有礼提出自己拟定的“婚期律案”试行法，主张只要男子超过 25 岁、女子超过 20 岁，都可以依照自己的意志结婚；结婚时，需要婚姻当事者双方的同意，用威逼进行的婚姻无效。严厉禁止重婚，妻子受到不当待遇或丈夫明显不贞时，妻子也可以主动提出离婚。离婚成立时，妻子可以请求获得赔偿费。

1875 年 2 月，作为明治政府官员的森有礼带头践行婚姻自主，在福泽谕吉见证下与一位女士完成契约结婚。双方的婚姻合同书中第二条标明“认可夫妻双方的义务”，第三条则确立“夫妇的财产权”。这是日本最初的契约结婚，在当时引起了轰动。

启蒙思想家都认为，日本若想和先进国家并肩而行，坚决不能让纳妾制度存续下去。但是，对那些有权有势的男人来说，一夫多妻制、重婚制是一种可以公然享乐的合法手段，不可能因有识之士提出异议而废止。因此，福泽谕吉主张，即便无法立即废除这种陋习，纳妾者也应该尽量隐藏爱妾的存在，应该先培养“纳妾是可耻之事”的观念。由此可见，在当时确实很难实施废除纳妾的法令。然而，明治政府也很清楚，外国人认为这种风俗习惯是野蛮的，为了向外国证明日本正在走向文明国家的道路，最终不得不制定废除男子纳妾和妻妾同居的法令。

当 1882 年津田梅子从美国留学归来的时候，已经是一位信心十足、举止高雅的知识女性。她看到，新刑法在这一年年初实施，男子纳妾和妻妾同居被法律禁止。从此以后，“妾”这个前缀词在日本法律条文中被删除，一夫一妻制正式确立。在启蒙思想家的推动下，部分女性开始觉醒，在自由民权运动中妇女的政治运动也很活跃。她们积极参加演说会，一个记者曾这样记录一个集会的场面：“妙龄女子浓妆艳抹，头发结成美丽的香蕉辫，蓬松的金狮发披在当时流行的大披肩上，她们从旁听席上不时喊着‘yes，yes’，表示声援；或者‘no，no’，表示反对——不论什么时候，演讲会上妇女席总是满座。”有一座楼房甚至因为妇女政治演说会的喧闹而塌陷。

然而，没有登记户籍的“婚外婚”依旧盛行不衰，男性只是从公然带着爱妾乘着马车在市内兜风，改为金屋藏娇而已。对当时的女性来说，真正的一夫一妻制仍是遥不可及的奢望。作为女性，梅子自己也感受到压抑。她发现自己的父亲就像一个暴君一样，不但不允许女儿拥有自己的钱包，而且对于女儿的婚姻大事横加干涉，在男女关系的问题上极为守旧，导致梅子不得不到伊藤博文家当门客。作为国家的领导人，伊藤博文继续与多名女性保持关系，而且还让喜欢的女性住在自己家中。至于那位抨击纳妾制度、提倡婚姻自由的森有礼，对待妻子则非常苛刻，不尊重对方的人格和自由，导致第一任妻子在结婚十年后和其他男人私奔。森有礼再婚后，继续按照他自己的生活方式生活，每天都过得井然有序，从早上醒来至夜晚就寝之前，凡事一丝不苟。例如晚餐是欧洲式的正式晚餐，他必定穿戴打着蝴蝶领结的无尾晚礼服，用餐时必有厨师在身边伺候。第二任妻子无法适应这样的用餐方式，连吃一顿传统的茶泡饭的自由也没有。连这种先进的知识分子都这样对待妻子，更遑论其他下层阶级的老百姓？

那么，女性有没有离婚的权利呢？在江户时代，不论是在法律上还是在道义上，女性都没有提出离婚的权利。男子休妻却极为简单，只要写上一纸休书，就算结束了夫妻关系。如果做丈夫的不会写字，便只需在纸上划三行半的直线，就可以把妻子休掉，因此“三行半”便成了休书的代名词。对于女性而言，不论在婆家境遇如何，都必须履行与丈夫同居的义务，对于离婚是连想也不能想的。当妻子因种种原因离家不归时，丈夫有权对妻子娘家提起诉讼，娘家必须将女儿送回夫家，还要被科以罚款。唯一能使妇女得到解脱的是逃到寺庙寻求保护，经确认实属不堪丈夫虐待而要求离婚的，便被寺庙收留下来，由寺方出面召集丈夫及妻子的父母、媒人进行谈判。如果丈夫同意离婚并写休书，女子即随父母回家；如果丈夫执意不写休书，妻子则必须在寺内当 3 年尼姑，才算自然结束夫妻关系。总之，妇女为达到离婚的目的，要付出相当大的代价。

明治六年，也就是 1873 年，政府宣布赋予妻子要求离婚的权利。对女性来说，拥有了离婚的自由算是往前跨出了一步。后来制定的民法也承认了妇女拥有离婚的权利，但同时又在离婚理由上作出极不利于妇女的规定：如果妻子与人通奸，丈夫便可以提出离婚，而丈夫在犯奸淫罪，并被判刑的情况下，妻子才能提出离婚。这一不平等的法律的制定与实施，实在是日本妇女的悲哀。另外，妻子要求离婚时需要父兄陪同出席。实际上，妻子基于经济性理由，也很难主动提出离婚。那么，明治时代的离婚统计数据到底有多少呢？

日本从 1882 年开始实施离婚统计。根据记录，到 1897 年为止的 15 年期间，平均每三对夫妻中，就有一对离异。由于离婚案件数量太多，离婚在当时似乎被视为是理所当然的事情，完全不成话题，因为几乎都是“休妻”例子。《女学杂志》发表数篇文章，揭示了当时的婚姻本质：

> 婚姻是人生中最重要的事情，但现代人的婚姻犹如主人（丈夫）雇女佣（妻子），女佣也怀着前往夫家当婢女的决心与丈夫结缘，这样的婚姻形态令人喟然而叹。离婚习惯已经成为我国的正常风俗，众人见怪不怪，诚可悲也！[①]

离婚案件数量大多集中在农村、渔村等地区，因为这些地区的婚姻习惯仍停留在江户时代，娶媳妇的目的是获得劳动力以及有权继承户主的儿子，如果妻子的行为不合夫家门风或生不出儿子，公婆或丈夫便会随时休妻改娶。1898 年开始实施民法，规定男女结婚和离婚都必须向明治政府申报，离婚率也随之减半。但是，离婚率减半并不意味着离婚的人数减少，而是“事实婚”增多。也就是说，许多人都选择虽然没有合法登记婚姻，但有婚姻之实的婚姻方式。

一个女性如果和军人结婚，更受到严格的限制。将校军官想结婚，必须向上级报告，申请正式的文件。军部人事局收到报告后，

① 转引自〔日〕茂吕美耶：《明治：含苞待放的新时代、新女性》，成都：四川文艺出版社，2018 年，第 41 页。

宪兵会彻底调查女方是否合适做军人的妻子，家族、亲戚、父亲职业、兄弟姊妹的动向等都会被查得一清二楚。只要稍微有可疑之处，上级便会下令延缓婚期。在严格的限制下，女性不但没有和军人结婚的自由，更没有离婚的权利。

三、《日本新娘》风波

自古以来，日本只有“恋”这个字，但没有“恋爱”这一名词。“恋爱”的观念是随着其他西洋观念传入日本，再由某些文人翻译成汉字的“恋爱”。往昔的中国则称之为“儿女私情”。明治时代之前，日本虽然没有“恋爱”这一名词，但也存在男女之间的恋爱情节。只是，这些自由恋爱的事例通常被描写为有违社会道德和社会秩序的特殊事件。

进入明治时代，知识分子向旧观念发起挑战。青年人想追求近代的新生活方式，但是许多自由恋爱和恋爱结婚事例，通常因斗不过根深蒂固的“户主权”而受挫，从而酿成许多悲剧。

什么是户主权呢？在德川幕府时期，父亲作为户主，拥有强大权力。长子是法定户主继承人，在家庭内同样拥有特别权威。无论婚姻、过嗣、入赘、移居等，都完全无视个人的意志，必须经过户主（父亲或长子）允许，这就是户主权。在父权制度和户主制度的约束下，明治时代的大多数女性没有选择婚姻伴侣的自由，只能遵循户主的指示，嫁给一个不熟悉的男人。虽然也有相亲，但相亲仅是结婚的必要手续之一，只要相了亲，通常无法谢绝亲事，只能放弃自己决定自我人生的权利。许多未婚女子甚至在事前都仅知道对方的名字，只有在婚礼当天才看到对方的长相。被嫁出去的女性完全听天由命，在家务、育儿和服侍丈夫、公婆中空虚度日。

不过，由于身份制度的废除，人们有了选择职业的自由和受教育的机会。随着产业的发展和城市的扩大，依靠工资收入维持生计的家庭比例逐年增加。小家庭从经济上摆脱了家的束缚，户主权与旧制度已落后于时代发展潮流。在家庭关系中，“主人”与“主妇”的称呼开始流行，即把妻子作为与丈夫对等的存在，被置于“家政的担当者”的地位，反映出女性地位的提高。同时，随着一些家庭杂志先后创刊，各类报纸也纷纷开辟家庭专栏，批判旧的家族制度与陈旧的家观念，赞扬充满夫妻恩爱的家庭。一些职业女性开始在经济上独立，极力摆脱父权或夫权的控制，提高了恋爱结婚的可能性。这些变化表明，旧户主制度已经落后于现实，不适应新社会的发展，传统的家走向瓦解是历史发展的必然趋势。

1889 年起草的民法典草案，为女性和社会变革带来了希望。有关家族制度的民法的编撰过程一波三折，从 1870 年就开始起草工作，其间几经推倒重来。1890 年的民法典草案是明治政府委托法国专家起草的，基本框架与《拿破仑法典》极为相似。它抛弃了绝对主义的家长和至高无上的家族制度，是一部富有现代色彩的民法典。该法典通过了枢密院的最终审查，预定于 1890 年开始实施。

就在民法典即将正式实施的前一年，即 1889 年，却发生了一场激烈争论。因为法学士会向政府和枢密院提出《意见书》，指责该法典完全照搬欧美制度，不符合日本传统，无视日本固有的淳风美俗，大大削弱了家长的权力，将破坏家族制度，呼吁延期实施。

《意见书》挑起了一场争论。许多学者都卷入论争，形成了“延期派”与“断行派”两大阵营。“断行派”认为，民法典符合现代社会价值观，有助于日本走向世界，应该如期施行；“延期派”则认为，家长权是尊严的、不可动摇的，正如天皇的大权是神圣不可侵犯的一样。这部民法典将破坏日本立国的基础，与《大日本帝国宪法》的精神不符，动摇家族制就动摇了“大日本帝国”的立国之本。这种上纲上线的舆论让“断行派”难以招架，整个社会舆论和天皇的想法都发生了变化。最终，“延期派”取得了胜利。日本帝国议会通过决议，决定将民法典的颁布日期推迟到 1896 年。

就在围绕民法典发生激烈争论的背景下，发生了“《日本新娘》风波”。风波的源头是美国纽约出版的一本书，书名是《日本新娘》。作者田村直臣是日本的一名基督教牧师，熟知日本社会。在这本书里，他向世人揭示了明治时代日本女子的悲剧命运：生活在父权制度和户主制度的阴影下，完全没有择偶的自由，几乎都是奉父亲或有养护权的哥哥之命，被迫出嫁。

田村直臣通过《日本新娘》一书，把日本女性的真实命运告诉西方世界，引起欧美人士的震惊，因为这和他们了解的日本完全不同。原来，日本开国之后，一些欧美人士游历日本，倾心于异样的日本文化，发出了许多赞美之声。其实，他们走马观花，对日本社会的了解浮光掠影，言论却颇有影响。英国新闻记者埃德温·阿诺德（Edwin Arnold）就是其中的代表，他身兼游记作家和日本研究家的名头，在西方世界影响很大。他在出版的介绍日本的书中，把日本女性描写得很完美，过于理想化，给西方世界的民众留下了美好的印象。

可是，在田村直臣看来，埃德温·阿诺德只看到表面，过于美化日本女性，会误导西方国家对日本的认识，于是执笔暴露真相。他描写的内容都是真实的，没有想到，这本书传回万里之外的日本后，如一块巨石投入平静的池塘，立刻激起巨大的波澜。所有的舆论都指责和声讨田村直臣，声称户主制度是日本文化的特色，也是日本文化优越性的体现，对于维持家庭秩序、社会安定和谐发挥了重要作用，因此必须坚持。

明治维新之初，日本抛弃传统，一心学习和移植西方先进文明，进步很快。20 多年过去，随着富国强兵目标日益接近实现，国内开始出现国粹主义思潮。它批判和抵抗西方先进文明，强调日本文化、日本精神的独特性，户主制度被美化为必须维护和发扬的"国粹"，可以增强日本国民的自信心和民族自豪感。田村直臣竟然质疑国粹，妄想动摇户主制度，必须给予严厉的批判和惩治！

如果说，这种舆论主要来自社会中下层，那么另一种舆论则来自上流阶层的男士。这些人士是父权制度和户主制度的支持者，他们认为婚姻是门户之间的大事，必须行使父权或户主权，不能承认个人的自由意志。女儿年幼，不懂世间事，之所以会奉父命出嫁，其实是信赖父亲的眼光，父亲也会尽心为女儿选择门当户对的夫家。只有户主圆满地维持家庭内的秩序，才能确立社会的秩序。

这些日本上流人士承认，他们的这套道理在外国行不通。外国人认为这种风俗习惯是一种野蛮的风俗，是未开化的习俗。因此，这些上流人士始终尽可能地回避和外国人讨论这一问题，避免让外国人触及这一问题。田村直臣竟然在外国出版成书，直接谈论这一问题，就相当于在外国人面前承认日本是一个未开化的民族。对日本的上流阶层男士来说，这是一种严重的羞辱，绝对不能饶恕！

还有一种奇葩的舆论来自有识之士。这些人士深知，日本的女子没有婚姻自由，是户主制度的牺牲品。虽然这是日本特有的风俗习惯，但有违现代文明，早晚要废除。家丑不可外扬，日本可以慢慢改革，但不能把这种事情告诉外国人。作为一个日本人，怎么可以“暴露国民的缺点，煽动外国人的感情”呢！

这些舆论的着眼点不同，但是不约而同地，都指责田村直臣不该说自己国家的坏话。在他们看来，任何日本人都应该爱国，自觉维护国家的形象，不应该在国外出版书籍，在外国人面前暴露国家的缺点。舆论没有兴趣解决问题，反而争相解决提出问题的人，对田村直臣进行审判，认定他的所作所为不利于国家，给他戴上“国耻”“卖国贼”等罪名。

三种舆论汇集起来，形成强大的社会压力。日本基督教教会在东京召开大会，讨论如何处罚田村直臣。不少外国牧师高声反对处罚田村牧师，一个人因为出版一本书而被剥夺职位，是一种不能接受的迫害。有人抗议说，在欧洲和美国都没有这样的审判，日本不能开一个有害的先例。这些声音传出来，招致日本媒体的批评。大多数日本牧师没有站在田村直臣一边，而是投票赞成处罚这位敢说真话的人。最终，田村直臣被无情地赶出牧师队伍，失去了神职工作。幸好，当时的日本还没有发展为极权国家，否则田村直臣很有可能会被投入监狱。

至于那部民法典施行延期后，日本政府着手重新起草民法典。“延期派”学者穗积陈重等人作为起草委员，在维持旧有习俗，特别是家族制度的原则下，搞出来一部相互矛盾的新民法典：一方面，它承认个人的地位是资本主义社会中的独立个体，在财产上两性之间的法律平等、个人选择自由、个人财产所有权等规定被保留；另一方面，个人被置于家庭关系的层级结构之中，受到了强制性的约束。1898 年 7 月，新民法典施行，男女之间的不平等被法律化。以户主为中心的家制度被继续维护下来，家族成员的婚姻要经户主允许，配偶列在家族成员的最后，女性结婚后就自动放弃了娘家的姓氏而改称夫家的姓氏，丧失了独立人格；对于丈夫的遗产，妻子是次于直系亲属的第二位的继承人，实际上继承丈夫遗产的希望极其渺茫；作为母亲，对子女毫无管辖、约束的权力；单方面要求女性的贞操，法律规定可以认领私生子，区别在于丈夫认领的私生子称庶子，妻子认领的称私生子，庶子在家族继承的顺序中居私生子之前。

确立以民主、平等为基础的家族法，否定户主对家庭成员的控制，解放女性，本应是明治维新的任务之一，却被人为地大大延误。直到 1945 年，日本人的家庭关系一直处在户主制、男尊女卑的制度约束之中。除了部分城市职业女性，大部分女性仍然无法挣脱父权制度和户主制度的桎梏。直到第二次世界大战日本战败后，在外力的强制下，父权制度和户主制度才被彻底抛弃，女性才获得应有的自由。此时距离《日本新娘》出版已经过去半个多世纪了，无数的日本女性已经付出了惨痛的代价，她们的青春和幸福永远也找不回了。这是日本近代史上非常不光彩的一页。

第 18 讲

教育革命：从国民到臣民

要公民，还是要臣民？
这是一个影响国家未来道路的关键选择。

在戊辰战争中，明治政府遭到了长冈藩的顽强抵抗。最终，长冈藩被战火摧毁，藩内生活陷入困境。幸好，长冈藩的支藩“三根山藩”送来“米百俵”——100 袋大米作为救济。

武士们都盼着分配粮食，可是，长冈藩大参事小林虎三郎坚决反对。小林虎三郎是幕末著名思想家佐久间象山的学生，佐久间象山创办的“象山书院”培养出许多人才，从幕末的风云人物坂本龙马、吉田松阴、高杉晋作，到明治时代的思想家加藤弘之、西村茂树等，都曾在这所书院学习。小林虎三郎非常重视教育，力主把大米通通卖掉换成钱，购买学校的书籍和教学器材。他说，现在的“米百俵”将来会有成倍的回报。

这就是被日本人传为美谈的“米百俵精神”。在第二次世界大战中的 1943 年，一位日本剧作家把这一故事写成戏剧，在歌舞伎座上演，从此这一故事广为流传。正是这种“米百俵精神”，使得明治时代的日本教育获得了长足发展，在短短数十年里就一跃成为教育强国。但是，这种教育培养出来的是什么样的人呢？

一、普及教育的阻力

1868 年颁布的《五条誓文》宣称"破旧来之陋习"，"求知识于世界"，清晰地表明日本意识到自己还不是一个现代国家，渴望学习西方文明。从那时起，明治政府就把教育放在与政治改革同等重要的位置。

鲜为人知的是，明治维新之前日本的教育已经有了相当的基础。据一位英国学者研究，幕府末期 40% 的少男和 10% 的少女以某种形式上学，具有读写能力。幕末时期，先后派出多批留学生到欧美国家学习，从美国翻译介绍进来的关于教育的书籍也有十几种。明治政府成立后，不但没有停止，反而扩大留学生的数量。从 1868 年到 1902 年，日本签发的留学护照达到 11248 份，这是近代东亚历史上第一次大规模的留学潮。留学经费曾经在短时期内占去文部省预算的 21%。这种旺盛的求知欲，来自强烈的危机意识和追赶欧美国家的责任意识。

除了对外派遣留学生，日本国内也掀起了兴办教育的热潮。明治五年，也就是 1872 年 9 月，明治政府颁布《学制》，废除了原来的藩学、寺子屋[①]，规定全国学校由文部省统一管辖，教育实行中央集权。《学制》确定了普及国民初等义务教育方针，对学校设置和学校教育作出了规定。建立 8 年制新式小学，分上、下两级各为四年，每周 30 个学时，每天上课 5 个小时。儿童 6 岁入学，接

① 寺子屋：江户时代庶民子弟的初级教育机构，主要习识字、珠算，由武士、僧侣、医师任教，多设于寺院。

受 8 年制义务教育。文部省在推行学制令时，特别重视小学校建设，把它列为重点，声称当今着手的第一项任务就是把力量投在小学上。

《学制》是一个庞大的国民教育计划，标志着日本近代教育的开端。如果横向比较就会发现，英国颁布义务教育制度是 1870 年，仅仅比日本早两年。至于法国、美国实施义务教育制分别是 1882 年、1918 年，都比日本要晚。与《学制》同时颁布的，还有《关于奖励学业的告谕》。它讲述了人人“非学不可”的道理，要求做到“自今以后，一般人民、华族士族、农工商妇女儿童，邑无不学之户，家无不学之人”。要求为人父兄者要认真执行明治政府的政策，必须让家中的子弟接受教育。

岩仓使团考察欧美各国的教育之后，日本更坚定了发展教育的战略决心。在考察过程中，作为“维新三杰”之一的木户孝允就写信告诉国内，要奠定“牢不可破之国基者唯在于人，而期望人才千载相继无穷者，唯真正在于教育而已”。岩仓使团回到日本后，精英阶层达成了共识：培养人才是立国之本，为了使富国强兵、殖产兴业顺利推行，必须让一般国民接受最起码的教育。从此，教育立国明确成为明治政府的指导思想。

新学制主要是学习法国的教育制度，从计划上来看，的确是无可挑剔的。但这只是纸面上的计划，从经济基础方面来看，日本比法国落后得多，财政上无力负担。明治政府在新学制施行之年，好不容易凑足了必要预算的三分之二，可是从第二年起又把预算减去一半。1873 年，公立学校的支出为 194 万日元，明治政府补助金只占 12%。1874 年，明治政府要求木户孝允负责教育工作，他却提出辞职，理由就是文部省预算过少，根本无法实行教育普及政策。

此后，明治政府每年都为教育经费苦恼。1877 年，西南战争爆发，用于战争 4156 万日元，同一年政府对小学提供的补助金不过 56 万日元，相当于军费的 1%。

既然明治政府拿不出钱来，就只好“人民教育人民办”，让国民分担教育费用。国民按地方政府规定的标准交纳学费，地方政府收学费与收地方税一样。学校教育经费中，国民直接负担的比例过大。农民中的地主、自耕农、佃农等阶层平均起来一户人家年收入不过 30—40 日元，据 1873 年统计，花在教育上的钱平均每户为 2 日元 29 分，相当于全年收入的 8%。除此之外，农民要交租给地主，还要交税，大多数人承受不起。按照明治政府的规定，适龄儿童 6 岁入学，每天上课，让家庭失去了一个劳动力。当时日本仍然以农业为主，大部分孩子是维持家计的劳动力，家长认为上学并不是绝对必要之事。

另外，日本的教育制度是从外国引进，教育内容是依靠翻译介绍过来的，所以大多数国民不仅不能理解，甚至反感。为了有秩序地学习，明治政府指定了各级的科目内容以及使用的教科书，教育内容是外国课本直译过来的，与日本传统教育内容相差甚远。小学的科目中除了读、写、算，还学习地理、博物、化学等近代必需的文化知识。大多数知识学生难以理解，能胜任教学的老师也不多。例如，小学经济学课本使用亚当·斯密的著作，不用说儿童不理解，教师也不懂。一年级的课本里还有“神为天地之主宰，人为万物之性灵”的课文，晦涩难懂。课程中也包括近代国民教育的重要部分——体操与音乐。但是为什么要学这些科目呢？连教师都说不清楚。于是，体操的教学往往不受重视，音乐课的内容也不过是用教传统的老式歌谣来打发时间。

为了提高入学率，各府县设立督学制度，通过多种途径奖励设立小学，鼓励和劝诱儿童入学。有的县在各学校、学区之间开展学生入学率高低的竞赛。石川县规定，该地区学生入学率达 70% 以上的小学插红旗，低于 70% 的小学插白旗。有的县令亲自到各校巡视褒奖优等生，有的府县命令警察强迫学龄儿童上学，规定除了休假日，平时上午 8 时前到午后 3 时，不论在学校以外的任何场所，如发现学龄儿童无事而游逛者，立即强行送去学校。为此，京都市给学生发放铸铜制厚 5 厘米的徽章，刻上学校名和学生姓名。明治政府还加强宣传说教，文部省初次刊行的小学读本中就写道："如不为学，能修何业？故人到六七岁皆应入小学。小学校是面向士农工商授业之所。"

从理念上来说，1872 年的新学制无疑是进步的，是谋求国民生活提高的，但并不是所有国民都欢迎它，尤其是在农村地区，由于它增加了农民负担，引起农民的反感。一些地区发生的农民暴动，就把学校作为目标。1873 年，冈山县发生了农民暴动，反对征兵令的同时，也反对学校，全县 46 所小学校几乎被破坏殆尽。香川县的暴徒烧毁了 34 所小学，福冈县 29 所小学也被焚烧破坏。

这些全是新学制创设第二年发生的事情，其后数年反对运动持续不断。3 年之后，三重县 29 所学校被焚烧，其他 29 所学校被破坏。在各种抵制下，普及教育的进展缓慢。按照明治政府的最初设想，在日本全国划分八大学区，设立 8 所大学、256 所中学和 53760 所小学。不过，到 1875 年，全国只设立了 2.4 万余所小学，入学率也只有 35.4%。新学制设立后的第七年，也就是明治十一年（1878），男女平均入学率仅仅上升 13%；女子入学率更低，只上升了 8%，女子受教育在某些地区甚至完全失败。明治政府的庞大学制计划成了空中楼阁。

这主要是因为明治政府无力提供必要的财政支持，小学办学几乎全靠学生的学费。对于贫困家庭来说，这成了不轻的负担，许多家庭还无力送孩子上学。很多地方政府对那些不让孩子上学的村民征收“学校费”，官员也到各地巡查，有时甚至出动警察督促儿童上学。这些强硬做法固然推动了教育发展，同时也在社会上激起了民众的不满情绪。因不满征收过重的教育税和学费，到处有捣毁学校的事件发生，有的地方甚至爆发了反对小学的小规模农民起义。

于是，明治政府改变了策略，主要从宣传教育、改进教学内容、提高师资质量等方面吸引儿童入学。不管怎样，日本的教育体系逐渐建立起来。值得注意的是，学制、教师培养等，都不是日本人自己想出来的，而主要是依靠招聘外国教员、引进外国制度。这一时期的教育主题就是向西方学习，大规模地移植西方国家先进的教育制度和内容。因此自由主义倾向很明显，教科书的主要是启蒙文章，福泽谕吉的《劝学篇》就可以随意地被选入教科书。学生的奖品有时就是一本翻译的西洋书。

在明治维新的最初 10 年里，小学的教学内容包括读书、算数、地理、历史、修身，小学优先教授能帮助人们出人头地、有助产业发展的知识，道德教育被排在最后。

二、到底培养什么样的人

1878 年夏天，明治天皇从皇宫发出的诏敕《教育大旨》，让改革派人士大吃一惊。

《教育大旨》严厉指责明治维新以来的文明开化政策，称它“追逐文明开化之末端，破坏品行，伤害风化者不少”，将来有可能达到“不知君臣父子之大义的地步”，“流弊很多”。《教育大旨》提出，应该以儒教的道德伦理原则纠正流弊，要求今后的教育要贯彻仁义忠孝之道为主，其他的教育内容可听从各人自学。

其实，《教育大旨》并非出自明治天皇之手，而是宫中侍读元田永孚执笔起草的。元田是宫中侍讲，颇受信赖，是明治天皇的帝师和私人顾问。他希望通过在教育上弘扬仁义忠孝，提高国民对天皇的忠诚度，来实现以天皇为中心的国家。1878 年，天皇视察了几所学校，元田永孚趁机起草了《教育大旨》，批判自由主义和启蒙思想，宣扬以仁义忠孝为中心的儒教主义，提出公共教育应该以儒教主义的仁义忠孝为中心。他同时还起草了《小学条例二则》，建议规定今后学校里要悬挂古今忠臣、义士、孝子、节妇的画像，对儿童彻底灌输仁义忠孝的儒家思想，不允许教给学生妨碍政治的空论。

在改革派看来，《教育大旨》就是对明治维新以来教育改革的否定。不过，《教育大旨》并没有影响政府的教育政策调整。在新学制推进效果不理想的情况下，明治政府试图重建教育制度。这次教育改革的核心人物是文部省大辅（常务副部长）田中不二麿。他曾两次考察欧美教育，在美国顾问马勒的帮助下，起草了改革方案《教育令》。《教育令》规定儿童的教育时限仍然是 8 年，从 6 岁到 14 岁，家长和监护人有责任送孩子到学校接受教育。但它废除了原来的学区制，给予学校和地方政府更大的自主权，放宽入学条件，缺乏资金建立学校的地方教师可以巡回上课。减少了文部大臣的权力，删除了教师、学生应注重德育教育的条目，增加了禁止对学生体罚等内容。在当时掌握政府实权的伊藤博文的主导下，又对《教育令》进行了修改。

就在准备颁布《教育令》前夕，明治天皇突然召见伊藤博文，出示元田永孚的两份意见书，命令他将教育令方案和意见书对照，提出自己的意见。伊藤博文坚定地支持文明开化，不愿意看到教育改革被扭转方向。于是，他委托内务大书记官井上毅起草《教育议》一文，上奏天皇，批驳元田的观点。《教育议》指出，品行风俗的败坏不在于文明开化政策，而是维新变革的不可避免的副产品，并非像元田想象的那样肤浅和抽象。为了纠正风俗紊乱，的确需要研究教育方法，确立文教政策，但不应该放弃日本的根本政策——文明开化，保护陈旧的陋习。伊藤担忧的是，元田提倡的儒学偏爱空洞的政治论争，这种论争会把年轻人从学术领域引诱到政治上去。因此，伊藤反对以传统经典为基础，主张把实用知识放在“道德之学”的前面，只有杰出的学生才可以学习法律和政治。

元田永孚立即又写了一篇《教育议附议》，对《教育议》进行反驳。他批评伊藤没有真正领会圣旨，进一步重申忽视仁义忠孝是风俗紊乱的原因。他坚持认为，儒家的“四书五经”应该作为教育的核心，之后是与伦理道德相关的国学著作，最后才是西方的书籍。他主张恢复儒教，要求学生读“四书五经”，接受尚廉耻、重礼让、笃伦理的教育。

当时有影响力的思想家、教育家纷纷加入这场德育论战。著名思想家福泽谕吉先后发表《德育如何》《教育余文》两篇文章，站在反对封建伦理道德的立场上，针锋相对地反驳儒教主义教育论，主张道德教育应该建立在国民言论自由的基础之上。作为明治政府官员的森有礼同样站在批判儒教主义的立场上，主张德育应追求自发性和自觉性，修身课不应该用语言向学生灌输，通过背诵忠孝礼义等道德条目的做法不可取。

不过，此时日本保守主义思潮正在兴起，大多数论战者支持元田永孚。思想家西村茂树主张以儒学为基础，以西学为补充对国民进行教育，“儒教欲废之而不可得，尤其是论孟学庸[①]四者……世界尚无此善良之教训”。国粹主义教育家杉普重刚主张，道德教育应该在吸收儒学和洋学的基础上，以日本传统的伦理观为主要内容。东京大学校长加藤弘之提出，道德教育中最重要的是培养学生的爱国心，德育应该将儒教、神道、佛教、基督教等内容融合。教育学家能势荣则认为，道德教育的教学内容没有必要从洋学、儒教中选择一种作为教育指针，应该以日本自古以来的伦理观为基础进行教学。

这场德育论战的核心，其实就是教育到底培养什么样的人。改革派主张培养具有独立人格的现代公民，而保守派坚持要培养盲目愚忠的臣民。是要公民，还是要臣民？这是一个影响国家未来道路的关键选择。

① 论孟学庸：就是“四书五经”中的“四书”，即《论语》《孟子》《大学》《中庸》，分别简称《论》《孟》《学》《庸》。

伊藤博文似乎在这场论战中获胜。1879 年 9 月，明治政府颁布《教育令》，标志着教育制度从法国模式转移到美国模式。可是，这次教育改革并不成功。过去 7 年辛苦建立起来的新教育制度陷入混乱，教育水平也明显下降。原本为了使学校摆脱官僚机构的束缚，获得解放，却产生了放任自由的结果。

就在《教育令》颁布前夕，文部大臣换成了保守的河野敏镰。因为伊藤博文等人作为天皇的官员，不可能去反对忠孝之道，而福泽谕吉等在野人士的话语权也很有限，因此保守派轻而易举地占了上风。1880 年 12 月，《教育令》颁布一年多后，明治政府颁布《修正教育令》，否定教育改革中的自由放任主义，加强中央和地方政府对学校的监督权力。课程设置一律按照文部省颁发的大纲执行，将修身课列为首位，加强德育教育。从此，明治政府的教育改革开始走向保守，强调“忠君爱国”的国家主义教育风行起来。明治政府仍然致力于发展和宣传实学，同时也想通过教育迫使年轻人向传统屈服。

1881 年，文部省把“修身”课置于各课程之首，并制定《小学教员须知》，要求小学教员懂得“导人善良比教人多识更为紧要，故教员应特别致力于道德教育”，道德教育的根本要求是“振兴尊王爱国之志气”。教师的言行思想也被划入统制对象，此外对其他课程的教学内容也进行干涉，使教学失去了独立性。1882 年，元田永孚根据天皇之命，又编写了修身课本《幼学纲要》，发给全国小学，其中充满忠孝仁义的说教。

河野敏镰的改革废除了对小学和师范学校的补助金制度，在财政上不再有任何支持措施。结果改革两年后，入学率有一些上升，接着又连续下降，出现了一片混乱。1883 年入学率为 51.03%，

1887年降为45%，5年之内下降6%。

1882年，伊藤博文到欧洲考察各国宪政，也没忘记学习外国的教育经验，尤其是德国。1871年，普鲁士统一了德国，加强了中央政府的强大统治，同时热心于教育。德国坚持教育服从政治的原则，加强初等教育的基础，加强政治对教育的管理，目的是在国民中扫除文盲，培养有效率的、顺从的国民。学校教育采用双轨制，从根本上就培养两种不同层次的人——精英与大众——让精英在大学接受更加自由的教育；大众只接受普通教育，让他们有一般能力为国家服务。在中央集权主义方面，德国的教育制度与法国相似，但法国希望培养以自由、平等、博爱为原则的国民，德国的教育制度以国家的繁荣和加强国防为目的，培养为国家服务的顺民。在伊藤博文看来，政治优先于教育的德国制度对日本是很合适的。

伊藤在离开德国回国之前，特意把日本驻伦敦公使森有礼请到巴黎。森有礼对于教育问题素有研究。他认为日本要发展，就需要大批人才，而培养人才的关键是创办近代国民教育体系。在他担任驻美国公使期间，他就向美国教育界、政界、文化界和实业界人士发信，征求他们对日本创立近代教育的建议。他将13位人士的回信编辑整理，亲自撰写"绪言"，于1873年在纽约出版了英文版 *Education in Japan*（中文译名为《文学兴国策》）。这本书介绍和阐述了欧美近代平等主义教育观念，主张国家应实施义务教育、公立学校，这是实施义务教育的主要途径。伊藤博文与森有礼畅谈关于教育的设想，达成了高度一致的意见。这次会面，影响了后来日本教育的发展方向。

三、从国民变成臣民

1885 年，伊藤博文进行政府改革，成立日本首届内阁并担任首相。而且，他力排众议，邀请 38 岁的森有礼担任首任文部大臣。

作为最年轻的内阁大臣，森有礼面临抉择。19 世纪 80 年代中期的日本，正是欧化之风盛行之时。学问、艺术自不待言，各种法规、制度以及社交礼仪也模仿欧美。与此同时，保守主义思潮也在兴起。保守主义宣扬说，日本的国体深深地植根于历史和民众的传统，文化价值观念不能动摇，必须坚持和维护。他们强调传统价值观，要求建立所谓的“国教”，主要攻击目标就是教育制度。森有礼如何选择呢？

森有礼进入内阁不到 3 个月，就公布了大学令、中学令、小学校令和师范学校令，以及其他学校通例。他几乎以一人之力，建立了一套完整的教育体制，而且一直延续到第二次世界大战日本战败之前。这套新体制彻底否定了自由主义教育，转向为国家和政权服务。它提倡顺良、信爱、威严等封建道德，宣扬国家主义，要求学生忠君爱国。在一次对地方官员们的讲话中，森有礼阐述了自己的教育理念：“阅读、写作和算术，不是我们教育和指导年轻人的主要问题。教育的问题完全是如何造就品质高尚的人。而谁是这些品质高尚的人呢？——他们是我们的帝国所需要的优秀臣民。谁是这些优秀臣民？——他们是充分履行作为帝国臣民的职责的人。”

很显然，森有礼这个著名的启蒙思想家倒向了保守主义。他认为，办教育不是为了个人，而是为了国家。教育的目标不是培养具有自主意识和独立精神的近代公民，而是要培养学生忠君爱国的道德品质，要把学生培养成“尊王爱国”的忠顺臣民。

森有礼把师范教育作为整个教育结构的战略要点。他提出了顺良、倍爱、威重三大口号，并把这些口号标榜为教育目标本身。他按照军国主义化的方式，重新组织整个师范教育的学生生活。为了把军国主义思想渗透到师生的人格深处，师范学校的学生必须穿着军服，教师也必须穿着佩有纽襻的立襟制服。学校设立了被称为“秘密忠告法”的新制度，从各班级中推选出一名或数名忠告人，这些忠告人向校长秘密报告同班同学的日常举动。另外，这种报告不仅是在校内评定学生的依据，甚至还成为划定学生将来参加工作后初次任职的工资差别的标准。与此同时，在实行官费制度的同时，学生全部住校。学生宿舍通常设有下士官出身的舍监，他们对学生的一举一动都严加监视，而且对起床、就寝、外出、学习等都有严格的规定。学校甚至还像军队那样，把学生编为大队、中队和小队。师范学校学生的整个生活都被置于严密的束缚下，毫无反抗办法。这样，按照森有礼的意图，为义务制学校培养出来的教师，不仅在观念上，而且其生活本身也军国主义化了。有了这样的教师，义务制教育才有可能培育出能够为富国强兵做贡献的勤劳的国民，以及支持军国主义的源源不断的兵源。

义务阶段的学生处于人格形成时期，必须贯彻国家主义和军国主义，培养学生效忠国家的观念。森有礼在视察小学时，看到学生作文也要提出各种指导意见。至于大学阶段，为了推动国家的科学技术发展，培养为增加国家财富而作出贡献的专家学者，赋予适当的学术自由。这样既可以培养忠诚的国民来支持君主制，也可以让日本能够与列强为伍，作为一个现代国家而发展。这种区别精英教育和大众教育的教育体制，十分接近德国模式。经过制度调整，一直呈下降趋势的入学率开始上升。

在明治宪法颁布前夕，森有礼作为文部大臣，积极组织宪法颁布仪式：各地举行庆典的场合要摆上天皇和皇后的“御影”以及太阳旗，参加庆典的人们要向天皇和皇后的“御影”行礼，在此过程中、小学生们不断地高唱《君之代》。在天皇经过时，学生要挥舞帽子，齐呼三声“天皇陛下万岁”。总之要烘托国家主义的气氛，突出天皇的尊严。可是，森有礼没有看到他所策划导演的庆典。1889 年 2 月 11 日，也就是《大日本帝国宪法》颁布之日，准备出席庆典的森有礼遭到袭击，第二天不治而亡，年仅 42 岁。刺客是一个激进国家主义者，他听说森有礼穿着鞋子踏进了伊势神宫（日本最神圣的神宫）后极为愤怒，认为这是亵渎神灵之举，于是挺身刺杀。森有礼这个国家主义者死在另一个国家主义者的刀下，给他的悲剧结局涂上了一层尴尬的色彩。

根据规定，《大日本帝国宪法》将于 1890 年开始施行。地方官员们都担心，自己治理的地方会因为宪法的颁布而出现各种问题。在内阁召开的地方官会议上，他们建议中央政府要大兴德育，理由是偏重智育导致培养的人热衷于政论，而紊乱的社会秩序，终将危及国家。此时的首相是思想保守的山县有朋，此前他为了确立军队秩序曾起草《军人敕谕》，效果很好。为了解决地方官们担心的问题，他又想在教育界如法炮制。

在山县有朋的支持下，文部省组织人马起草《教育敕语》，那位保守的元田永孚积极参与其中。1890 年 10 月 30 日，《教育敕语》正式颁布。全文仅有 300 余字，却成为臣民精神的指引，主宰了日本几代人的头脑和心灵。因为它极其重要，所以在这里引用全文：

> 朕惟我皇祖皇宗，肇国宏远，树德深厚。我臣民克忠克孝，亿兆一心，厥济斯美。此乃我国体之精华，教育之渊源亦实存于此。尔臣民咸宜孝父母，友兄弟，夫妇相和，朋友相信，慕俭持己，博爱及众，修学习业，以启发智能，造就德器，进而广公益，开世务，平时重国宪，遵国法，一旦有缓急，则义勇奉公，以扶翼天壤无穷之皇运。如斯则不独为朕忠良之臣民，且是以显彰尔祖先之遗风。此道实为我皇祖皇宗之遗训，子孙臣民咸宜遵守。贯诸古今而不谬，施之中外而不悖。朕与尔臣民，拳拳服膺，咸一其德，朕有望焉。①

《教育敕语》一反过去那种向西方学习、“求知识于世界”的新锐精神，转而寻找日本的特性，竭尽全力地赞美“日本特色”，鼓吹日本“国体之精华”。它强调国家主义，宣扬忠君爱国思想，要求教育造就忠孝合一、忠君爱国的驯良臣民。除了忠孝，它还提出了普遍的道德规范，强调了“一旦缓急，则义勇奉公”的义务，核心思想就是培植带有忠君爱国头脑的工具。

《教育敕语》颁布还不到一个月，《大日本帝国宪法》也于1890年11月29日正式施行。选在宪法实施前推出《教育敕语》，显然是深思熟虑的结果。和《军人敕谕》公布时一样，《教育敕语》也

① 吕万和：《简明日本近代史》，天津：天津人民出版社，1984年，第379页。

没有大臣的副署，而是在宫中由天皇亲手交给山县有朋首相的。由于这是天皇亲自表明的意思，所以《教育敕语》是作为超越法令的绝对规范传达给国民的。

随后，《教育敕语》被分发到全国各地的学校。为了贯彻《教育敕语》，文部省发布《小学校教则大纲》，要求修身教育以《教育敕语》内容为基础，“启发培养儿童之善良心，涵养其道德之心，传授人道之实践方法”。明治政府检定合格的修身教科书，也要在卷首刊登《教育敕语》。文部省还制定《小学校祝日大祭日仪式规程》，规定了国家的纪元节、天长节等祝祭日学校举行仪式时的内容和方法。所有学校都要设立供奉天皇、皇后“御影”（照片）和《教育敕语》的奉安殿，每到节日庆典时，全体师生必须面向“御影”和《教育敕语》行最高敬礼，山呼万岁，再由校长奉读“敕语”，师生必须低头恭听。后来又规定歌颂天皇统治千秋万代的《君之代》为必唱歌曲。这些仪式具有强烈的宗教气氛，重复举行这种仪式，加上天天通过课堂灌输“敕语”的思想，很容易潜移默化地影响青少年的单纯心灵，对进行国家主义教育发挥了重要的作用。

在日本的近代史上，1868 年颁布的《五条誓文》标志着文明开化时代的开端，1890 年发布的《教育敕语》则标志着文明开化时代的终结。文部省统一规定教材，全国各地的学生在同样的时间学习同样的教科书。日本虽然实施了宪法，但是国民没有成为以宪政为基础的公民，而是成了天皇的“臣民”。在明治政府和学者们的宣扬下，日本还逐渐形成了家族国家观，认为天皇是国民的父母、国民是天皇的子孙。

进入 19 世纪 90 年代，随着普通家庭的经济状况逐步好转，送儿童上学的家庭越来越多。从1885年到1895年，日本小学的入学率从49.6%上升至61.2%。值得注意的是，在甲午战争之后，日本普通小学入学率急速上升。有一个流传甚广的说法是，明治天皇当年下令将清朝的全部赔款用作教育。事实上，日本获得赔款共计约2.597亿两白银（折合日元为3.895亿元），但绝大部分被用于战争费用和扩军费用，明治政府只将其中的2.8%（即约1000万日元）设立为教育基金，并以本金和利息充作发展普通教育的补助费。

尽管相对于近4亿日元的战争赔款，教育基金的数额极其微小，但在当时，这笔钱可以建造17座八幡制铁所那样的大型钢铁企业，因此解决了日本教育的大问题。1900年，日本的学龄儿童入学率增至81.5%。在1900年度预算中，日本政府从教育基金拨款50万日元用作市镇村立小学的设备费用及教育奖励费。同年，第十四届议会上通过"市町村立小学教育费国库补助法案"，预算总额达100万日元。这样，多年没有得到解决的教育经费问题终于开始得到落实。从这时起，日本对全国入校小学生实行学费全额免除制度，实现了真正的义务教育。

1904年，清王朝颁行新学制《奏定学堂章程》，正式实行近代教育制度，比日本晚了30多年。在同一年，日本的学龄儿童入学率已达83%。到1912年，这一数字达到98.2%，日本社会的文盲几乎完全被消灭。在小学教育迅速发展的同时，日本的中等、高等教育和职业教育同样发展迅猛。到明治末期，日本已完全称得上与经济强国相称的"教育大国"了。彼时的中国刚刚告别皇帝、进入民国，教育的追赶之路才刚刚开始。

另一方面，背诵着《教育敕语》成长起来的是无数盲目愚忠的"臣民"。日本后来之所以走上侵略亚洲邻国的道路，并最终成为第二次世界大战的发动者，教育充当了极端国家主义和法西斯军国主义的教鞭角色。在这种教育下培养出来的臣民比政治家更狂热，他们沉浸在“神国”的幻觉中，而且在情感上越靠近天皇，外在行为越是激进、暴虐，后来还催生了“圣战”“玉碎”这类反和平、反人性的心理。也正是这些崇拜天皇的“臣民”作茧自缚，最终成为天皇制的掘墓人。直到 1945 年日本战败后，驻日盟军司令部在废除《大日本帝国宪法》之前，先宣布《教育敕语》无效，从此现代公民教育才成为日本德育教育的主题。

第19讲

帝国的转向：从启蒙时代走向蒙启时代

随着明治维新走向尾声，
启蒙的灯火熄灭了，
无数民众重新进入蒙昧状态。

1881年，加藤弘之来到东京大学，担任这所日本第一所大学的第一任校长。

上任不久，加藤弘之就对外宣布，不再印刷和发行自己的《真政大意》《国体新论》等宣扬天赋人权的著作。这一决定在知识界引起轩然大波，因为作为一个拥有极高社会声望的启蒙思想家，加藤弘之的决定意味着，他撤回了自己以前所主张的学说。第二年，加藤弘之出版《人权新说》，公开宣称社会成员各有优劣，人间的生存斗争和优胜劣汰是必然的。在一个优胜劣败的社会里，主张人天生便有平等地位与权利的天赋人权说是一种“谬见妄说”。

《人权新说》成为加藤弘之思想转向的标志。他曾高举“天赋人权”的理论大旗，现在不仅成为强权论的极力鼓吹者，主张国家主义、天皇专制主义，而且基于社会达尔文主义的立场，对自由民权思想进行猛烈的批判，引起了一场著名的思想交锋。

加藤弘之的思想转向就像一个风向标，标志着明治维新以来国家的转向，从启蒙时代走向“蒙启[①]时代”。那么，为什么会出现这样的转向，它是如何完成转向的呢？

一、思想界的风向标

明治初期，启蒙运动为日本带来了许多新思想，推动了文明开化的深入发展。启蒙思想家们主张，把个人从某个集团的控制下解放出来，建立一个开放的、流动性强的社会。在这样的社会中，人们可以获得与他们具有的才智和勤奋程度相一致的经济回报。他们呼吁建立议会制政府，这个政府应该有责任内阁，官员公正守法，依据开明的法律制度合理施政，并支持自由贸易和信奉国际主义。福泽谕吉在《劝学篇》中提出，狭隘的民族主义没有未来，国家之间不应该互相侵犯对方的权利。另一个启蒙思想家田口卯吉更为激进大胆，提出应该摒弃民族主义，因为民族主义是过时的、愚蠢的概念，而且会导致不必要的争端。

在人们纷纷被这些新思想吸引的时候，1870 年，东京大学理学部的一位外籍教师将一个新学说介绍到了日本。这就是达尔文在 1859 年出版的《物种起源》中阐述的进化论。此后不久，启蒙思想家福泽谕吉、森有礼等人通过阅读西文原典，或者通过留洋接触

① 蒙启：著名思想家李泽厚创造性地将“启蒙”二字颠倒过来，指的是推倒启蒙的内容，把民众重新引入蒙昧的状态。

了进化学说，只是当时对“evolution”一词有各种不同的翻译，多种译词并存。

1878 年，“进化”一词首次出现在东京大学的学术杂志上，随后各种杂志、报刊、著作开始频繁使用这个新鲜的词语。由于启蒙思想家推崇和传播启蒙主义，当时日本深受启蒙主义进步史观的影响，而进化论的传入又与启蒙主义进步史观的传入相隔不久，导致在日本人的认识里，“进化”往往带有强烈的“进步”语义，甚至很多时候就等同于“进步”本身。福泽谕吉就将进化论解读为一种“进步”，认为“文明是人类的幸福和品位的进步”。因此，进化论很快就被启蒙思想家们所接受，进而席卷日本思想界。启蒙思想家们没有想到，进化论很快就会成为启蒙思想的对手，甚至扭转了日本思想界的走向。

进入 19 世纪 80 年代，一种新的更有杀伤力的西方帝国主义出现了。曾经强烈地吸引了岩仓使团的西方强国，在面临国外竞争时保护本国工农业，同时争相建立能促进本土发展的殖民帝国。在 19 世纪的最后 20 年，帝国主义征服成为公开挑明的国策，各国之间为争夺海外殖民地展开了激烈竞争。欧洲各国很快蚕食了非洲：1881 年，法国宣布突尼斯为其保护国；次年，英国占领了埃及；1883 年，德国的势力开始渗透到非洲大陆的西南角。美国则进入了太平洋地区，并于 1893 年推翻了夏威夷君主国，然后为争夺太平洋上的群岛与英、德两国展开了角逐。在亚洲，英国把缅甸据为殖民地，法国则把越南变成其殖民帝国的一部分，英、法、俄等国都在中国建立租界，争夺势力范围。

自从明治维新以来，日本一直追求富国强兵的目标，但是并没有理论支撑，以为只要学习追赶欧美列强，就可以达到目标。西方列强对亚洲的侵略，使许多日本人认为必须重新认识这个世界。这时候，已经传入的社会进化论，特别是“优胜劣败，适者生存”的理论如当头棒喝，给日本知识分子以极大震撼。社会进化论认为，国家之间是“弱肉强食，优胜劣汰”，要想成为强国，就必须不择手段地在残酷的竞争中获胜。比起天赋人权论来，这种社会进化论更容易为“后发国家”所推崇，并成为它们“富国强兵”的理论依据。于是，进化论超越了自然科学的领域，开始在社会科学方面给日本思想界带来巨大的影响。

作为启蒙思想家，加藤弘之也被这种新的学说吸引。加藤早在幕末时期学习外文的过程中，就对“天赋人权说”产生了共鸣。据考据，把“天赋人权”作为一个完整概念予以表述的，就是通晓外文的加藤弘之。明治元年（1868），他出版《立宪政体略》一书，称赞立宪政体，鼓吹天赋人权思想，思想之先进远远超过同时代的绝大多数学者。幕府被推翻后，他在新政府任职，而且走进皇宫担任侍读，为天皇讲授欧美政体，赢得了极高的社会声望。

在成为明治政府最重要的御用学者的同时，加藤弘之继续宣传天赋人权学说。1870 年出版的《真政大意》和 1874 年出版的《国体新论》，都是提倡天赋人权思想的代表作。他指出，国家的主体是人民，君主和政府是为了服务人民而诞生的，职责就是保护人民的自由权利。他甚至提出：“君主是人，人民也是人，二者既然没有不同，为何权利却要有天壤之别；人民生于此种野鄙陋劣之国体中，实属大不幸。”有人认为，加藤弘之的《国体新论》与当时福泽谕吉连载的《劝学篇》中的启蒙思想异曲同工。加藤弘之和森有礼、福泽谕吉等人共同创立日本最早的启蒙学术团体“明六社”，致力于介绍和传播“天赋人权论”，传播民权、平等的启蒙思想，介绍立宪政治，成为启蒙运动中的一员健将。

在启蒙运动发展的同时，自由民权运动也开始蓬勃发展起来。启蒙思想家的文章与著作，对于自由民权运动发挥了推动作用。可是，随着自由民权运动的发展，启蒙思想家内部产生了分歧。1874年，爱国公党提出《设立民选议院建白书》后，很多启蒙思想家赞成早日开设国会，加藤弘之却认为，在文明开化还没有完成的情况下，设立民选议院为时尚早，让没有文明开化的民众共议天下事，根据民众的意见制定制度和宪法，只能是缘木求鱼。他要求学习普鲁士的专制模式，首先兴办学校，培养人才，为开设议院奠定基础。如果一定要开设议院，最好的办法也是选择两三个府县做试点，不能仓促行事。

从那时起，加藤弘之的思想已经在悄悄发生变化。他认真系统地学习了德国国家主义者的思想，同时接受社会进化论，认为“进化论是动植物根据生存竞争和自然淘汰的作用，逐渐进化并产生高等物种的理论”，是永世不易的自然规律。在他看来，进化论所主张的优胜劣败不仅存在于动植物界，也存在于人类世界。人类世界是一个以“优胜劣败”为法则的社会，在列强环伺的险恶的国际环境里，日本要实现富国强兵，就要依据“适者生存”的原则来发展。民主不适合日本国情，日本需要的是威权政体。国家最为重要，人权要服从于国家的需要。很显然，加藤弘之对“进化”的认识是典型的社会达尔文主义。

1881 年，加藤弘之在被明治政府任命为东京大学校长之后，向内务大臣申请《真政大意》《国体新论》毁版，并通过内务省通告全国禁止贩卖这两本著作。接着，他又于第二年出版了《人权新说》，攻击卢梭是“从古至今罕见的妄想论者”，“所谓天赋人权源于妄想论者之说”，宣扬人权是与国家一起诞生的，遗传和环境决定了人类的优劣。他公开宣称，社会成员各有优劣，人间的生存斗争和优胜劣汰是必然的。在一个“优胜劣败”的社会里，主张人天生便有平等地位与权利的天赋人权说仅是一种“谬见妄说”。天赋人权学说是不成立的，因为在一个优胜劣汰的社会里，每个人不可能拥有平等的地位和权利。

这本《人权新说》标志着加藤弘之已经彻底抛弃了“天赋人权”的思想大旗，从自由主义者转变为社会达尔文主义者。他撰写《强者的权利竞争》，主张强者的权利是自然权利，极力鼓吹强权论，主张国家主义、天皇专制主义。他站在社会达尔文主义的立场上，对天赋人权、自由民权进行猛烈的批判，引起了一场思想交锋。民权派对他进行了严厉批评。加藤弘之出版《人权新说》的同一年，自由民权理论家中江兆民把卢梭的《民约论》译介到日本，继续传播天赋人权学说。

由于加藤弘之的身份和地位，社会达尔文主义的影响越来越大。1883 年，东京大学法学部规定，教学内容一律学习德国。这是日本社会思潮转向的风向标。“德国学”成为显学，知识界推崇的英、美、法的自由主义学说开始退潮。

二、历史的十字路口

1884 年前后发生的两件大事，给日本国内造成了极大的冲击。

1883 年 12 月，中法战争正式爆发。但 1885 年最后双方在军事胜负相当的情况下停战议和，签订了对大清国不平等的条约。1884 年 12 月，朝鲜的开化党在日本公使的支持下发动政变，朝鲜政府在大清国驻军的协助下将政变镇压下去。这两件事情都发生在日本的周边，刺激了日本国内的激进派。他们鼓吹出动兵力，不惜与清政府一战，也要占领朝鲜半岛。福泽谕吉在自己的报纸《时事新报》上发表文章，要求在朝鲜断然诉诸武力，迅速收拾局面。

作为最有影响力的日本启蒙思想家，福泽谕吉一向思想稳健。他一直鼓励全盘引进西方观念和制度，相信世界是美好的，在这个世界上国与国之间应该互相学习，为彼此的幸福祈祷，按照自然界和人类的法则互相联系。然而，进入 19 世纪 80 年代以后，他为亚洲的形势感到苦闷，为帝国主义的步步进逼而焦灼，社会达尔文主义开始对他产生影响。他坦白说，以前他认为仁善公正的国际法主宰着国与国之间的关系，现在他认识到，实际上世界是根据丛林法则运行的，所有的国家都为了实力和财富而奋斗，强的吞噬弱的。他警告说，美国和欧洲的先进国家比大清国和朝鲜这样的国家强大得多，西方的入侵会使亚洲遭受和非洲、中东一样的屈辱和毁灭。

那么，日本会不会遭受同样的屈辱和毁灭呢？福泽谕吉的回答是“不会”。他满怀热情地相信自己的国家和邻国不同。在亚洲国家中，唯有日本已经开始现代化，开始按照西方的榜样重塑自我，已经准备好和其他文明国家一起走在进步的路上。遗憾的是，欧美人都戴着种族主义眼罩，分辨不出亚洲国家之间的区别，认为日本和大清国、朝鲜一样，都是专制、半开化的，固守着过去的陋俗。那么，日本怎样才能避免被西方的可怕力量碾碎呢？福泽谕吉提出的方案是：首先，日本必须建立军事实力，必须随时准备动武。其次，日本必须鼓励亚洲邻国进行改革，以便经受住西方的冲击，如果他们拒绝，日本应该强迫他们这样做。他借用一个寓言说，如果邻居住在木屋，自己居住在石屋里也不会免于火灾。住在石屋的人应该尽量劝说邻居改建房子，假如危机在即，为了保护自己的房子免遭火灾，断然侵入邻居的房子是正当的。

1885 年 3 月，福泽谕吉在自己的报纸《时事新报》上发表了一篇重要文章，这就是著名的《脱亚论》。他说，鉴于西方的倾向，日本不能和亚洲邻邦联系太紧密，否则只会败坏自己的名声。日本也无法等待大清国和朝鲜的进步，共同复兴东亚，只能先脱离东亚国家的行列，与西洋各文明国家共进退。就是说，日本要向西洋各国看齐，对待大清国、朝鲜采取同样的态度和行动。这篇文章在日本影响深远，被认为是日本思想界对亚洲的“绝交书”。

两年以后的明治二十年，日本走到了历史的十字路口。此时维新事业已经进行了 20 年，日本国内建设什么样的政治制度，国际外交战略如何选择？正在走向亚洲强国地位的日本到了必须作出抉择的时候了。对日本这样的转型国家而言，对国内政治理想的探索和对外交战略选择的思索是密不可分的。这两个紧密联系的问题成为精英们思考的焦点，尤其是在知识分子中引起激烈争论，各种观点层出不穷，令人眼花缭乱。就在 1887 年，一本名为《三醉人经纶问答》的书横空出世，它以生动形象的形式，把当时对政治与外交选择的各类见解摆在大家面前，简洁清晰、一目了然。

这本奇书的作者，就是自由民权运动理论家、政治活动家中江兆民。中江兆民深通法语，用汉文翻译了卢梭的《社会契约论》，并附以解说，名为《民约译解》。他把书中的“liberte”译为“自由”，“democratie”译为“民主”。这些在中国本就存在的汉字词语，从此被赋予了新的内涵，至今仍然被广泛运用。《民约译解》为自由民权运动提供了思想资源，无数热血青年都在这本书的影响下，投身于自由民权运动。中江兆民本人也因此获得了“东洋卢梭”的美名。

中江兆民没有做时代的旁观者，而是积极参加自由民权运动。他创办报纸，奋力抨击藩阀政治，反对君主世袭，公开鼓吹“君民共治”“地方分权”，对自由民权运动的影响极大。1886 年，中江兆民参与“大同团结运动”，呼吁由日本国民议会制定宪法，而不是由明治政府主导制宪。第二年，明治政府以“阴谋内乱”“防害治安”等莫须有罪名，勒令民间政治活动家离开东京。在警察押送下，中江兆民抱着才几个月大的女儿离开了东京。但是，他矢志不渝，跑到大阪创办新报纸，自己当主笔，继续为自由民权鼓与呼。

当时日本面临方向选择：是选择君主专制、君主立宪制，还是民主制？是走军国主义路线、对外扩张，还是走和平发展路线、睦邻友好？中江兆民在这一时期完成的《三醉人经纶问答》一书中，虚构了“洋学绅士”“豪杰君”“南海先生”等三个各具不同思想倾向的人物，他们一边饮酒，一边交谈，对日本的内政、外交分别给出了自己的答案。

“洋学绅士”首先登场，大谈自由、平等是人类的普遍理念，是历史的必然。他通晓西方近代思想，认为那些走在时代前列的先知先觉者，一旦掌握了新思想，立刻就可以控制时代。民主制应纯洁无瑕，要与愚昧的君主制、妥协的立宪制划清界限。日本要走民主之路，实现彻底的民主化。他主张国家必须基于自由民主的“理义”而对外独立，日本应该实行无条件的和平主义和不抵抗主义，彻底废除军备、放弃战争，成为永久中立的和平国家。

“豪杰君”认为，“洋学绅士”的观点太理论化，严重脱离了现实，是虚幻的空中楼阁。他从人情世态和铁腕统治国际社会的现实出发，阐述了以武力对外扩张的主张。在“豪杰君”看来，当今世界乃实力主义时代，战争乃不可避免之事，只有物质力量强大的“文明国”才能战而胜之。在列强的坚船利炮面前，空谈理想没有实际效用。日本作为一个小国，要达到富强的目标，必须走扩军备战、对外侵略扩张的道路，由小邦变为大邦，才能解决日本国内矛盾，实现富国强兵的目标。

第三个出场的是“南海先生”。他批判“洋学绅士”和“豪杰君”都是只抓住了事实的一面，而推论其全体，如瞎子摸象。如果说“洋学绅士”是民主主义思想的代表，“豪杰君”是有军国主义色彩的国家主义思想的代表，那么“南海先生”就是一位自由主义思想的代表。他赞同“洋学绅士”的民主制理想，但是认为目前难以实现，“洋学绅士”过高地评价了新思想的引力。他认为“豪杰君”忘记了国家不仅仅是君主和官僚，还有议员和国民等复杂的机构，犯了依然把统治者的独断专行视为万能的错误。“南海先生”认为，历史的前进要一步一步来，不可能从专制一下就飞跃到民主，先要从君主专制到立宪君主制，再从立宪君主制到民主制。他主张日本首先实行立宪君主制，既保证民权，又尊重天皇的权威。在对外政策上，他主张和平，反对以武力相威胁，批驳“豪杰君”对外侵略的主张不符合人类的正义。

《三醉人经纶问答》展示了明治中期日本在历史十字路口的政治思潮，揭示了一个现代转型国家的理想与苦恼。书中的“南海先生”就是作者中江兆民的化身。这个积极参与自由民权运动的知识分子，并非卢梭式的激进民主主义者，而是一个自由主义者。他提醒国人，日本无论如何都应该避免法兰西式的革命，争取自由不一定非得人动干戈。他从进化论出发，主张渐进的改良，反对突变的革命，统治者如果一意孤行，酿成革命，则非日本之福。人民只能在君主制和民主制之间选择平衡点，趋向任何一个极端都有可能导致革命。

在社会舆论的压力下，1889 年，日本颁布的第一部宪法中写入了人权保障内容。1890 年，日本开设国会，中江兆民当选为首次众议院议员。但因为不满民党在预算问题上与政府妥协，3 天后就拂袖而去。国会议员当了 3 天便辞职，他的事迹被人们传为奇谈。作为在向现代化国家迈进过程中的一位难得的思想家，中江兆民眼看着自己的国家一步步走向强大，成为亚洲强国。但是他并不认为强国有什么了不起，呼吁国人做“大国人民”。他说，“大国人民和小国人民的区别，不在于疆土的大小，而在于人民的气质和胸襟的大小”。

遗憾的是，社会达尔文主义被越来越多的日本人接受，日本走上了一条与中江兆民的期望完全相反的道路。

三、从和平转向武力

实行宪法、开设国会之后，日本似乎已经完成了明治维新的目标。作为东亚强国，下一步日本向何处去？这成为知识分子们思考的时代命题，并发生了激烈争论。一派主张“和平膨胀”，也就是“和平崛起”，坚决反对将“爱国主义”作为侵占的基础；另一派则主张“武力膨胀”，也就是学习列强的做法，走侵略扩张道路。

加藤弘之就是后一种主张的代表人物。他担任东京大学校长、高等教育会议议长等重要职务，是明治时代官界和学界的总帅。他主张“国家有机体论”，认为必须牺牲个人利益为国家服务。他说，“只要为自己的利益幸福，则对于他国而起的侵略战争也没有可非难的理由”，公然为“武力膨胀”制造理论根据。他所鼓吹的社会达尔文主义影响力越来越大，他所提倡的“弱肉强食”“优胜劣汰”的逻辑也被越来越多的官员接受。

还有法学家穗积八束，也是“武力膨胀论”者。穗积八束是出身于东京帝国大学的精英人物，毕业之后留学德国，回国后任帝国大学法科大学教授，逐渐成为著名的法学家。他思想保守，反对依照外国顾问的建议而制定的民法案，主张坚持日本传统，维护家族制度和家长权力。他憎恶民主主义，因为民主主义把平民以自我为中心的利益凌驾于国家的需要之上。他多次写道，个人自由必须为了社会整体而牺牲。在国际关系方面，穗积八束认为，当时的国际社会是一个弱肉强食的世界，日本不能被基督教教徒倡导的所谓“人道博爱主义”“人类共和主义”迷惑：

（在帝国主义时代）容易被所谓的世界和平之类的甜言蜜语冲昏头脑，如今若我等突然将挂在腰间的武器丢弃，等到我们徒手无物之时，未如当初约定的那样完成世界统一，我等则将成为强者之饵食……于今日世界之状态，说爱国心是多么的狭隘，是何等的错误，其目的就是让吾等放松警惕，弱化团结之力量。[①]

越来越多的日本知识分子认同和接受这种世界观，其中最积极的就是思想家德富苏峰。1893 年，他就发表文章，强调日本要有“自主的外交”，呼吁寻找“扩张日本的途径”。

和加藤弘之一样，德富苏峰也是一位此时思想发生巨变的思想家。不同的是，二人相比，德富苏峰要晚一辈。明治政府成立那一年，德富苏峰还是一个 5 岁的小孩子。他在少年时，就立志将来做新闻记者，积极参与自由民权运动，成为一个活跃的自由民权分子。他先后撰写了大量文章，宣扬自由民主，抨击藩阀专制。在 19 世纪 80 年代中期，民权运动衰落，舆论界沉寂，他的这些政论文章如空谷足音，引起巨大的反响。

德富苏峰仿照美国《国民》杂志，在东京创办《国民之友》杂志，办刊宗旨是将“世界文明实现于日本”“使日本世界化”。《国民之友》介入舆论界，把矛头指向当时以“鹿鸣馆”为代表的贵族欧洲化主义，集中攻击照搬欧美的方针，击中了舆论的兴奋点，因而大受欢迎。德富苏峰独树一帜地提出了自己的“平民主义”，声称进入明治二十年以后，维新大业已经荒废，有必要进行二次维新。以往的日本社会是以军事组织为范型建立起来的，因此武力成为立国之本，国家的职能是对内实行超经济强制，对外进行武力争夺。现在世界的趋势是由“贵族社会”向“平民社会”过渡，日本要实现由重武备向重生产转型，以自由平等取代专制等级，以经济

① 转引自〔日〕小熊英二:《单一民族神话的起源：日本人自画像的系谱》，文婧译，北京：生活 · 读书 · 新知三联书店，2020 年，第 50–51 页。

竞争取代武力争夺。他的文章得到了来自受过良好教育的年轻人的积极响应，这说明“文明开化”的思想已经传承给了新一代的日本人。

德富苏峰在舆论界声誉鹊起，成为与福泽谕吉齐名的第二大思想家。作为平民主义的倡导者，他提倡民权，反对对外战争。他在《将来的日本》一书中断言，如果没有劳动人民的幸福，日本帝国即使军备壮大、殖民地辽阔，也没有任何价值。令人意外的是，在 1894 年的甲午战争前夕，这位自称“彻底反对武力主义者”的平民主义理论旗手，突然变成了另外一个人，狂热地呼吁对外发动战争。

德富苏峰发表《日本国民的膨胀性》一文，提出了“大日本膨胀论”。他认为，日本人口不断增多，60 年后如果不能把国土的面积增加到 2 倍，今天的人口与国土的比例就难以保持。所以现在就要抓紧膨胀国土面积，膨胀所需的国土就在清国。他呼吁日本政府抓住和清国开战的机会，进行国土扩张。日本要敢于利用战争，迫使清政府订立北京城下之盟，获得几个亿的赔款，从而确立在世界上的地位，使“300 年来收缩的日本，一跃而为膨胀的日本”。从一个宣扬自由民权的思想家，转变为侵略战争的狂热鼓吹者，德富苏峰仅仅用了 3 年时间。

就在开战前两天，德富苏峰还写文章说，他不主张为了战争而战争，也不提倡抢夺他国的土地，他之所以坚持要求对清国作战，为的是把日本改造成向外扩张的国家。这给日本提供了赢得列强尊敬，确保自身安全和国家生存，甚至向东亚其他国家“传播文明的最后的好时机”。在他看来，如果错失良机，日本“就会在中国人面前抬不起头”，“在朝鲜难以立威”，在列强面前颜面扫地，日本国民情绪难以遏制，列强会借机插手，日本将士气大跌，退回闭关锁国的老路。

正是在德富苏峰这样的言论家的鼓吹下，“和平膨胀论”落败，“武力膨胀论”占据上风。从政治“右派”到“左派”，从明治政府到日本民间，都达成了一致结论：世界是个危险丛生的地方，西方帝国主义和种族主义的态度对日本的独立构成了严重威胁。为了维护国家的利益，日本必须果断行动，甚至牺牲他国也是正当的。“爱国主义”是当时日本社会的主旋律，“武力膨胀”被认为是“爱国主义”的表现，甲午战争得到了朝野上下的一致欢迎。甲午战争爆发后，德富苏峰马上声称：“举国一致对付清国是当务之急，为此我愿意牺牲我的一切。”他以社长身份，派出 30 余名随军记者，宣扬日本帝国的赫赫战功，极力煽动狂热的民族情绪。

日军攻陷旅顺后，日本国民尽情狂欢，流于骄横傲慢，到处沉醉在欢呼和凯歌声中，对未来的欲望与日俱增。除了要求进军之声，其他都拒绝接受。当年被称为“东洋卢梭”的中江兆民，在甲午战争后也发表文章衷心欢呼日本的胜利。福泽谕吉也在演说中称，对甲午战争的胜利感到恍然如梦，感极而泣。后来他在回忆录《福翁自传》里再次表明相同的高兴心情，说自己当时愉快感谢之情难以言表。他还断言，甲午战争不足挂齿，这不过是日本外交拉开的序幕而已。

德富苏峰亲自执笔，在不到半年的时间里先后发表了《好机会》《日本在世界上的地位》《战争和国民》等一系列文章，引导朝野舆论，鼓吹甲午战争是日本在行使“文明之权”，“帮助朝鲜脱离落后的清朝的裹挟，走向文明世界”。1894 年 12 月，他将有关文章结集，出版了《大日本膨胀论》一书。这本书标志着德富苏峰以侵略扩张为主旨的“膨胀论”理论体系的形成。面对指控他变节的舆论，德富苏峰拒不承认，反而辩护说，自己从平民主义转向帝国主义是顺应世界大势，是思想合乎逻辑的发展。首先是因为日本的国际地位发生巨变，其次是世界之大势日益趋向帝国主义，自己无非是顺应时势的识时务者。但是他的思想转变幅度太大，引起许多人的质疑和批评，就连他的亲弟弟、作家德富芦花也与他发生矛盾，后来兄弟失和，分道扬镳，直到 20 多年后德富芦花临死时，二人才见了最后一面。

日本的胜利让德富苏峰感到骄傲，战后俄、法、德三国逼迫日本将辽东半岛归还清政府，又让他感到沮丧和愤怒。“三国干涉还辽”事件让德富苏峰看到了西方列强的强大，也使他更加崇拜军事实力。他怀着极度复杂的心态来到俄国考察，以新闻人的身份接触了著名作家托尔斯泰。当托翁当面向他指责日本效仿列强，对邻国诉诸武力时，德富苏峰居然辩驳说，在列强面前，日本其实是多年的屡屡受害者。作为曾经的自由民权运动舆论家，德富苏峰认为，日本在前进的道路上有许多敌人，最大的障碍就是西方列强。日本要卧薪尝胆，树立起与西方抗衡争逐的思想。

德富苏峰的主张，反映了当时日本人的普遍认识。在他们看来，甲午战争表明日本已经是一个强国，却得不到列强的承认。只有通过侵占的方式发展自己，才能使其在世界舞台上占有一席之地，与扩张中的西方列强相抗衡。因此，甲午战争后军国主义思潮在日本日益盛行。它对内维护天皇作为国家主权者权威的神圣性，对外追求扩张日本的国权，建设强权国家。这种皇权至上，带有盲目狂妄性、以军国主义为目标的国家“本位主义”，战胜了自由、平等、进步、和平等启蒙思想，成为日本的主流价值观。随着明治维新走向尾声，启蒙的灯火熄灭了，无数民众重新进入蒙昧状态。

从自由民权转向专制皇权，从反对藩阀政治的平民主义者到狂热鼓吹对外侵略扩张的帝国主义者，从主张“以平等为堡垒，以自由为枪炮”的“文明绅士”转向主张以铁腕统治世界的“豪杰君”，这是德富苏峰等明治思想家的思想轨迹，也是明治时代的历史进程。而这个历史的延长线一直延伸到 20 世纪 30 年代，是日本走向对外侵略战争的必然逻辑。

一个令人深思的问题是，当一个国家强大以后，国民应该如何自处？经过明治维新，日本崛起为东亚强国，日本国民沉浸在可怕的大国崛起迷梦中。他们不知道应与世界和平共处，而是支持政府对外发动战争，梦想从侵略中获得利益。他们只关心掠夺他国的财富，根本无视对别国的伤害。这种自私、狭隘、不论是非的民族主义，虽然给日本带来了暂时的利益，却会让它在错误的道路上越走越远，最终不可避免地使国家陷入灭顶之灾。

第 20 讲

明治维新：一个成败参半的现代化故事

近百年来，
日本奇迹般的成功和
第二次世界大战中近乎毁灭的失败，
都孕育于明治维新。

在日本山口县萩城东郊，有一个游客云集的地方，名叫松本村。村口处矗立着一块醒目的石头，上书“明治维新胎动之地”。之所以获得如此美名，是因为幕末时期的思想家吉田松阴在这里开办“松下村塾”，为后来的日本培养了大量的杰出人物。例如尊王攘夷的领袖人物高杉晋作、“维新三杰”之一的木户孝允、日本首任内阁总理大臣（首相）伊藤博文、日本陆军之父山县有朋等，都是从这里走出去的，在从幕末到维新的历史进程中扮演了至为关键的角色。

作为众多明治维新功臣的老师，吉田松阴本人却没有看到明治维新的成果。在 1859 年幕府大老井伊直弼制造的“安政大狱”中，吉田松阴被解送到江户斩首，年仅 29 岁。幕府处决了吉田松阴，也敲响了自己的丧钟。他门下的学生一个个登上历史舞台，推动了倒幕运动的进程，并掌握了明治维新的主导权，成为主宰日本近代历史进程的风云人物。伊藤博文曾为松下村塾题诗称，“如今廊庙栋梁器，多是松门受教人”。

当我徜徉在“明治维新胎动之地”时，突发奇想：假如吉田松阴在死亡 35 年后复活，也就是在 1894 年突然重返日本时，他会有什么样的发现和感慨呢？

一、全新的国家

毫无疑问，吉田松阴会对日本的巨变感到震惊。

吉田松阴在世的时候，几乎没有日本人知道“日本”这个国家。或者说，那是一个没有“日本国的日本”。人们只知道幕府将军，天皇遥远得就像一个古老而缥缈的传说。名义上的首都是天皇居住的京都，真正的政治中心却是幕府所在的江户，幕府将军掌握着日本四分之一的土地。在幕府之下，日本有近 300 个藩国，藩国统治者大名们独立地统治自己的领地。大名们居住在自己的都城里，拥有自己的军队，发行自己的货币。江户幕府不能从大名那里征税，对大名领地内的事务也无法插手。虽然幕府将军不能插手藩国的内部事务，也不对藩国征税，却对大名拥有生杀予夺的权力。这种状况与中世纪的欧洲有很多类似的地方。比如英国很多领主虽然忠于英国国王，但在军事和财政上都保持了各自的独立性，英国国王并没有绝对权力去插手这些领主的内部事务。

日本各地的语言互不相通，交流十分困难。当时日本人并没有现代的国家观念，他们观念里的国家指的是自己所在的藩国。社会分为士、农、工、商四个等级，士的地位最高，商的地位最低。武士忠于所在藩国的大名，因为他们的俸禄是从大名那里得到的，幕府的将军并不是他们效忠的对象，更不用说当时的天皇。对一般的老百姓来说，将军、天皇都是遥不可及的，他们服从的是大名以及大名手下的武士。很显然，吉田松阴时代的日本就像秦始皇统一之前的中国一样，是一个典型的封建国家。

可是，等到 1894 年的时候，近 300 个藩国和大名已然消失了，幕府将军也没有了，日本从一个国土分封、政治分立、社会分裂的国家，变成了一个高度中央集权的国家。天皇是这个国家的绝对领导，强有力的内务省任命县长和市长，国家警察系统用一张遍布全国的警察站点网络来控制地方。士、农、工、商的社会等级也被废除了，不管什么家庭的孩子都要进入学校读书。文部省为每间学校规定课文，教育系统是如此步调一致，以至于全国各地的学生在同样的时间，使用同样的教科书，学习同样的知识。以前军事职能是武士的特权，现在武士在社会上消失了，国家实行征兵制，一支全国性的军队建立了起来。贱民群体在法律上得到了平民的身份，以往地位最高的精英人士变成了“华族”。这个国家正在培养对于身着军服的君主的感激和崇拜，天皇的照片甚至出现在最偏远的农村、最卑下的农民家的墙上。日本不再是分权的封建国家，而是统一的“大日本帝国”。

作为一个长期与世隔绝的岛国，到 19 世纪末期，日本已经成为国际政治中一个活跃角色，与外部世界关系发生了深刻变化。对于“大日本帝国”这个名词，吉田松阴肯定感到陌生，但实际上“大日本帝国”符合吉田松阴的设想。在幕末时期，日本对冲绳、千岛群岛和北海道的主权尚未确立，国界并不明晰。吉田松阴面对西力东渐，对日本的未来抱有强烈的危机感。他指出，日本的国际压力来自俄国（“鲁西亚”）和美国（“米利坚”），外邦正在包围日本。为了避免坐以待毙，日本应该对外扩张，发扬神国尚武传统：

> 日不升则昃，月不盈则亏，国不隆则替。故善保国者，不徒无失其所有，又有增其所无。今急修武备，舰略具，炮略足，则宜开垦虾夷（北海道），封建诸侯，乘间夺摸察加（堪察加）、隩都加（鄂霍次克海）。谕琉球朝觐会同，比内诸侯。责朝鲜纳质奉贡，如古盛时。北割满洲之地，南收台湾、吕宋诸岛（菲律宾群岛），渐示进取之势。然后，爱民养士，慎守边围，则可谓善保国矣。不然，坐于群夷争聚之中，无能举足摇手，而国不替者，其几欤！[①]

到了 1894 年，日本已经完全占有了北海道，并投入巨资进行开发。在北方，通过与俄国进行的一次有争议的领土交换，日本获得了整个千岛群岛。在南方，日本完全吞并了琉球群岛。日本竟然还在甲午战争中战胜大清国，侵占了中国台湾，而且具有了进一步侵略大清国、朝鲜的能力。日本人为自己取得的成就和不断提升的国际地位而感到自豪。

假如吉田松阴重生，看到这样的巨变也一定会感到自豪，同时也会发出疑问，这样的巨变是如何实现的呢？答案当然是明治维新。

---

① 转引自冯天瑜、任放：《日本对外侵略的文化渊源》，北京：高等教育出版社，2017 年，第 166 页。

二、创立“日本”

对于明治维新的时间界定，史学界有不同说法。最狭隘的说法认为，明治维新就是 1868 年推翻幕府、建立明治政府的历史事件。这是把明治维新看作一场政变，没有看到日本从传统到现代的转型。最宽泛的说法是，整个明治天皇在位时期（1868—1912）都属于明治维新时代。这是把整个明治天皇统治时期和明治维新画等号，没有看到明治后期和前期的巨大区别。在这两种观点之间，还有许多说法。在我看来，明治维新的本质是通过改革实现国家的现代化转型。在这一意义上，我把明治维新的时间界定为 1868—1894 年，明治政府在这一时间段里推行了一系列改革，创造了一个全新的日本，日本帝国由此基本定型。1894 年日本在修改条约上取得了决定性突破，在此之后直到明治天皇去世，日本基本上再也没有什么像样的改革。

1868 年，以“王政复古”为号召、建立以天皇为中心的明治政府，是明治维新的历史起点。不能忽视的是，明治维新作为一场宏大的现代化转型运动，在正式开场之前有一个长达 15 年的酝酿时期，这就是本书第 1 讲、第 2 讲的内容。这个酝酿期非常重要，因为面对来自西方的全新文明的冲击，日本这个古老文明如何认识和应对，在很大程度上影响了后来的历史走向。和清政府的应对比起来，幕府的应对可圈可点。不同的应对之举决定了现代化转型的不同路径。值得称道的是，最后一任幕府将军德川庆喜积极改革幕政，一些改革措施与明治维新颇为相似。可惜，历史留给德川庆喜的时间太短，如火如荼的尊王攘夷运动将他逼到了死角。德川庆喜没有困兽犹斗，而是明智地主动退出历史舞台，将历史的接力棒传递给明治政府。

1868 年，以明治天皇的名义颁布《五条誓文》，标志着明治维新的开始。《五条誓文》是改革的顶层设计，指出的改革方向是“广兴会议，万机决于公论”，“破旧来之陋习”，“求知识于世界，大振皇基”。不过，它没有提出更多的具体内容，明治政府就拿着这张粗略的海图起航了。明治政府开展了一系列改革，其中影响最大的就是废藩置县。明治政府经过小心翼翼地策划，实施时雷厉风行，没有遭到有力抵抗，更没有爆发武力冲突，实行了大约 260 年的幕藩政治制度就土崩瓦解了。一个英国观察家对此感到惊诧，他在 1872 年这样写道：“4 年前我们仍在中古时代，但现在已大跃至 19 世纪，犹如由诗歌时代进入平易实用的散文时代。”

正如前文所说，幕府时代的日本并不是一个真正的统一国家，直到废藩置县之后，一个政治统一的中央集权国家才初步形成。但是，未来日本建设什么样的国家，怎么建设，应该向谁学习？仍然是摆在明治政府面前的重大问题。于是 1871 年岩仓使团出访欧美国家，“求知识于世界”。这次访问的收获，就是确立了三大国策：文明开化、殖产兴业、富国强兵。这是一个涉及面极广的宏大计划。

19 世纪意大利的一位独立运动政治家曾大声疾呼：“我们已创造了意大利，现在我们必须创造意大利人。”对于日本来说，明治维新同样有两大课题：一个是创立“日本”，就是建立与万国对峙的中央集权国家；一个是形成“日本人”，就是近代国家的国民。三大国策在实施过程中不断修正和调整，但始终围绕着前述两个目标而展开。

废藩置县是创立“日本”的第一步，此后依靠以富国强兵为目的的文明开化和殖产兴业，进入正式的近代国家建设阶段。为此，明治政府进行了社会、经济、司法、教育、军事等方面改革。在经济改革中，建立新税制，将收税权力集中到中央政府，实行土地私有化，将政府投资建设的模范工厂进行私有化；在司法改革中，编纂法典，将行政与司法分离，实现司法国家化；在教育改革中，推行义务教育，通过教育普及知识；在军事改革中，废除武士的特权，实行全民征兵制，建立只属于天皇的国家军队。

这些改革都是以欧美国家为样板，甚至实行拿来主义，在推行过程中再做调整。改革都是自上而下，强加给民众身上的，因此改革过程并非没有反抗，有时反抗亦会相当激烈。明治政府最后总能克服各种困难，完成改革任务。在军事改革中由于废除武士特权，激起了武士的反抗，酿成了血流成河的西南战争。随着萨摩叛乱的失败，明治维新的第一个 10 年也就结束，理论上日本已成为一个自由社会。因为明治政府最终剥夺了武士阶层的特权，重新分配财富及人才资源，也促使社会转型，将过去一个身份地位僵化的封建社会，变成一个流动性强的用人唯才的自由社会。

在创立“日本”的过程中，社会各阶层都热情投入。寡头政治家强力推进，启蒙思想家提供思想资源，自由民权运动也发挥了重要作用。正是在自由民权运动的压力下，1881 年明治政府同意在 9 年后颁布宪法、开设国会。与此同时，明治政府压制自由民权运动，转向学习德国的法律和政治，知识界推崇的英、美、法的自由主义学说开始衰退。1883 年，东京大学法学部规定教学内容一律学习德国，国家的政治体制也开始转向学习德国。当年夏天，伊藤博文从欧洲考察宪政后回到日本国内，在综合比较欧洲各国的政治制度之后，他得出的结论是：德国是日本学习的样板，日本应该学习德国的宪政制度。

1885 年，伊藤博文建立近代内阁制。内阁由总理大臣统率，下面为管理实际行政的官僚部会。明治政府实行文官考试制度，从此政府各部门的用人便以考试成绩为录取标准，官僚阶层由此萌芽。官僚国家的出现是日本近代史上非常重要的一步。随后，明治政府制定宪法，并如期在 1890 年正式实施。日本宪法的实施和民选国会的召开，标志着创立“日本”的历史任务完成了。京都学派创始人、著名历史学家内藤湖南评价说：“事实上，在德川末年，几乎无人能够想象，历经长期封建统治的日本能够在二三十年之后转变为立宪政治。”作为欧美国家之外第一个实践宪政和代议制的国家，日本有理由感到自豪。

随后，大日本帝国通过甲午战争，打败大清国，正式登上世界历史的舞台。这场战争是日本走上帝国主义道路的一个里程碑，日本对外扩张的欲望进一步被刺激起来后，又将目标指向朝鲜。至于西方，一开始是把日本与其他亚洲国家同样看待的，但明治维新带来的新气象也使得西方国家对日本刮目相看。日本在甲午战争中取得的胜利，彻底改变了西方对日本的认识，拖延许久的条约修订工作也获得突破进展。就在甲午战争爆发的两个星期前，日本刚与英国签订新约。新约规定，到 1899 年，日本全面废止治外法权。其他列强也跟进并签订同样的条约，给日本带来了外交上的平等和尊严。政论家德富苏峰意气风发地说：

> 现在我们不必再以身为日本人为耻，我们能挺直腰

> 杆面对世界……在此之前，我们不了解自己，世界也不了解我们。但现在我们已测试过自己的实力，我们已了解自己，亦为世界所理解。更重要的是，我们亦知道世界已意识到日本的存在。①

那么，大日本帝国真的是日本人期望的国家吗？不同的社会阶层会有不同的回答。没有人能够否认明治维新的巨大成就，可是，富强之中也有隐忧。在经济增长中，两类人沦为受害最深的群体，一类是小农家庭，另一类则是年轻女工。从 19 世纪 80 年代开始，大批农民失去土地，佃农、半自耕农超过农户的三分之二，占农户 27% 以上的佃农终年挣扎在生死线上，许多半自耕农也只能勉强维生。贫苦农民不得不外出做工，挣钱补贴家用。而数以十万计的年轻女性受雇于棉纺、织布、火柴等企业，甚至堕入娼馆，她们所遭受的痛苦是不为人知的。显然，富国强兵是以民穷为代价的，世界强国的荣光背后，还有盛世下的波澜。因此，明治后期发生了工人罢工、租佃争议、经济危机、社会主义运动、工会运动，似乎让这个东方岛国进入了一个新的动荡时代。

除了内部存在的许多问题，日本帝国作为一个崇尚丛林法则的强权国家，越来越具有扩张性。这个新兴国家的主流认识就是，日本应该继续成为一个扩张型的国家。民众中骚动着盲目的乐观情绪，帝国的扩张欲望不断膨胀。而明治宪法将军队的统帅权独立在内阁与议会之外，又为未来军人挑起对外战争留下了隐患。很少有

---

① 转引自〔美〕安德鲁·戈登：《现代日本史：从德川时代到 21 世纪》：李朝译，北京：中信出版社，2017 年，第 95 页。

人认识到，爱国主义狂热和统帅权独立将使日本走向万劫不复的深渊。

三、“日本人”的诞生

明治维新的另外一个历史课题，就是将原来只知忠于藩主大名的民众改造为“日本人”。

幕府时代没有“日本国”，当然也没有“日本人”的观念。进入明治时代以后，《五条誓文》、奉还版籍、废藩置县、征兵制等，都在重新定义日本民众与国家之间的关系，实际上也是在重新定义“日本人”，但几乎没有人意识到这一问题。在岩仓使团考察欧洲时，木户孝允接触到亡国的波兰人民并深受震动，回国后便草拟了关于制定宪法的意见书，强调以国会为媒介来统一人民的必要性。而完整提出“日本人”问题的，是甲午战争时担任外务大臣的陆奥宗光。

1874 年 1 月，时任大藏省代理少辅的陆奥宗光向木户孝允呈送一份长篇大论的意见书《日本人》，指出凡是在帝国政府统治之下的人不分尊卑贤愚、贫富强弱，都应该既有保护国家安全、克服危难的义务，又有共享国家幸福的权利。这是建立新日本的根基，但是现实世界中，日本人并没有同心协力，而是像一盘散沙。幕府末年，长州、萨摩二藩曾经被欧洲列强打败。鸡犬之声相闻的邻藩却认为，那都是外国的战争，与自己是没有关系的，所以大家都在旁边看热闹。陆奥提出，要促使怯弱萎靡、毫无志操胆略的人民觉悟起来，认识到“日本人之所以为日本人”，从此同心协力地保全国家独立。陆奥用自己的话说出了木户所意识到的“国民”（Nation）的问题。从此，“国民”的形成被提上议事日程。

从最广义的范围来看，明治维新是建设与万国对峙的国家的过程，同时也是形成国民的过程。在构建新国家的时候，木户孝允和大久保利通都描绘了“君民共治”（立宪君主制）的设想，自由民权运动同样要求“君民共治”，不过自由民权运动更加强调民为“君主之本”，提倡天赋人权。明治政府内部和思想精英中，也一直存在着主权在民、国家主义两种思想主张。1881 年的“明治十四年政变”后，明治政府内部主张采用英国议会内阁制的势力下野，国家主义思想开始占据上风。

在 19 世纪 80 年代中期，“日本人是谁”这样的文化问题开始出现。因为面对各项改革，一些人开始怀疑，以西法为师的做法最终目的究竟是什么？如果日本人大力兴建铁路，采用欧式宪法，与欧洲一模一样，那么日本人还有没有自己独特的身份认同？一群年轻人在 1888 年组成政教社，发行杂志《日本人》，打出“国粹”的旗号，声称要追寻一个独一无二的“日本”价值，而且在追寻过程中要把它发扬光大。国粹主义者们强调，日本国民具有有别于他国的共同的历史和文化传统，日本是一个以共同的历史文化为基础构建起来的政治共同体。自由民权运动引进的 nation，被翻译为“民族”，由国粹主义者传播开来。国粹主义者这样做的目的，就是要强化日本国民的爱国精神和共同体意识。

来自法国大革命的 nation 思想，本来是为了强调一个将人人平等作为共同价值、按照“主权在民”原则而形成的国家共同体而诞生的。个人的国家认同，基于国家对共同体成员的尊重，这在西欧的国家思想中具有悠久的传统。而东亚用汉字所表达的“民族”概念，虽然来自 nation，却是建立在“有国才有家”的思想基础之上的。这是一个非常令人惋惜的误译，从此着重个人自由的“国民”演变为以共同体重于民权的“民族”。①

与此同时，许多被明治政府派遣留洋的青年才俊回到日本后，或成为大学教授，或成为明治政府中的政治精英。这些人大多接受了德国学派的国家学说，成为坚定的国家主义者。他们认为，必须改变明治维新之前人们只知道忠于藩主，而不知忠于国家的状态，要把日本民众改造成真正的“国民”，因此强调国家主义的“民族”观念。个人被纯粹看作国家的附属品，日本人民与政府的关系被完全颠倒了过来。一位作家曾讽刺说，明治政府鼓励日本民众“为国家吃饭，为国家洗脸，为国家上厕所”。

1889 年，明治政府制定《大日本帝国宪法》，天皇拥有绝对君权，所有的国民都变成了“臣民”。臣民必须无限地承担义务，而天皇则不需要负有任何责任。明治政府又通过《教育敕语》，强化民众的“臣民”意识。此后，国家主义知识分子对天皇制进行再诠释，宣扬“日本民族”是“以天皇为祖先的一大家族”，天皇是日本大家庭的家长，“民族”又被赋予了血缘共同体的性格。这样做的目的，就是强化日本人的认同和一体命运感，强化现行的国家体制，强化“臣民”对国家的忠诚。

英国学者巴兹尔・霍尔・张伯伦是日本历史性变化的见证人，他从 1873 年开始在日本居住，前后长达 30 年，他在 1891 年这样

---

① 参见《专访王柯：近代日本民族主义的流变及镜鉴》，《南都观察》，2022 年 6 月。

写道：

> 一个人若活过近代日本的过渡阶段，他会有一种与众不同的老迈感，因为他目下完全活在一个现代世界，上下周围尽是谈论着脚踏车、杆状菌及“势力范围”等现代事物，但其脑海里仍可以清晰记得中古时期的事情。那些亲爱的老武士曾引领我进入日本语的神秘领域，当时梳的是辫子，身上带着两把刀。这些封建遗风现在已沉睡在涅槃中。老武士的现代继承人，现在可说颇流利的英语，日常穿着高领绅士服，望之与欧洲人无大不同，所差者只不过是日本人游移不定的眼光与稀疏的胡子，旧东西好像在一夜之间便消失得无影无踪。①

在大日本帝国中，这些眼光游移不定的“日本人”地位很低，因为这个国家属于天皇，他们只是必须效忠于天皇的臣民。虽然国会成立了，众议院的议员是选举出来的，但是有选举权的人仅占日本人口的 1%，其余 99% 的日本人只能是看客。贵族院里坐着朝廷贵族和封建大名构成的新贵族成员，还有一批从明治政府领导人中间任命的新同事。

凭借因甲午战争的胜利而确立的天皇权威，臣民的观念在人民中间扎根。但是，“日本人”尽管心中充满对国家的自信，却不知道未来的日本将走向何方。假如他们中有人长命百岁，就能够清楚

---

① 转引自〔美〕安德鲁 · 戈登：《现代日本史：从德川时代到 21 世纪》，李朝津译，北京：中信出版社，2017 年，第 93 页。

地看到，日本就像一艘船在汪洋中穿行，在 20 世纪上半叶就要遭受各种灾难，才能驶出惊涛骇浪。他们是这些灾难的牺牲品，也是帮凶。

四、未完成的现代化

从 1868 到 1894 年，仅仅 26 年时间，日本就发生了天翻地覆的变化。

在明治维新之初，它还是“日本的日本”，面目模糊；26 年之后，它就成为“东亚的日本”，以大日本帝国的骄傲姿态出现在世界面前，而且开始奔向“世界的日本”。至于政治、经济、社会以及文化等各方面发生的巨变，速度之快令人感到不可思议。

如果放眼全世界，其实日本的变化不过是全球变迁的一部分而已。换句话说，明治维新是 19 世纪全球现代化进程的一环。进入 19 世纪以来，现代化从英伦三岛溢出，向全世界各地蔓延。世界各国先后卷入现代化，改用西方古代一名哲学家话说，愿意的国家被现代化领着走，不愿意的国家被现代化拖着走。作为东亚距离欧洲最远的国家，日本也是最后受到现代化冲击的国家。它和大清国都是被动地进入现代化大潮的国家，但不同的是，日本在推翻幕府统治之后，就开始进行主动的现代化进程。这就是明治维新的实质。

应该说，明治维新在经济上基本是成功的。从 19 世纪 60 年代到 90 年代，不到 30 年的时间，日本便崛起为亚洲经济的火车头，有人称之为“亚洲工厂”。到 19 世纪 90 年代，日本的纺织业便掌控国内市场，并开始在中国、印度与英国公司竞争，可以说是相当成功。日本船队亦能与欧洲贸易商一较高下，其货运能力甚至远至欧洲。日本虽然起步晚于欧美，但通过努力赶上并跻身于强国之列。

在政治上，明治维新以确立天皇制和形成臣民的方式，解决了国家建设和形成国民这一双重历史课题，但都是“半拉子”工程。1889 年颁布的《大日本帝国宪法》，标志着日本成为一个宪制国家，然而现代政治框架并没有带来民主。这一新兴帝国在天皇制和军国主义驱使下，对内压制人民，对外殖民侵略。“日本人”虽然形成了，但是他们不是具有责任意识的现代公民，而是听命于天皇和政府的“臣民”，他们对天皇和国家负有诸多义务，却没有相应的权利。更可怕的是，他们被洗脑，成为民族主义和所谓的“爱国主义”的附庸，成为军国主义的帮凶。

为什么会出现经济领域先行而其他领域滞后的“跛行症”呢？日本社会学家富永健一的分析富有启发性。他将一个国家的现代化划分为四种辅助系统：

> 经济的现代化——通过产业化实现的经济增长；
>
> 政治的现代化——民主化；
>
> 社会的现代化——从乡土关系和血缘关系的集团（共同社会）向功能化集团（利益社会）转变，从封闭的村落向开放的都市转变；
>
> 文化的现代化——从不合理的迷信、旧习等向科学

的、合理化的思考方式转变。①

富永健一认为，欧洲的现代化是经过政治、社会的内部变革后才有了工业革命，而后起之国是不能照搬这一顺序的。对于非西欧诸国来说，实现经济的现代化并非难事，而实现政治的现代化则绝非易事，要实现社会、文化的现代化更是难上加难。这是因为与技术模仿或工业生产相比，要改变支配人们生活并且已经根深蒂固的结构需要大量的时间和精力。因此，在后起之国的现代化过程中，必然会产生经济领域先行而其他领域滞后的“跛行症”。但是因为经济与非经济辅助系统又相互依存，所以前述对立的矛盾充斥于整个社会中，使一个国家的现代化变得扭曲。

我们可以利用富永健一的分析框架，来剖析明治维新时代的日本。在国家体制的意义上可以说，明治维新的现代化意味着从传统的政治体制向现代的政治体制的转换。由于乡土关系和血缘关系的集团、封闭的村落以及不科学的思想方法等与现代化的要求不相容，因此残留着这些元素的社会在现代化的过程中会产生很多矛盾与摩擦。于是，在 1894 年的日本就呈现出扭曲的形象：一方面，它是第一个实行宪法政治制度的非西方国家，也是第一个走向工业及资本主义经济制度的非西方国家，其经济成就令人印象深刻；另一方面，它将古代天皇制与陈旧的家族观相结合设立的国家体制强加于民，地方的权利和个人的权利被完全牺牲，将日本引入了军国主义的歧途。

---

① 转引自〔日〕富永健一：《日本的现代化与社会变迁》，李国庆、刘畅译，北京：商务印书馆，2004 年，第 25–26 页。

一句话，明治维新是一个成败参半的现代化故事。虽然这是一个未完成的故事，却影响深远。正如《菊与刀》的作者鲁思·本尼迪克特所说："近百年来，日本奇迹般的成功和第二次世界大战中近乎毁灭的失败，都孕育于明治维新。"明治维新所塑造的日本帝国是一个扭曲的体制，需要进一步改革。只有完成政治、社会、文化的现代化，日本才能成为一个文明、富裕的现代化国家。可惜，在明治维新之后，日本并没有继续推进现代化改革，扭曲的体制继续扭曲下去，而且在国内外矛盾的催化下，走上了对外侵略的邪路。只有等到 1945 年战败，日本才在美国的占领下重启现代化进程，断然实行各项改革，消除了顽固的"跛行症"，最终成为一个真正的现代化国家。

对于今天的日本来说，明治维新已经成为遥远的过去。但是对于其他追赶现代化的国家来说，明治维新仍然是一面难得的历史之镜，能够为它们提供宝贵的镜鉴。

主要参考文献

1. 冯天瑜、任放:《日本对外侵略的文化渊源》, 北京: 高等教育出版社, 2017 年。

2. 冯玮:《日本通史》, 上海: 上海社会科学院出版社, 2008 年。

3. 吕万和:《简明日本近代史》, 天津: 天津人民出版社,1984 年。

4. 梁启超:《饮冰室合集》, 北京: 中华书局, 2015 年。

5. 马国川:《国家的启蒙: 日本帝国崛起之源》, 北京: 中信出版社, 2018 年。

6. 米庆余:《明治维新: 日本资本主义的起步与形成》, 北京: 求实出版社, 1988 年。

7.〔美〕埃德温 · O. 赖肖尔,〔美〕马里厄斯 · B. 詹森:《当代日本人: 传统与变革(增订本)》, 陈文寿译, 北京: 商务印书馆,2016 年。

8.〔美〕安德鲁 · 戈登:《现代日本史: 从德川时代到 21 世纪》, 李朝津译, 北京: 中信出版社, 2017 年。

9.〔美〕卡罗尔 · 格鲁克:《日本的现代神话: 明治晚期的意识形态》, 徐翠萍译, 南京: 江苏人民出版社, 2023 年。

10.〔美〕鲁思 · 本尼迪克特:《菊与刀》, 吕万和、熊达云、王智新译, 北京: 商务印书馆, 1996 年。

11.〔美〕马里乌斯 · B. 詹森:《剑桥日本史(第 5 卷): 19 世纪》, 王翔译, 杭州: 浙江大学出版社, 2014 年。

12.〔美〕马里乌斯 · B. 詹森:《现代日本的缔造》, 莫嘉靖译, 北京: 民主与建设出版社, 2024 年。

13.〔美〕斯塔夫里阿诺斯:《全球通史》, 吴象婴、梁赤民、董书慧、王昶译, 北京: 北京大学出版社, 2006 年。

14.〔美〕唐纳德·基恩:《明治天皇：1852—1912》，曾小楚、伍秋玉译，上海三联书店，2018 年。

15.〔美〕詹姆斯·L. 麦克莱恩:《日本史（1600—2000）》，王翔、朱慧颖、王瞻瞻译，海口：海南出版社，2014 年。

16.〔日〕坂野润治:《日本近代史》，杨汀、刘华译，北京：新华出版社，2020 年。

17.〔日〕坂野润治:《未完的明治维新》，宋晓煜译，北京：社会科学文献出版社，2018 年。

18.〔日〕大野健一:《从江户到平成：解密日本经济发展之路》，臧馨、臧新远译，北京：中信出版社，2006 年。

19.〔日〕岛薗进:《国家神道与日本人》，李建华译，北京：社会科学文献出版社，2015 年。

20.〔日〕飞鸟井雅道:《明治大帝》，王仲涛译，北京：人民出版社，2011 年。

21.〔日〕福泽谕吉:《福泽谕吉自传》，马斌译，北京：商务印书馆，2016 年。

22.〔日〕福泽谕吉:《文明论概略》，北京编译社译，北京：商务印书馆，1959 年。

23.〔日〕富永健一:《日本的现代化与社会变迁》，李国庆、刘畅译，北京：商务印书馆，2004 年。

24.〔日〕吉田茂:《激荡的百年史》，第 2 版，李杜译，西安：陕西师范大学出版社，2010 年。

25.〔日〕加藤周一:《日本文化的杂种性》，杨铁婴译，长春：吉林人民出版社，1991 年。

26.〔日〕久米正雄:《伊藤博文时代》，林其模译，北京：团结出版社，2007 年。

27.〔日〕铃木淳：《维新的构想与开展：明治时代》，李青译，上海：文汇出版社，2021 年。

28.〔日〕鹿野政直：《日本近代思想史》，周晓霞译，北京：民主与建设出版社，2022 年。

29.〔日〕茂吕美耶：《明治：含苞待放的新时代、新女性》，成都：四川文艺出版社，2018 年。

30.〔日〕鸟海靖：《近代日本的机运》，欧文东、李群译，北京：社会科学文献出版社，2014 年。

31.〔日〕色浜野洁：《日本经济史 1600—2000》，彭曦等译，南京：南京大学出版社，2010 年。

32.〔日〕色川大吉：《明治的文化》，郑民钦译，长春：吉林人民出版社，1991 年。

33.〔日〕松本三之介：《国权与民权的变奏：日本明治精神结构》，李冬君译，北京：东方出版社，2005 年。

34.〔日〕夏树静子：《与手枪的不幸相遇：日本司法物语》，李昊译，北京大学出版社，2017 年。

35.〔日〕小熊英二：《单一民族神话的起源：日本人自画像的系谱》，文婧译，北京：生活·读书·新知三联书店，2020 年。

36.〔日〕信夫清三郎：《日本外交史》，天津社会科学院日本问题研究所译，北京：商务印书馆，1980 年。

37.〔日〕信夫清三郎：《日本政治史》（第一卷），周启乾译，上海：上海译文出版社，1982 年。

38.〔日〕信夫清三郎：《日本政治史》（第二卷），周启乾、吕万和、熊达云译，上海：上海译文出版社，1988 年。

后记

寻找锚点

从 2016 年夏天开始关注和研读日本历史，倏忽已经过去了近 9 年。在这期间，我完成了“日本三部曲”，得到了一些朋友的鼓励和支持，信心大增。这部书稿也是研读日本史的结果，只是写作过程中有一些感慨与感悟，值得与读者朋友们分享。

2022 年夏天，知识平台“知鸦”邀请我录制一门线上课程，题目是“明治维新十五讲”，每一讲平均 15 分钟。每一讲我都有意识地讲长一些，一是为了便于编辑选择内容进行剪辑，二是为将来写作积累尽量多的材料。当时我就计划，要以这门课为基础写一本书。这门课前后录制了 2 个多月，但完成后并没有及时整理。2023 年 3 月，我的朋友、老乡魏力先生向我约稿，我与他所在的出版社签订合同，但是由于忙于其他写作，直到 2024 年 10 月才着手整理。这时我才发现，原来的讲稿太单薄，每讲的内容都需要进行大量补充。于是，我只得寻找各种资料，几乎相当于全新的写作。最初计划十五讲，后来又发现有些内容应该补充进来，于是扩展为十八讲，但是今年春天定稿时已是二十讲。我把另一部书稿给了魏力，这一部则交给中国大百科全书出版社的赵易。

有朋友问我写作的甘苦，我最大的感触就是，坐在书桌前读书、写作，就忘掉了烦乱的世界，感到心灵充实丰盈，就像一艘在海上漂泊的船，终于找到了下锚停靠的地方。

进入 21 世纪以来，人类的历史进程似乎开始加速。21 世纪已经走完了四分之一，其间发生了五件影响深远的大事：2001 年发生了“9·11 事件”、2008 年爆发了全球金融危机、2020 年爆发了持续 3 年的“新冠肺炎疫情”、2022 年爆发了俄乌战争，还有就是特朗普两次当选美国总统。这些大事件（以及科技突破事件）的出现都很突然，出人意料，打破了 20 世纪 90 年代以来随着全球化高歌猛进而来的乐观主义。动荡的世界失去锚点，越来越多的不确定性让人们感到惶惑不安。

我自己深切地感受到这一点。这本书从讲稿到书稿的 2 年多的时间里，就发生了前文提到的三件大事，尤其是特朗普两次当选美国总统，以及由此带来的对世界的冲击，动摇了我过去的许多认知。面对急剧变化的世界，我常常急于作出判断，以便为自己寻找锚点。可是，我越来越发现，世界变化太快，很难作出正确判断，很难让自己平静下来。我以前不理解鲁迅的名言“当我沉默着的时候，我觉得充实；我将开口，同时感到空虚”，现在却切身认识到大先生的深刻见解。

近些年，我有幸拜访了著名经济学家吴敬琏先生和著名人文学者钱理群先生，深受教诲。他们都是智慧长者，看惯时代风云变化。“世事沧桑心事定，胸中海岳梦中飞”，他们都拥有穿越历史的洞察力和“一蓑烟雨任平生”的定力。吴敬琏先生提醒学界不要追求时髦，而要“开拓思想市场，研究基本问题”；钱理群先生则提出“我们现在正处在无真相、无共识、没有确定性的时代”，应该观察、等待、坚守、做事。正是得益于他们的启发，我不再急切地对当下事件作判断，而是沉潜在自己喜欢的领域里阅读写作。于是，就有了这本书。

现在的世界不需要“阿基米德的支点”，而是需要锚点，需要平静下来。可是，人们暂时看不到这样的希望。这是一个充满失望和无力感的时代，尤其是知识人，眼看着世界滑向自己不希望的方向，却无能为力。我相信，历史上许多圣贤都有类似的遭际。他们之所以被后人敬仰，是因为他们决不放弃自己的理想与追求，“得志，与民由之；不得志，独行其道”。就像顾准先生，他怀着对人类永恒进步的信仰，去世前他留给吴敬琏先生的话是“待机守时”，“总有一天要发生变化，发生变化时要拿得出东西”。

古代的读书人在艰难困苦之中，常常扪心自问“读圣贤书，所学何事”？在今天这样的时代里，知识人应该做什么？我想，最重要的就是不汲汲于得，不戚戚于失。只要找到自己的锚点，整个世界就平静下来了。在观察中等待，在坚守中做事，这应该是知识人对这个时代的回答。谨以此与读者朋友们共勉。

感谢“知鸦”的老郭、小何、韦伟、商磊等朋友，如果没有他们提供平台和热情支持，恐怕就不会有这本书。感谢著名历史学家马勇老师、冯玮老师为拙作撰写序言，让此书大增光彩。我从他们的著作中受益良多，他们的支持与鼓励也是今后我继续学习的不竭动力。感谢中国大百科全书出版社的赵易女士，她为这本书的出版付出了艰苦努力。感谢爱人方虹，她为我的写作提供了良好的环境。我和她最高兴的是，马浩宇同学生活充实而开心。在这个大时代里，拥有一个安静温馨的小环境，是无比幸福的事情。

2025 年 5 月 12 日初稿

2025 年 8 月 8 日定稿